증도가의 재발견

지공선사 최재혁 지음

KB191339

증도가의 재발견

초판 1쇄 펴낸 날 / 2016년 2월 15일

지은이 • 지공선사 최재혁 | 펴낸이 • 임형욱 | 디자인 • 예민 | 영업 • 이다윗
펴낸곳 • 행복한책읽기 | 주소 • 서울시 종로구 창신6나길 17-4
전화 • 02-2277-9216,7 | 팩스 • 02-2277-8283 | E-mail • happysf@naver.com
CTP출력 • 동양인쇄주식회사 | 인쇄 제본 • 동양인쇄주식회사
등록 • 2001년 2월 5일 제30-2014-27호 | ISBN 978-89-89571-92-6 03220
값 16,000원

증도가의 재발견

지공선사 최재혁 지음

행복한책읽기

나 홀로 가는 인생길의 끝은 어디이며
그 자리의 나는 무엇인가?

내가 나 자신을 계속 향상시켜나가면 궁극적으로 어떤 사람이 되는가? 그리고 내 존재와 천로역정인 삶의 영원한 종착역은 도대체 어디일까? 누구나 한 번쯤 궁금해할 것이다. 이것을 밝혀주는 글이 바로 『증도가의 재발견』이다. 증도가를 반드시 알고 있어야 되는 이유는 현재의 내 존재의 끝이면서 동시에 전혀 차원이 다른 시작점과 내가 궁극적으로 있어야 되는 자리를 자세히 일러주고 있기 때문이다. 그리고 목적지를 알고 노력하면 방황하지 않고 더욱 더 쉽고 빠르게 도달함은 물론이다.

영가(永嘉)스님은 6조 혜능의 하룻밤 제자로서 단 한 번 만남과 헤어짐에 6조와 영원히 함께 있게 되었다. 증도가는 영가스님이 도를 확철하게 깨친 경계를 시가(詩歌)형식으로 지은 것인데, 그 내용을 보면 크게 자기가 걸어온 길과 진리를 증득하고 누리는 한가로운 경계, 그리고 우리를 염려하고 한없는 용기를 주는 따스한 마음으로 이루어져 있다. 한 구절 한 구절이 노래하듯 재미있기도 하고 신기하기도 하고 부럽기

도 한 내용들이다. 가히 내가 궁극적으로 도달하게 되어 있는 자리의 표
준으로 삼을만한 것이고, 실상이며, 구경각(究竟覺)을 온몸으로 성취한
인간부처와 나 자신의 본래면목에 대해 알 수 있게 된다. 법(法)과 선
(禪)을 양날개 삼아 중도가를 자유롭게 풀어헤쳐놓았으니 더 잘 받아들
여 지금의 나 자신에 대한 실망이나 자만은 영원히 접고 두 눈을 부릅뜨
고 자기를 똑바로 보기 바란다.

  내 존재와 삶의 의미는 내가 정하는 것도 아니고 누가 부여하는 것도
아니다. 그것은 나 자신에게서 스스로 드러나는 것이다. 그 때 밝아진
그 의미는 진정코 나의 것이 되고 삶에서 크나큰 힘을 발휘하여 저절로
생기넘치게 된다. 그렇게 되기 위해서 내가 할 일은 단 하나뿐인 것이
다. 분별심과 내 생각이 깨끗이 사라져버리면 된다. 이 방향으로 나 자
신을 잘 가꾸며 이끌어가면 된다. 그리고 그 기준은 반드시 인간사에서
최상의 것이라야 한다.

  인생에는 결국 목적지와 그 길과 나 자신 외에는 그 무엇도 없으니
따로 얻거나 남는 것이 본래 없고 내 삶의 의미 역시 이 속에 은밀하게
들어 있다. 일체 성현(聖賢)이 알려준 최종목적지는 바로 반야바라밀이
고 그 존재는 곧 신(神)으로서의 부처이고 그 행(行)을 직접 알려주는
것이 금강경이다. 그 길은 어떠한가를 중도(中道)로서 일관되게 알려주
는 것이 신심명이다. 목적지에 도달한 인간으로서의 부처인 나 자신과
노니는 그 자리에 대해 직설적으로 알려주는 것이 곧 중도가다. 길을 가
고 있는 나 자신에 대한 것은 세 경전에 두루 걸쳐 그 길 중간 중간에 알

려주고 있다. 따라서 이 세 경전은 유신론자와 무신론자를 막론하고 모든 이에게 자기와 인생을 바르고 굳게 재정립하고 동시에 진리의 세계이자 대우주 신령세계인 마하반야바라밀다로 향한 구경(究竟)의 기본지표가 된다. 그래서 나는 이 세 경전을 평계삼아『금강경의 재발견』,『신심명의 재발견』,『증도가의 재발견』이라는 3개의 논(論)으로써 법(法)과 선(禪)을 근본으로 성속(聖俗)을 원만하게 융합하여 걸림없이 반야(般若)의 도(道)를 밝게 드러내고 그 힘을 알게 되는 필수입문과정을 완성하고자 한다. 그리하여 그 누구나 신령세계의 입문과정을 통해 보이지 않는 세계와 그 이치를 깨달아 금생에 나 자신을 완전히 탈바꿈시켜 내생에 원하는 인연을 자유롭게 골라 충분한 복(福)을 갖고 처음부터 훌륭한 성인(聖人)으로서 좋은 데 태어나 일반인과 차별되는 성직자의 모습을 갖추지 않고 화광동진(和光同塵)하여 사람들 마음을 극락으로 만들고 맘껏 즐긴 후 이 땅에 영원한 기쁨을 안겨준 영원한 우리의 부처로 존경받기를 바란다.

화광선원에서 지공선사 씀

2015년 11월

차례

증도가 원문 해석

1. 君不見군불견 　　　　그대 보지 못하였는가

2. 絶學無爲閑道人절학무위한도인 　　배움이 끊어진 하릴없는 한가한 도인은

　　不除妄想不求眞부제망상불구진 　　망상도 없애지 않고 참됨도 구하지 않으니

3. 無明實性卽佛性무명실성즉불성 　　무명의 실제성품이 곧 불성이요

　　幻化空身卽法身환화공신즉법신 　　허깨비같은 빈몸이 곧 법신이로다

4. 法身覺了無一物법신각료무일물 　　법신을 깨달음에 한 물건도 없으니

　　本源自性天眞佛본원자성천진불 　　근원의 자성이 천진불이라

5. 五陰浮雲空去來오음부운공거래 　　오음의 뜬 구름이 부질없이 오고 가며

　　三毒水泡虛出沒삼독수포허출몰 　　삼독의 물거품은 헛되이 출몰하도다

6. 證實相無人法증실상무인법 　　실상을 증득하여 인·법이 없으니

　　利那滅却阿鼻業찰나멸각아비업 　　찰나에 아비지옥의 업을 없애버림이라

7. 若將妄語誑衆生약장망어광중생 　　거짓말로 중생을 속인다면 진사겁토록

　　自招拔舌塵沙劫자초발설진사겁 　　발설지옥 과보를 스스로 부르리로다

8. 頓覺了如來禪돈각료여래선 　　여래선을 단박에 깨치니

　　六度萬行體中圓육도만행체중원 　　육도만행이 본체 속에 원만함이라

9. 夢裏明明有六趣몽리명명유육취 　　꿈속에서는 밝고 밝게 육취가 있더니

　　覺後空空無大天각후공공무대천 　　깨친 후에는 비고 비어 삼천대천세계가 없도다

10. 無罪福無損益무죄복무손익 　　죄와 복이 없고 손실과 이익도 없나니

　　寂滅性中莫問覓적멸성중막문멱 　　적멸한 성품 가운데서 묻고 찾지 마라

11. **比來塵鏡未曾磨**비래진경미증마　예전엔 때 낀 거울 미처 갈지 못했더니

　　今日分明須剖析금일분명수부석　오늘에야 분명히 부숴버렸도다

12. **誰無念誰無生**수무념수무생　누가 생각이 없으며 누가 남이 없는가

　　若實無生無不生약실무생무불생　진실로 남이 없다면 나지 않음도 없나니

13. **喚取機關木人問**환취기관목인문　기관목인을 불러 붙들고 물어보라

　　求佛施功早晩成구불시공조만성　부처 구하고 공 베품을 조만간 이루리로다

14. **放四大莫把捉**방사대막파착　사대를 놓아버려 붙잡지 말고

　　寂滅性中隨飮啄적멸성중수음탁　적멸한 성품따라 마시고 먹을지어다

15. **諸行無常一切空**제행무상일체공　모든 행이 무상하여 일체가 공하니

　　卽是如來大圓覺즉시여래대원각　이는 곧 여래의 대원각이로다

16. **決定說表眞乘**결정설표진승　결정된 말씀과 참됨을 나타내는 법을

　　有人不肯任情徵유인불긍임정징　어떤 이는 긍정치 않고 정에 따라 헤아림이라

17. **直截根源佛所印**직절근원불소인　근원을 바로 끊음은 부처님이 인가하신 바요

　　摘葉尋枝我不能적엽심지아불능　잎 따고 가지 찾음은 내 할 일 아니로다

18. **摩尼珠人不識**마니주인불식　마니주를 사람들은 알지 못하니

　　如來藏裏親收得여래장리친수득　여래장 속에 몸소 거두어 들임이라

19. **六般神用空不空**육반신용공불공　6가지 신통묘용은 공하면서 공하지 않음이요

　　一顆圓光色非色일과원광색비색　한덩이 둥근 빛은 색이면서 색이 아니로다

20. **淨五眼得五力**정오안득오력　오안을 깨끗이 하여 오력을 얻음은

　　唯證乃知難可測유증내지난가측　증득해야만 알 뿐 헤아리긴 어렵도다

21. **鏡裏看形見不難**경리간형견불난　거울 속의 형상 보기는 어렵지 않으나

　　水中捉月爭拈得수중착월쟁염득　물속의 달을 붙잡으려 하지만 어떻게 잡을 수 있으랴

22. 常獨行常獨步상독행상독보 　　항상 홀로 다니고 항상 홀로 걷나니

　　達者同遊涅槃路달자동유열반로 　　통달한 이 함께 열반의 길에 노닐도다

23. 調古神淸風自高조고신청풍자고 　　옛스러운 곡조 신기 맑으며 풍채 스스로 드높음이여

　　貌悴骨剛人不顧모췌골강인불고 　　초췌한 모습 앙상한 뼈 사람들이 거들떠도

　　　　　　　　　　　　　　　　보지 않는도다

24. 窮釋子口稱貧궁석자구칭빈 　　궁색한 부처님 제자 입으로는 가난하다 말하나

　　實是身貧道不貧실시신빈도불빈 　　실로 몸은 가난해도 도는 가난하지 않음에랴

25. 貧卽身常披縷褐빈즉신상피루갈 　　가난한즉 몸에 항상 누더기를 걸치고

　　道卽心藏無價珍도즉심장무가진 　　도를 얻은 즉 마음에 무가보를 감추었도다

26. 無價珍用無盡무가진용무진 　　무가보는 써도 다함이 없나니

　　利物應時終不悋이물응시종불인 　　중생 이익하며 때를 따라 끝내 아낌이 없음이라

27. 三身四智體中圓삼신사지체중원 　　삼신사지는 본체 가운데 원만하고

　　八解六通心地印팔해육통심지인 　　팔해탈과 육신통은 마음자리의 인이로다

28. 上士一決一切了상사일결일체료 　　상근기는 한 번 결단하여 일체를 깨치고

　　中下多聞多不信중하다문다불신 　　중·하근기는 많이 들을수록 더욱 믿지 않도다

29. 但自懷中解垢衣단자회중해구의 　　단지 스스로 마음의 때 묻은 옷 벗을 뿐

　　誰能向外誇精進수능향외과정진 　　뉘라서 밖으로 정진을 자랑할 것인가

30. 從他謗任他非종타방임타비 　　남의 비방에 따르고 남의 비난에 맡겨두라

　　把火燒天徒自疲파화소천도자피 　　불로 하늘을 태우려 하나 공연히 자신만 피로하리니

31. 我聞恰似飮甘露아문흡사음감로 　　내 듣기엔 마치 감로수를 마심과 같아서

　　銷融頓入不思議소융돈입부사의 　　녹아서 단박에 부사의해탈경계에 들어가도다

32. 觀惡言是功德관악언시공덕 　　나쁜 말을 관찰함이 바로 공덕이니

　　此則成吾善知識차즉성오선지식 　　이것이 나에게는 선지식이 됨이라

33. **不因訕謗起怨親**불인산방기원친 비방따라 원망과 친한 마음 일어나지 않으면

   何表無生慈忍力하표무생자인력 하필 남이 없는 자비인욕의 힘 나타내 무엇할건가

34. **宗亦通說亦通**종역통설역통 종취도 통하고 설법도 통함이여

   定慧圓明不滯空정혜원명불체공 선정과 지혜가 원만하게 밝아 공에 체류하지

                                않는도다

35. **非但我今獨達了**비단아금독달료 나만 이제 혼자 통달하였을 뿐만 아니라

   河沙諸佛體皆同하사제불체개동 헤아릴 수 없는 모든 부처님 본체는 모두 같도다

36. **獅子吼無畏說**사자후무외설 사자후의 두려움 없는 설법이여

   百獸聞之皆腦裂백수문지개뇌열 뭇 짐승들이 들으면 모두 뇌가 찢어짐이여

37. **香象奔波失却威**향상분파실각위 향상은 분주하게 달아나 위엄을 잃고

   天龍寂聽生欣悅천룡적청생흔열 천룡은 조용히 듣고 희열을 내는도다

38. **遊江海涉山川**유강해섭산천 강과 바다에 노닐고 산과 개울을 건너서

   尋師訪道爲參禪심사방도위참선 스승 찾아 도를 물음은 참선 때문이라

39. **自從認得曹溪路**자종인득조계로 조계의 길을 인식하고나서부터는

   了知生死不相干요지생사불상간 생사와 상관없음을 분명히 알았도다

40. **行亦禪坐亦禪**행역선좌역선 다녀도 참선이요 앉아도 참선이니

   語默動靜體安然어묵동정체안연 어묵동정에 본체가 편안함이라

41. **縱遇鋒刀常坦坦**종우봉도상탄탄 창칼을 만나도 언제나 태연하고

   假饒毒藥也閑閑가요독약야한한 독약을 마셔도 한가롭고 한가롭도다

42. **我師得見然燈佛**아사득견연등불 우리 스승께서 연등불을 뵙고

   多劫曾爲忍辱僊다겁증위인욕선 다겁토록 인욕선인이 되셨도다

43. **幾迴生幾迴死**기회생기회사 몇 번을 태어나고 몇 번이나 죽었던가

   生死悠悠無定止생사유유무정지 생사가 유유하여 그침이 없도다

16

44. **自從頓悟了無生**자종돈오료무생 단박에 깨쳐 남이 없음을 요달하고나서부터는

   於諸榮辱何憂喜어제영욕하우희 모든 영욕에 어찌 근심하고 기뻐하랴

45. **入深山住蘭若**입심산주란야 깊은 산에 들어가 고요한 것에 머무르니

   岑崟幽邃長松下잠음유수장송하 높은 산 그윽하여 낙락장송 아래로다

46. **優遊靜坐野僧家**우유정좌야승가 한가히 노닐며 조용히 앉았으니

   闃寂安居實蕭灑격적안거실소쇄 고요한 안거 참으로 소쇄하도다

47. **覺卽了不施功**각즉료불시공 깨친즉 마친 것이요 공 베풀지 않나니

   一切有爲法不同일체유위법부동 모든 유위법과 같지 않도다

48. **住相布施生天福**주상보시생천복 모양에 머무는 보시는 하늘에 나는 복이나

   猶如仰箭射虛空유여앙전사허공 마치 허공에 화살을 쏘는 것과 같도다

49. **勢力盡箭還墜**세력진전환추 세력이 다하면 화살은 다시 떨어지나니

   招得來生不如意초득래생불여의 내생에 뜻과 같지 않은 과보를 부르리로다

50. **爭似無爲實相門**쟁사무위실상문 어찌 함이 없는 실상문에

   一超直入如來地일초직입여래지 한 번 뛰어 여래지에 바로 들어감과 같으리오

51. **但得本莫愁末**단득본막수말 근본만 얻을 뿐 끝은 근심치 말지니

   如淨琉璃含寶月여정유리함보월 마치 깨끗한 유리가 보배달을 머금음과 같다

52. **旣能解此如意珠**기능해차여의주 이미 이 여의주를 알았으니

   自利利他終不竭자리이타종불갈 나와 남을 이롭게 하여 다함이 없노라

53. **江月照松風吹**강월조송풍취 강에는 달 비치고 소나무에는 바람이 부니

   永夜清宵何所爲영야청소하소위 긴긴 밤 맑은 하늘 무슨 하릴 있을건가

54. **佛性戒珠心地印**불성계주심지인 불성계주는 마음의 인이요

   霧露雲霞體上衣무로운하체상의 안개와 이슬, 구름과 노을은 몸 위의 옷이로다

55. **降龍鉢解虎錫**항룡발해호석 용을 항복받은 발우와 범 싸움 말린 석장이요

   兩鈷金環鳴歷歷양고금환명역력 양쪽 쇠고리는 역력히 울리는도다

56. 不是標形虛事持불시표형허사지　이는 폼을 잡으려고 허사로 지님이 아니요
　　如來寶杖親踪跡여래보장친종적　부처님 보배지팡이를 몸소 본받음이로다

57. 不求真不斷妄불구진부단망　참됨도 구하지 않고 망념도 끊지 않나니
　　了知二法空無相요지이법공무상　두 법이 공하여 모양없음을 분명히 알겠도다

58. 無相無空無不空무상무공무불공　모양도 없고 공도 없고 공 아님도 없음이여
　　卽是如來真實相즉시여래진실상　이것이 곧 여래의 진실한 모습이로다

59. 心境明鑑無㝵심경명감무애　마음의 거울 밝아서 비침이 걸림 없으니
　　廓然瑩徹周沙界확연영철주사계　확연히 비치어 항사세계에 두루 사무치도다

60. 萬象森羅影現中만상삼라영현중　삼라만상 그림자 그 가운데 나타나고
　　一顆圓明非內外일과원명비내외　한 덩이 뚜렷이 밝음은 안과 밖이 아니로다

61. 豁達空撥因果활달공발인과　활달히 공하다고 인과를 없다 하면
　　茫茫蕩蕩招殃禍망망탕탕초앙화　아득하고 끝없이 앙화를 부르리로다

62. 棄有著空病亦然기유착공병역연　있음을 버리고 공에 집착하면 병이기는 같으니
　　還如避溺而投火환여피익이투화　물을 피하다가 오히려 불에 뛰어드는 것과 같도다.

63. 捨妄心取真理사망심취진리　망심을 버리고 진리를 취함이여
　　取捨之心成巧偽취사지심성교위　취사하는 마음이 교묘한 거짓을 이루도다

64. 學人不了用修行학인불료용수행　배우는 사람이 잘 알지 못하고 수행하나니
　　真成認賊將爲子진성인적장위자　참으로 도적을 아들로 삼는 짓이로다.

65. 損法財滅功德손법재멸공덕　법의 재물을 덜고 공덕을 없앰은
　　莫不由斯心意識막불유사심의식　심·의·식으로 말미암지 않음이 없음이라

66. 是以禪門了却心시이선문료각심　그러므로 선문에선 마음을 물리치고
　　頓入無生知見力돈입무생지견력　남이 없는 지견의 힘에 단박에 들어가도다

67. 大丈夫秉慧劍대장부병혜검　대장부가 지혜의 칼을 잡으니
　　般若鋒兮金剛炎반야봉혜금강염　반야의 칼날이요 금강의 불꽃이로다

68. **非但能催外道心**비단능최외도심   외도의 마음만 꺾을 뿐 아니요

    早曾落却天魔膽조증락각천마담   일찍이 천마의 간담을 떨어뜨렸도다

69. **震法雷擊法鼓**진법뢰격법고   법의 우레 진동하고 법고를 두드림이여

    布慈雲兮灑甘露포자운혜쇄감로   자비의 구름을 펴고 감로수를 뿌리는도다

70. **龍象蹴踏潤無邊**용상축답윤무변   용상이 차고 밟음에 윤택함이 그지없으니

    三乘五性皆惺悟삼승오성개오   삼승(三乘)과 오성(五性)이 모두 깨치는도다

71. **雪山肥膩更無雜**설산비니갱무잡   설산의 비니초는 다시 잡됨이 없어

    純出醍醐我常納순출제호아상납   순수한 제호를 내니 나 항상 받는도다

72. **一性圓通一切性**일성원통일체성   한 성품이 두렷하게 모든 성품에 통하고

    一法偏含一切法일법변함일체법   한 법이 두루하여 모든 법을 포함하나니

73. **一月普現一切水**일월보현일체수   한 달이 모든 물에 두루 나타나고

    一切水月一月攝일체수월일월섭   모든 물의 달을 한 달이 포섭하도다

74. **諸佛法身入我性**제불법신입아성   모든 부처님 법신이 나의 성품에 들어오고

    我性還共如來合아성환공여래합   나의 성품이 다시 함께 여래와 합치하도다

75. **一地具足一切地**일지구족일체지   한 지위에 모든 지위 구족하니

    非色非心非行業비색비심비행업   색도 아니요 마음도 아니요 행업도 아니로다

76. **彈指圓成八萬門**탄지원성팔만문   손가락 퉁기는 사이에 팔만법문 원만하게 이루고

    刹那滅却三祇劫찰나멸각삼지겁   찰나에 삼아승지겁을 없애버리도다

77. **一切數句非數句**일체수구비수구   일체의 수구와 수구 아님이여

    與吾靈覺何交涉여오영각하교섭   나의 신령한 깨침과 무슨 상관 있을손가

78. **不可毀不可讚**불가훼불가찬   훼방도 할 수 없고 칭찬도 할 수 없음이여

    體若虛空勿涯岸체약허공물애안   본체는 허공과 같아서 한계가 없도다

79. **不離當處常湛然**불리당처상담연   당처를 떠나지 않고 항상 담연하니

    覓則知君不可見멱즉지군불가견   찾은즉 그대를 아나 볼 수는 없도다

80. 取不得捨不得취부득사부득　　취할 수도 없고 버릴 수도 없나니

　　不可得中只麽得불가득중지마득　　얻을 수 없는 가운데 이렇게 얻을 뿐이로다

81. 默時說說時默묵시설설시묵　　말 없을 때 말하고 말할 때 말 없음이여

　　大施門開無壅塞대시문개무옹색　　크게 베푸는 문을 여니 옹색함이 없도다

82. 有人問我解何宗유인문아해하종　　누가 내게 무슨 종취를 아느냐고 물으면

　　報道摩訶般若力보도마하반야력　　마하반야의 힘이라고 대답해 주어라

83. 或是或非人不識혹시혹비인불식　　혹은 옳고 혹은 그릇됨을 사람이 알지 못하고

　　逆行順行天莫測역행순행천막측　　역행, 순행은 하늘도 헤아리지 못하도다

84. 吾早曾經多劫修오조증경다겁수　　나는 일찍이 많은 겁 지나며 수행하였으니

　　不是等閒相誑惑불시등한상광혹　　예사롭게 서로 속여 미혹케 함이 아니로다

85. 建法幢立宗旨건법당입종지　　법의 깃발을 세우고 종지를 일으킴이여

　　明明佛勅曹溪是명명불칙조계시　　밝고 밝은 부처님 법 조계에서 이었도다

86. 第一迦葉首傳燈제일가섭수전등　　첫번째로 가섭이 맨 먼저 등불을 전하니

　　二十八代西天記이십팔대서천기　　이십팔대는 서천의 기록이로다

87. 法東流入此土법동유입차토　　법이 동쪽으로 흘러 이 땅에 들어와서는

　　菩提達磨爲初祖보리달마위초조　　보리달마가 첫 조사 되었도다

88. 六代傳衣天下聞육대전의천하문　　6대로 옷 전한 일 천하에 소문났고

　　後人得道何窮數후인득도하궁수　　뒷사람이 도 얻음을 어찌 다 헤아리랴

89. 眞不立妄本空진불립망본공　　참됨도 서지 못하고 망도 본래 공함이여

　　有無俱遣不空空유무구견불공공　　있음과 없음을 다 버리니 공하지 않고 공하도다

90. 二十空門元不著이십공문원불착　　이십공문에 원래 집착하지 않으니

　　一性如來體自動일성여래체자동　　한 성품 여래의 본체와 저절로 같도다

91. 心是根法是塵심시근법시진　　마음은 뿌리요 법은 티끌이니

　　兩種猶如鏡上痕양종유여경상흔　　둘은 거울 위의 흔적과 같음이라

92. **痕垢盡除光始現**혼구진제광시현 　　혼적인 때 다하면 빛이 비로소 나타나고

　　心法雙亡性卽眞심법쌍망성즉진 　　마음과 법 둘 다 없어지면 성품이 바로 참되도다

93. **嗟末法惡時世**차말법오시세 　　말법을 슬퍼하고 시세를 미워하노니

　　衆生薄福難調制중생박복난조제 　　중생의 복 엷어 조복받기 어렵도다

94. **去聖遠兮邪見深**거성원혜사견심 　　성인 가신 지 오래고 삿된 견해가 깊어짐이여

　　魔强法弱多怨害마강법약다원해 　　마구니는 강하고 법은 약하여 원한과 해침이

　　　　　　　　　　많도다

95. **聞說如來頓敎門**문설여래돈교문 　　여래의 돈교문 설함을 듣고서는

　　恨不滅除令瓦碎한불멸제령와쇄 　　부숴 없애지 못함을 한탄하는도다

96. **作在心殃在身**작재심앙재신 　　지음은 마음에 있으나 재앙은 몸으로 받나니

　　不須怨訴更尤人불수원소갱우인 　　모름지기 사람을 원망하고 허물치 말지어다

97. **欲得不招無間業**욕득불초무간업 　　무간지옥의 업보를 부르지 않으려거든

　　莫謗如來正法輪막방여래정법륜 　　여래의 바른 법륜을 비방치 말거라

98. **栴檀林無雜樹**전단림무잡수 　　전단향 나무숲에는 잡나무가 없으니

　　鬱密深沈獅子住울밀심침사자주 　　울창하고 깊숙하여 사자가 머무는도다

99. **境靜林間獨自遊**경정림한독자유 　　경계 고요하고 숲 한적하여 홀로 노니니

　　走獸飛禽皆遠去주수비금개원거 　　길짐승과 나는 새가 모두 멀리 달아나도다

100. **獅子兒衆隨後**사자아중수후 　　사자 새끼를 사자 무리가 따름이여

　　三歲卽能大哮吼삼세즉능대효후 　　세 살에 곧 크게 소리치는도다

101. **若是野干逐法王**약시야간축법왕 　　여우가 법왕을 쫓으려 한다면

　　百年妖怪虛開口백년요괴허개구 　　백년묵은 요괴가 헛되이 입만 여는 것이로다

102. **圓頓敎勿人情**원돈교물인정 　　원돈교는 인정이 없나니

　　有疑不決直須爭유의불결직수쟁 　　의심있어 결정치 못하거든 바로 다툴지어다

103. 不是山僧逞人我불시산승정인아   산승이 인아상을 드러냄이 아니요
    修行恐落斷常坑수행공락단상갱   수행 중에 단·상의 구덩이에 떨어질까

                           염려함이로다

104. 非不非是不是비불비시불시   그름과 그르지 않음과 옳음과 옳지 않음이여
    差之毫釐失千里차지호리실천리   털끝만큼 어긋나도 천리길로 잃으리로다

105. 是卽龍女頓成佛시즉용녀돈성불   옳은즉 용녀가 단박에 성불함이요
    非卽善星生陷墜비즉선성생함추   그른즉 선성이 산 채로 지옥에 떨어짐이로다

106. 吾早年來積學問오조년래적학문   나는 어려서부터 학문을 쌓아서
    亦曾討疏尋經論역증토소심경론   일찍 주소를 더듬고 경론을 살폈도다

107. 分別名相不知休분별명상부지휴   이름과 모양 분별하여 쉴 줄 모르고
    入海算沙徒自困입해산사도자곤   바다 속 모래를 헤아리듯 헛되이 스스로

                           피곤하였도다

108. 却被如來苦呵責각피여래고가책   문득 여래의 호된 꾸지람을 들었으니
    數他珍寶有何益수타진보유하익   남의 보배 세어서 무슨 이익 있을손가

109. 從來蹭蹬覺虛行종래충등각허행   예전에는 비칠거리며 헛된 수행하였음을 깨달으니
    多年枉作風塵客다년왕작풍진객   여러 해를 잘못 풍진객 노릇하였도다

110. 種性邪錯知解종성사착지해   성품에 삿됨을 심고 알음알이 그릇됨이여
    不達如來圓頓制부달여래원돈제   여래의 원돈제를 통달치 못함이로다

111. 二乘精進勿道心이승정진물도심   이승은 정진하나 도의 마음이 없고
    外道聰明無智慧외도총명무지혜   외도는 총명해도 지혜가 없다

112. 亦遇癡亦小駭역우치역소해   우치하고도 겁이 많으니
    空拳指上生實解공권지상생실해   빈주먹 손가락 위에 실다운 견해를 내는도다

22

113. 執指爲月枉施功집지위월왕시공　　손가락을 달로 집착하여 잘못 공부하니

　　　根境塵中虛揑怪근경진중허날괴　　육근·육경·육진 가운데서 헛되이 괴이한 짓

　　　　　　　　　　　　　　　　하는도다

114. 不見一法卽如來불견일법즉여래　　한 법도 볼 수 없음이 곧 여래이니

　　　方得名爲觀自在방득명위관자재　　바야흐로 이름하여 관자재라 하는도다

115. 了卽業障本來空요즉업장본래공　　마치면 업장이 본래 공함이요

　　　未了還須償宿債미료환수상숙채　　마치지 못하면 도리어 묵은 빚 갚는도다

116. 飢逢王膳不能飡기봉왕선불능손　　굶다가 임금 수라 만나도 먹을 수 없으니

　　　病遇醫王爭得差병우의왕쟁득차　　병들어 의왕 만난들 어찌 나을 수 있으랴

117. 在欲行禪知見力재욕행선지견력　　욕망 속에서 참선하는 지견의 힘이여

　　　火中生蓮終不壞화중생련종불괴　　불 속에서 연꽃 피니 끝내 시들지 않는도다

118. 勇施犯重悟無生용시범중오무생　　용시비구는 중죄를 범하고도 남이 없는 법을

　　　　　　　　　　　　　　　　깨달았으니

　　　早是成佛于今在조시성불우금재　　벌써 성불하여 지금에 있음이로다

119. 獅子吼無畏說사자후무외설　　사자후의 두려움 없는 설법이여

　　　深嗟懵懂頑皮靼심차몽동완피달　　어리석은 완피달을 몹시 슬퍼하는도다

120. 只知犯重障菩提지지범중장보리　　중죄 범하면 깨달음을 막는 줄만 알 뿐

　　　不見如來開秘訣불견여래개비결　　여래께서 비결 열어두심은 보지 못하도다

121. 有二比丘犯淫殺유이비구범음살　　어떤 두 비구 음행과 살생 저지르니

　　　波離螢光增罪結바리형광증죄결　　우바리의 반딧불은 죄의 매듭 더하였도다

122. 維摩大士頓除疑유마대사돈제의　　유마대사 단박에 의심을 없애줌이여

　　　還同赫日消霜雪환동혁일소상설　　빛나는 해가 서리 눈 녹임과 같다

123. 不思議解脫力부사의해탈력　　부사의한 해탈의 힘이여

　　　妙用恒沙也無極묘용항사야무극　　묘한 작용 항하사 모래같아 다함이 없도다

124. 四事供養敢辭勞사사공양감사로 　네 가지 공양을 감히 수고롭다 사양하랴

　　萬兩黃金亦銷得만량황금역소득 　만량의 황금이라도 녹일 수 있도다

125. 粉骨碎身未足酬분골쇄신미족수 　분골쇄신하더라도 다 갚을 수 없나니

　　一句了然超百億일구요연초백억 　한마디에 요연히 백억법문을 뛰어넘도다

126. 法中王最高勝법중왕최고승 　법 가운데 왕이니 가장 높고 수승함이여

　　河沙如來同共證하사여래동공증 　강모래같이 많은 여래가 함께 증득하였도다

127. 我今解此如意珠아금해차여의주 　내 이제 이 여의주를 해설하오니

　　信受之者皆相應신수지자개상응 　믿고 받는 이 모두 상응하리로다

128. 了了見無一物요요견무일물 　밝고 밝게 보면 한 물건도 없음이여

　　亦無人兮亦無佛역무인혜역무불 　사람도 없고 부처도 없도다

129. 大千世界海中漚대천세계해중구 　대천세계는 바다 가운데 거품이여

　　一切聖賢如電拂일체성현여전불 　모든 성현은 번갯불 가운데 스쳐감과 같도다

130. 假使鐵輪頂上旋가사철륜정상선 　무쇠바퀴를 머리 위에서 돌릴지라도

　　定慧圓明終不失정혜원명종불실 　선정과 지혜가 두렷이 밝아 끝내 잃지 않도다

131. 日可冷月可熱일가냉월가열 　해는 차게 하고 달은 뜨겁게 할지언정

　　眾魔不能壞真說중마불능괴진설 　뭇 마구니가 참된 말씀 무너뜨릴 수 없도다

132. 象駕崢嶸漫進途상가쟁영만진도 　코끼리 수레 끌고 위풍당당 길을 가거니

　　誰見螳螂能拒轍수견당랑능거철 　버마재비 수레 길을 막는 것을 누가 보겠는가

133. 大象不遊於兔徑대상불유어토경 　큰 코끼리는 토끼 길에 노닐지 않고

　　大悟不拘於小節대오불구어소절 　큰 깨달음은 작은 절개에 구애됨이 없나니

134. 莫將管見謗蒼蒼막장관견방창창 　대통같은 소견으로 창창히 비방하지 말라

　　未了吾今為君決미료오금위군결 　알지 못하기에 내 지금 그대 위해 결단해 주는도다

증도가 해설

1. 君不見

군불견

그대 보지 못하였는가?

그대 자신이 본래는 해탈열반한 그런 존재임을 스스로 보고 있는가?

그대 자신이 본래성품과 대자유를 찾고자 스스로 얼마나 애쓰고 있는지 아는가?

눈 있는 자는 보고 귀 있는 자는 들으라고 했다. 너와 내가 따로 있어 내가 너를 보고 듣는 눈과 귀가 아니라 〈나〉와 〈너〉의 분별과 얻으려는 취사심이 근본적으로 사라진 마음자리에서 비로소 드러나는 눈과 귀다. 즉, 둘이 아니면서 동시에 둘인 자리에서 보고 들으며 보이고 들리는 것이다. 그 때 마음에 거스르는 것이 일체 없어야 하고 또 없게 되니 비로소 믿는 마음, 즉 신심(信心)이고 이는 곧 신심(神心)으로서 독실(篤實)한 마음이니 지극한 도(道)에 상응하게 된다. 그 때는 나와 경계 너머가 두루 통하여 타고난 나의 한계를 넘어선 것들이 비로소 나에게 들어오니 마음의 스펙트럼과 시공간의 폭이 넓어져 주어진 운명을 넘어서 새로운 것을 취하며 내 존재가 더없이 아름답게 탈바꿈할 수 있다. 단지 내 마음이 그만큼 닫혀 있기 때문에 어렵다고 느껴질 뿐, 실은 있는 그대로의 가르침이므로 헤아릴 필요도 없고 까닭이 없이 마음을 조금만 더 열면 된다. 그것은 내 나름의 좋고 싫음, 옳고 그름의 분별주관이 마음에서 떨어져나가는 것을 뜻함이다.

본다는 것은 머리로 이리저리 생각하여 이해하거나 느끼거나 통달한다는 의미가 아니라 주관(主觀)과 객관이 몰록 사라져 자연스럽게 드러난 광명 가운데, 있는 그대로 비친 것을 말하니 곧 나의 본래면목(本來面目)과 대자유(大自由)가 드러난 것이다. 그러므로 이는 곧 일체를 오로지 나 자신에게 스스로 영원히 맡길 수 있게 됨을 이른다. 맡김은 곧 드러냄이요, 드러냄은 곧 맡김이니 〈나〉와 나 자신 사이에 주고 받거나 오고 가는 것이 없다. 그러므로 맡기는 〈나〉도 없고 맡는 〈나 자신〉도 없으며 맡기는 〈일체〉 역시 없다. 〈스스로〉 그리고 〈영원히〉 맡기게 되니 이 일은 곧 자연(自然)인지라, 천지자연의 대도(大道)로서 저절로 무위(無爲)를 행함이 된다. 그러므로 맡기는 이득도 없고 맡는 손실도 없다. 당연히 〈나〉와 〈나 자신〉이 절대평등하니 비로소 내가 온전(穩全)한 하나가 되어 천지간에 불변(不變)의 존재가 된다. 〈오로지〉라고 했으니 본래 타존재에게 맡기는 것이 전혀 없는데 묘하게도 일체가 스스로 맡겨지고 또한 맡기는 일 외에는 다른 할 바가 전혀 없는 법인지라, 만사가 늘 그러하게 이루어지니 나의 원만한 소원성취고 일체생명의 만 가지 소원성취가 이루어졌다. 보는 것은 곧 도(道)를 증득(證得)한 것이고 신심(信心)이 완성된 것이니 이렇게 만 가지 신묘(神妙)한 공덕을 저절로 성취한다.

그대는 그 눈을 통해 또 하나의 세계에 몸담고 살아가고 있음을 보는가? 내가 이제 그 눈으로 그대의 진면목을 상세하게 알려줄테니 잘 보시게나.

2. 絕學無爲閒道人 不除妄想不求眞

절학무위한도인 부제망상불구진

배움이 끊어진 하릴없는 한가한 도인은 망상도 없애지 않고

참됨도 구하지 않으니

배움을 끊어 번뇌가 없고 배우지 아니함을 배우니 세상에 쓸모가 없다. 사람들로 하여금 얻음을 줄어들게 하고 앎이 없게 하며 바램이 없게 한다. 천하를 내 몸처럼 귀하게 여기고 다툼이 없이 조화가 지극하여 불편이 없다. 성(聖)스러움을 끊어 지극한 평범함을 말없이 행하여 덕(德)이 항상하므로 저절로 세상의 모범이 된다. 그러므로 진정한 도인(道人)이다.

배운다(學)는 의미는 자기가 만든 안팎의 경계를 없애고 밝게 보면서 자기를 넓혀가는 것으로서 악(惡)을 선(善)으로, 나아가 선(善)에서 그릇됨(邪)을 버리고 절대선(絕對善)인 정(正)으로 전환시켜가는 과정이다. 현상계의 가치에만 매달려 여전히 안팎과 양변(兩邊)을 나누어 연기(緣起)에 마음과 행(行)이 의존하고 있어 주체적인 내가 없으니 내 마음이 곧 망심(妄心)인지라, 배움과 배운 것, 아는 것과 모르는 것 일체가 오직 망념일 뿐이고 배울수록 망견(妄見)만 늘어나게 된다. 당연히 허망하게 되고 생사(生死)를 여전히 얻으니 그렇게 자기 자신에게 늘 속고 있다가 마침내 분별취사심의 뿌리가 잘려나가 드디어 망심(妄心)

이 스스로 끊어지니 배움 역시 동시에 끊어졌다. 그래서 망심으로 만나고 있던 신(神)을 진여(眞如)로 만나게 되었으니 비로소 신을 진실로 알게 된다. 배움이 끊어졌다는 절학(絶學)은 구경(究竟)까지 도달해서 더 나아갈 곳이 없다는 것이니 바름(正)을 이루어 보고 듣는 것은 물론 그 행(行) 역시 항상 자연스럽게 바르게 되어 더 이상 배울 것이 없고 배운 것도 없다는 무학(無學)을 뜻하고 이것은 바로 대우주를 모두 보고 아는 대원경지의 최상승지혜를 얻은 상태이다. 나 자신의 불성(佛性)인 광명, 즉 혜(慧)에 상(相)과 비상(非相), 법(法)과 신령(神靈)이 있는 그대로 조명(照明)되어 보고 스스로 알게 되니 곧 도(道)를 깨달은 지혜가 된다. 아는 것, 즉 지(智)를 위해 더 이상 애써 안팎으로 배우고 익힐 필요가 없어진 것이다. 아는 것이 티끌만큼도 남김없이 깨끗하게 버려지고 수행에서 영원히 벗어났다. 이렇게 망념이 끊어지고 다시는 나지 않게 되어 그 무엇에도 의지함이 없이 스스로 존재하니 곧 밝음을 얻는 것이다. 비로소 영명(靈明)하고 혜명(慧明)하게 되니 법(法)에 따른 바른 지식과 정보를 갖게 되어 스스로 온전한 빅데이터가 저절로 구축되고 무한하게 활용하면서도 어긋남이 없게 된다. 이 때 6바라밀과 8정도(八正道)가 원만하게 갖추어지게 된다. 홀가분하고 자유롭고 다시 태어나도 골치아프게 공부할 필요조차 없어지니 환생한 삶이 곧 극락이 될 수 있다. 그래서 인간을 위해 다시 한 번 태어나 속인(俗人)의 모습으로 같이 어울려 적극적으로 보시바라밀을 펼치니 곧 화광동진(和光同塵)이며 대행(大行)인지라, 많은 중생이 큰 이익을 얻고 현세에서 잘 살게 되고 부처님을 따르면서 극락을 점차 이루어가니 본인은 비로소 중생에게서나 부처님에게서나 비로소 인정받는 온전한 부처가 된다.

하릴없다는 무위(無爲)란 내 마음이 따로 없어 진정으로 할 일이 따로 없는 상태다. 내면의 욕망과 외부의 강제가 없게 되니 소원과 운명과 숙명이 영원히 끊어졌다. 왜 할 일이 없게 될까? 바로 모든 것을 보고 알아 배움이 끊어졌기 때문이다. 그 속에서 무위를 행하니 고정된 마음이 없어 함이 없으면서도 하지 않음이 없게 되어 무위의 이로움(利)에 견줄 수 있는 것은 세상에 없고 사람들에게 지루함도 긴장도 두려움도 주지 않는다. 이것은 큰 다스림이니 어긋남이 없어 다스려지지 않음이 없게 되므로 끝내 어려움이 없다. 정기신(精氣神)이 바로 서게 되어 그 어떤 움직임과 그침이든간에 항상 바르게 된다.

양단(兩端)에 머무는 분별심과 간택은 오색(五色)으로 눈을 멀게 하고 오음(五音)으로 귀를 멀게 하니 자성(自性)을 덮고 사자후(獅子吼)를 왜곡시켜 있는 그대로 보고 듣지 못하게 만든다. 그러면 따로 마음을 내게 되고 뭔가 할 일이 있게 되니 어쩔 수 없이 움직이게 되어 자유를 잃게 된다. 이런 인위(人爲) 내지 유위(有爲)의 행(行)은 곧 업(業)을 낳으니 선악시비(善惡是非)를 떠나 바름(正)에 어긋나고 삿됨(邪)이 된다. 삼라만상의 본체가 밝게 보이고 그 미묘한 소리가 또렷이 들리며 그 마음과 움직임이 일체 그대로 나의 그것이 되니 곧 평등한 대도(大道)를 깨달은 것이고 그에 따라 지극히 묘한 대용(大用)을 이룬다. 비로소 마음을 따로 낼 바가 없음을 깨닫는지라, 곧 무심(無心)이 되어 마음이 머무는 바가 없게 된다. 마침내 보는 이와 보이는 것의 경계가 사라지니 나의 감각기관이 신(神)의 눈이 되고 신(神)의 귀가 되고 신(神)의 입이 되며 신(神)의 법이 된다. 천지자연의 큰 힘으로 밝게 보니 일체가 도

(道)에 따라 스스로 온전하게 움직이고 각각의 마음에 따라 생겨나고 사라지며 가까워지고 멀어지며 유심(有心)으로 얻고 잃는 유무형의 일체가 법(法)에 의해 말끔히 청산되어 일체처(一切處)가 항상 텅 빈 자리가 되어 있음을 보니 지극한 자연스러움인지라, 굳이 여기에 개입할 까닭이 없는 법이다. 더군다나 법과 무관하고 스스로 마음을 내어 따로 머물지도 않으니 더더욱 그렇다. 그런데 알면서도 굳이 고통을 감수하면서 애써서 중생을 구제하고자 하는 마음을 내니 대자대비(大慈大悲)다. 이는 인위(人爲)가 아니라 대도의 자연스러운 대용인 무위인지라 구제함이 없이 구제하니 일체가 빠짐없이 자연스럽게 구제된다. 여기에 업(業)과 공덕이란 따로 없으니 주고 받음, 얻고 잃음이 전혀 없다. 도인은 절학과 무위가 되어 마음이 사라지고 안팎이나 대우주를 낱낱이 뒤져도 그 마음을 따로 찾아볼래야 찾을 수 없으니 무심(無心)하여 스스로 한가한 것은 실제 사실이다. 그래서 배움이 끊어지고 하릴없게 되는 것이 우리 모두의 가장 근본적인 소원으로서 만 가지 소원의 뿌리가 되니 한 가지를 이루면 만 가지를 저절로 이루게 된다.

　　망상도 없애지 않고 참됨도 구하지 않는다는 말은 참과 거짓의 양변에 머무는 마음을 떠나 중도(中道)를 깨친 것이다. 하릴없으니 그 무엇이건 없애거나 구하려는 일은 사라졌다. 열심히 망상을 없애며 진리를 찾고 구하는 것은 선(善)이고 바람직한 일이지만 진망(眞妄), 호오(好惡), 선악(善惡) 등의 상대적 분별 차원에서만 머물러 취사선택하는 것은 생멸법(生滅法)이라서 치우쳐 망념일 뿐이고 바름(正)이 아니므로 항상 삿됨(邪)이 생겨나 결국은 헛된 일이 되고 만다. 드디어 망상과 진리에 따로 얽매이지 않고 스스로 천상천하유아독존으로 존재하니 망상이나 진리가 천하에 꽉 찬들 나 자신과는 아무런 관계가 없게 된다. 내 존재의 변형이 실제로 궁극적인 차원으로 이루어진 것으로서 나 자신과 타인을 영원히 더 이상 속일 수 없고 속지도 않는 경지다. 마음을 항복 받았다. 이것을 온몸으로 도(道)를 증(證)했다고 표현한다. 그 때 이미 가지고 있던 망상과 진리를 구하려는 마음은 자유로운 도(道)의 용(用)이 된다. 없애려고 노력하던 망상은 바로 중생심을 포용하는 방편이 되고 구하려던 참됨은 중생들로 하여금 중도를 걷게 하는 내비게이션이 된다. 자비심은 망상과 참됨이 한덩어리로 빛을 발하게 만든다.

3. 無明實性卽佛性 幻化空身卽法身

무명실성즉불성 환화공신즉법신

무명의 실제성품이 곧 불성이요 허깨비같은 빈몸이 곧 법신이로다

나의 몸과 무명을 떠나 다른 곳에서는 신(神)을 찾을 수 없게 되어 있다. 영혼이 부처님의 밝은 광명과 자비심이 아니라 대도(大道)를 어기는 개별적 욕망으로 가득 차 있는 채로 생명의 뿌리가 되어 있기 때문에 무명이라고 한다. 그런데 이 영혼의 참된 성품은 그 무엇도 아니라 바로 불성(佛性)이다. 불성은 곧 신성(神性)이니 영혼의 참성품은 신이고 부처라는 의미가 된다. 즉, 한마디로 나는 신(神)이고 부처인 사실이다. 그래서 당연하게 무명 가운데서 대광명인 불성이 현전(現前)되는 그 찰나가 깨달음이고 참선(參禪)이며 증도(證道)다. 마침내 여래장(如來藏)

이 드러나는 것이다. 이 때는 이 현상계와 신령세계가 하나가 되어 있음을 보고 알게 된다. 색(色)과 공(空)이 서로 즉(卽)하고 다름이 없는(不異) 자리의 마음을 체득한 것이다. 그래서 현상계 가운데서 귀신이나 신령들이 나타났다 사라졌다 하는 것이고 불성의 뜻으로 내가 신령세계 속으로 차원을 이동하여 신령들과도 교류하게 된다.

　깨닫고 보니 윤회와 업과 무명이란 공(空)한 허깨비인 것이다. 본래 없는 것에 매여 있으니 삶이 허깨비놀음일 수밖에 없다. 그러니 내 몸이 텅 비어 있는 것이라, 이는 정신이 외출하고 비어 있음이다. 허깨비같은 빈 몸이라고 하는 것은 나의 일체욕망이 결국 빈손으로 돌아가고 또한 빈손이 되어야 법신을 증득할 수 있게 된다는 의미도 있다. 이 때가 바로 무소유(無所有)이니 무소유가 곧 법신의 소유고 법신의 소유는 곧 무소유가 된다. 무명이 소멸하고 드러난 불성을 법신(法身)이라고 한다. 어디에도 머무름이 없어 법의 구속으로부터 드디어 자유자재한 대자유를 얻게 된 것이니 이른 바 관자재보살(觀自在菩薩)이다. 그러나 내 몸이 비록 욕망이라는 허깨비로 되어 있고 비어 있지만 내 생명의 주체인 영혼을 담고 있고 나아가 자타(自他)의 근본체인 불성을 담고 있으니 내 몸을 두고 어디 다른 곳에서 법신을 구할 수도 없다. 그러므로 몸을 미워하지 말고 애착하지도 말아야 되며 오로지 도(道)에 따라 순리로 몸을 잘 용(用)할 뿐이다. 그리고 수행자가 몸을 가볍게 여길 것만은 아니다. 몸을 소중하게 여겨 몸과 영혼이 서로 잘 합일(合一)되어 본래성품인 진리를 향해 나아가도록 해야 한다. 몸과 영혼이 온전하게 합일되어 있지 못하면 귀신이 그 틈을 타고 잘 들어오게 된다. 이른 바 빙의(憑依)라고 하는 현상이 생기는 것이다.

엄마가 자식을 위해 더없이 간절하게 기도하지만 안타깝게도 그 마음이 어둡고 근심에 가득 차 있는지라 스스로 본인과 자식의 밝음을 가리고 있으니 기도가 선(善)이지만 삿됨(邪)이 끼어 있게 된다. 당연히 부처님의 자비스러운 가피가 튕겨나가니 엄마도 부처님도 자식도 한숨이 지속된다. 이것은 아무리 골치덩어리 자식이라도 그 본성품은 원만하고 아름다움을 잊어버린 데서 비롯된다. 그리고 삐뚤어진 자식이 그 몸이 정녕 바른 몸임을 보지 못하는 데서 비롯된다. 그러므로 반드시 이 사실을 까닭없이 굳게 믿고 자식을 까닭없이 굳게 믿고 엄마의 밝은 마음의 힘을 까닭없이 굳게 믿고 또 믿어서 지속시키면 마침내 삿됨이 떨어져나가니 곧 바른(正) 기도인지라, 부처님의 가피와 공덕이 예외없이 크게 되어 자녀는 물론 엄마조차도 더없이 크게 구제된다. 이는 곧 밝음이 밝음을 부르고 부처님을 부르며 어둠이 어둠을 부르고 마(魔)를 부르는 대도(大道)의 법(法)을 내가 바르게 증명하는 일이 되기 때문이다.

4. 法身覺了無一物 本源自性天真佛

법신각료무일물 본원자성천진불

법신을 깨달음에 한 물건도 없으니 근원의 자성이 천진불이라

공부를 마쳐 배움이 끊어지고 하릴없는 한가한 상태에서 나(我)라는 것은 진정 찾아볼 수 없다. 더 이상 어떤 모양으로서의 실체가 있는 것이 아니기 때문이다. 그냥 순수한 대광명(大光明)이니 여기에 법신이란 이름을 붙인 것일 뿐이다. 모양이 없으므로 한계가 없고 더 이상 큰 것이 없이 허공을 꽉 채우며 그 무엇으로도 천변만화할 수 있으니 이름하여 무변신(無邊身), 무진신(無盡身), 천백억화신(千百億化身)이 된다. 대광명은 여여하게 대우주를 비추며 빛나는 영광(靈光), 신광(神光)이며 영원하고 불변하다. 그러므로 부처는 무량광여래불(無量光如來佛)이고 무량수여래불(無量壽如來佛)이다. 무량수여래불께는 일체생명이 수명을 비롯한 복덕이 원만하고 영원하게 구족됨을 빌고 무량광여래불께는 참회가 이루어져 자타(自他) 모두 영혼의 광명이 밝게 드러나 천지를 비추게 됨을 빈다. 항상 대광명이 나와 더불어 있으면서 동시에 대광명을 내가 품고 있거늘 내가 이 안팎의 대광명을 영혼 속에 받아들이지도 못하고 드러내지도 못하는 이유는 스스로 욕망덩어리를 품고 분별심의 단단한 껍질을 뒤집어쓰며 이것을 나 자신의 본래모습인양 착각하여 여기에 집착하면서 살아가고 있기 때문이다. 이 욕망의 근본적인 정체가 바로 양단에 머무르면서 집착하고 있는 상(相)이다. 이것을 벗어나는 길이 곧 중도(中道)다. 중도를 가려면 양단을 막고 비추어서 양단이 본래 상대적인 둘이 아님을 깨달아야 하는 것이 관문이 된다. 어둠이 곧 밝음이라는 실상을 보게 되면 비로소 대우주 신령세계에 입문하게 된다.

　나의 본래 근원이고 그 본성인 대광명을 천진불이라고 이름붙였다. 천진(天眞)은 천지자연의 본성이고 힘이다. 나 자신을 없애고 죽이며 껍질을 벗겨가는 천신만고의 과정 끝에 최후로 남는 알맹이, 티끌 하나 없이 순수하게 텅 빈 공간이 바로 천진불이다. 고로 천진불은 진공(眞空)이다. 천진불은 갓 태어난 아기와 같은 마음이기도 하다. 그러므로 부모가 아기를 낳으면 오히려 아기의 마음을 닮아가야 하는데 그 반대가 인간사회다. 아기가 부모의 마음을 닮아가면 고통이 점차 생겨나고 부모가 아기의 마음을 닮아가면 행복이 생겨난다. 아기를 쳐다보고 있는 엄마가 행복을 느끼는 이유는 그 아기의 천지자연과 동일한 마음이 엄마에게 전달되어 느끼기 때문이다. 그래서 도(道)를 가려면 순수하고 소박한 마음과 천진난만한 마음이 필수가 된다.

5. 五陰浮雲空去來　三毒水泡虛出沒

오음부운공거래 삼독수포허출몰

오음의 뜬 구름이 부질없이 오고 가며

삼독의 물거품은 헛되이 출몰하도다

오음 또는 오온(五蘊)─색(色)수(受)상(想)행(行)식(識)─은 분별심으로 주관과 객관이 서로 엉겨붙어 상(相)을 만들어 존재하는 욕망덩어리다. 생사(生死)를 일으키며 내 본래의 뜻과 무관하게 나를 변화시키며 인생이 정처없이 흘러다니게 만든다. 구름이 무엇을 얻는 것이 없듯이 내 것이라고는 하나도 없이 괜히 스스로 힘들게 된다. 당연히 오고 가는 것이 부질없지만 일단 모습이 생기면 어쩔 수 없이 여기저기 오고 가야만 되는 것이니 휴식도 없이 한(恨)만 허공에 가득 채우게 된다. 그리고 청정한 허공에 오염물을 낳으며 살기(殺氣)를 채워간다. 당연히 법은 그 대가를 톡톡히 받도록 움직여준다. 이것이 자승자박(自繩自縛)이다. 모든 것이 자연이다. 오음은 망념으로 형성되니 다 공(空)하다.

중도가의 재발견 37

당연히 보는(見) 데 있어서 나눌 상(相)이 없고 상(相)에서 분별할 봄(見)이 없으며 분별하는 현식(現識)도 본래 생(生)하지 않고 과거·현재·미래에도 생(生)하지 않으니 이는 곧 상(相)과 경계에 의지함과 의지됨을 떠나 공(空)한 심안(心眼)을 얻음으로써 삼세(三世)를 통달하는 것이 된다. 이 때에는 일체의 분별을 멀리 떠났으므로 오음과 삼독을 그치게 할 것도 없고 쉬게 할 것도 없다. 관자재보살이 깊은 반야바라밀다를 행(行)하니 오온이 일체 공(空)함을 비추어보고 일체의 고액(苦厄)을 건넜다. 신(神)은 헛됨과 부실이 없으니 오음과 삼독으로 신을 만날 수는 없다. 그러나 오음과 삼독이 뜬 구름과 물거품임을 보는 그 자리에 항상 신이 있으니 오음과 삼독을 떠나 따로 신을 만날 수도 없다.

탐진치(貪嗔痴)의 삼독은 영혼이 품고 있는 삿된 모습의 아뢰야식으로서 망심(妄心)에 의해 내가 지배되어 나 자신이 소외되었을 때 나타나는 대표적인 움직임과 그침이니 삼독은 망심의 최고급 영양분이 된다. 망심은 탐(貪)을 통하여 덩치를 불리고 분노(嗔)를 통하여 위세를 부리며 무명(痴)을 통하여 자기를 영구히 지속시킨다. 망심은 나 자신의 밝은 눈을 가리므로 애씀이 진정으로 원하는 최종열매를 맺지 못하고 물거품처럼 일어난 그 자리에서 허망하게 소멸되니 괜히 부질없이 죽고 살게 되도록 만든다. 또한 삼독은 본색을 감춘 채 착한 모습으로 둔갑하여 망심을 진여(眞如)로 착각하도록 해서 나를 전도(顚倒)시켜 몽상(夢想)을 갖도록 만든다. 그래서 자연히 살기(殺氣)를 항상 생겨나게 하고 그로 인해 생명 자체가 손상되어 좋은 결과가 일시적으로 생기더라도 제대로 기쁘게 누릴 수 없어 결국 허망하게 된다. 내가 살아온 것이 아니라 망심이 내 몸을 빌려 나를 대신해 살아온 것이다. 이것은 좋고 나쁨의 양단에 집착하는 사실 자체가 망심에 속아 넘어간 착오라는 사실을 온몸으로 깨우치지 못한 탓이다. 잘 싸우는 자는 분노하지 않는다고 했듯이 삼독심의 힘에 끌려 삼독으로 애쓰면 헛수고가 되니 그러지 말고 청정심으로 애써야 좋은 결실을 맺고 누린다. 청정심은 생기(生氣)를 키우고 보존시키기 때문이다. 청정심은 일단 유무(有無)의 양변에 머무르는 마음을 갖지 않은 것이다. 이 때는 자기 자신도 모르게 고도의 바른 정신력이 지속적으로 동원되니 편안하면서도 이룬다.

오온과 삼독심은 인연에 의해 내가 본래 생각하지도 않고 원하지도 않은 상태에서 생겨난 것이니 꿈속이고 진정으로 내 것이 아니다. 뜬구름이 허공에 의지하여 생겨나고 물거품이 물에 의지하여 생겨나듯이 허공과 물에 의해 소멸된다. 그러므로 오온과 삼독심에 집착할수록 망심(妄心)이 커지는 것이므로 결국 내가 소멸되고 만다. 이런 것들이 망심에 의해 생겨난 꿈이지만 오랜 세월 전도(顚倒)되어 있는 몽상(夢想)으로 인해 워낙 생생하게 현실같아서 착각이 심하여 쉽게 깨어나지 못한다. 그러므로 진정으로 헛된 것이라는 사실은 법신을 증득해야만 비로소 근본적으로 깨닫게 된다. 탐진치를 없애려고 달려들어 애써봐야 이것 자체가 또한 망심의 교묘한 꾀임이니 망념만 더 생겨나고 불가능하므로 사(邪)가 된다. 오로지 분별하여 얻고 버리려는 망심의 뿌리만 없게 되면 그것들이 나도 모르게 저절로 쪼그라든다. 일단은 이것들에게 질질 끌려다니지 않도록 힘을 더욱 키우면서 정신을 바짝 차려 눈을 더 크게 떠야 속아넘어가지 않게 된다. 또한 그것은 나 자신과 인연에게 속아넘어가지 않게 되는 것이니 이는 더욱 진실한 사람이 되는 것이므로 그에 따라 천지자연 속에서 쉼없이 오고 가는 참되고 진정한 마음을 저절로 취할 수 있게 된다.

　자사(子思)가 중용(中庸)에서 희노애락(喜怒哀樂)이 발(發)하지 않은 것을 '중(中)'이라 하고, 발(發)하여 모두 절(節)에 맞는 것을 '화(和)'라고 했다. 그렇다면 희노애락을 그 속에 은밀하게 품고 있으며 때가 되면 발하는 씨앗인 실체가 있다는 것이니 이것이 곧 고요한 미세번뇌이자 아뢰야식이고 멸진정이며 곧 희노애락을 품은 생명의 주체로서의 영혼이다. '화(和)'는 발한 희노애락이 시공간과 일체경계에 두루 들어맞게 되는 것이니 곧 중(中)을 바르게 용(用)하는 것이다. 그래서 '중(中)'은 천하의 대본(大本)이고 '화(和)'는 천하의 달도(達道)이며 '중화(中和)'를 지극히 하면 천지가 제자리를 잡고 만물이 생육된다고 했다. 불법의 중도(中道)에서 보면 희노애락과 그것을 품고 있는 실체까지 몽땅 삼독심(三毒心)이고 망념(妄念)으로서 변하는 상(相)일 뿐이니 물거품이고 뜬 구름에 지나지 않는다. 왜냐하면 희노애락도 본래 없고 따라서 그것을 발(發)한다, 발(發)하지 않는다는 양변(兩邊)도 없어 마음이 머물지 않고 머무는 마음도 본래 없이 오로지 영원히 밝고 청정한 부처로서 그 무엇을 가지고 행하는 내가 없는 대지혜 그 자체로 존재할 때 비로소 '중(中)'이라고 하기 때문이다. 또한 중용에서는 절(節)에 맞고 중화를 지극히 하는 행(行)이 있고 이를 따로 행하는 내가 있으며 더군다나 도를 닦는 것을 교(敎)라고 했으니 일체가 유위(有爲)에 지나지 않아 중용의 행(行)은 도(道)가 아니라 도를 가는 행이다. 불법에서는 오로지 천지자연의 대도의 대용(大用)인 무위(無爲)만을 근본으로 삼으니 행(行)이 본래 없다. 가르침도 배움도 없고 애씀이 없이 항상 스스로 '화(和)'이니 따로 도를 닦는다는 것도 없다. 천지와 만물까지 본래 중도(中道)이니 여여(如如)하여 따로 제자리를 잡거나 생육된다는 사실이 없고 그런 천지와 만물도 따로 없다. 천지와 만물이 본래부터 영원히 제자리에 스스로 있을 뿐이다. 일체가 본래 대도의 화현(化現) 그 자체다. 종합하면 불법의 중도는 영원불변한 일체존재와 대도의 본체를 말하고 중용은 그것과 따로 떨어진 개별존재로서의 실체와 해야 할 바를 알려주는 지침이라 하겠다. 중용의 '중(中)' 은 움직임(發)을 가지고 있는 그침(未發)이고 또한 그침에 의지하고 있는 움직임이니 아직은 제행무상(諸行無常)의 상태이고 중도의 '중(中)' 은 희노애락을 품은 씨앗(실체)마저 소멸시킨 것으로서 그침과 움직임이 사라져 항상 미발(未發)인 동시에 항상 발(發)하고 있어 영원불변(永遠不變)의 상태이다. 또한 '중(中)' 의 주체는 중용에서는 생명으로서의 영혼이고 중도에서는 그 영혼의 본체인 부처다. 그러므로 중용은 중도의 차원과는 천지차이로 벌어져 있다. 자사의 표현으로만 보자면 중도가 천(天)이라고 하면 중용은 곧 성(性)인 것이다. 하늘이 명(命)을 부여하여 이 땅의 일체영혼이 받으니 곧 성(性)이다. 하늘은 그 무엇으로부터 그 무엇도 받음이 없이 신(神)으로서 스스로 존재하고 스스로 그러하며 또한 노력할 바가 따로 없다. 중용은 현상계에 머무는 시각(始覺)이고 미각(未覺)이며 중도는 진여법계의 대도로서 본각(本覺)이다.

자사는 맹자의 성선설(性善說)과 순자의 성악설(性惡說)의 심한 대립을 해소하고 근본을 밝혀놓고자 했다. 선(善)과 악(惡)의 양변을 희노애락(喜怒哀樂)으로 중립화시켜놓았지만, 거기서 또 발(發)과 미발(未發)의 양변이 생겨났으므로 본질은 똑같은 양변으로 단순히 대체하였을 뿐 근본적으로 분별모순의 경계를 벗어나 원융무애하게 불이(不二)를 이루는 것이 되지는 못한다. 대도(大道)인 불법(佛法)이라야 비로소 대립하는 모든 것을 근본으로 회귀시킬 수 있다. 그러나 성인(聖人)은 신령세계 차원에서 생명으로서의 영혼이 나아갈 바를 가르치니 자사 역시 성인이다. 중용도 따르지 못하면 감히 중도를 언급할 수 없다. 오음이 본래 뜬 구름임을 명백하게 알고 삼독심이 물거품임을 밝게 보는 것이 일단 중용을 따르는 것이다. 중용을 바르게 따르면서 도(道)를 잘 체화해나가면 중도가 드러날 수 있다.

6. 證實相無人法 刹那滅却阿鼻業

증실상무인법 찰나멸각아비업

실상을 증득하여 인·법이 없으니

찰나에 아비지옥의 업을 없애버림이라

법이 있을 때는 망념으로서의 내가 있고 망념으로서의 내가 있으면 법이 있다. 법이 없을 때는 망념으로서의 내가 없고 망념으로서의 내가 없으면 법이 없게 된다. 제법무아(諸法無我)이니 일체의 법 가운데 내가 없음이 진실된 나의 본래모습이다. 인·법이 없으니 신(神)이 있게 되어 아비지옥의 업도 자연스럽게 소멸된다.

실상을 총체적으로 뭉뚱그려 표현하면 현상계와 진여법계가 하나로 되어 서로가 서로를 포섭하고 있고 그 일체가 나 자신과 도(道)와 법(法)에 의하여 움직이는 사실이다. 그래서 나 자신 역시 이 세계에 있지만 동시에 진여법계에도 속해 있는 몸을 드러내는 것을 증(證)한다고 표현한다. 내가 몸소 실상의 직접증거가 되는 것이다. 이 몸은 기존의 몸을 버리고 새로 얻은 것이 아니고 이미 자기 자신의 깊고 그윽한 가운데 있어왔던 영원불멸의 자성(自性)이고 법신(法身)이다. 그리고 그동안 잊어버리고 있던 진여법계를 깨닫고 다시 찾아내었으니 이는 마치 없던 것을 새로 얻은 것과 같다고 해서 득(得)이라고 하여 합해서 증득(證得)이라고 말한다. 수행이란 이렇게 내 몸을 진리의 증거로 만들어가는 과정이다. 진여법계에는 내가 원하는 일체의 것이 이미 구족되어 있으니 실상을 증득하고 나면 더 이상 구하고 찾을 것이 따로 없게 된다. 그래서 고통이 완전히 쉬고 영원히 안락하게 되는 것이다. 그런데 본래는 나 자신도 진여법계에도 소속되어 있어 내 안에 이미 일체의 것이 구족되어 있다는 말도 된다. 그래서 안팎의 경계만 없애가라는 것이다. 당연히 소유의식과 집착이 강할수록 불가능하게 된다.

인(人)과 법(法)이란 말은 주관과 객관, 즉 나와 환경, 마음과 일체현상 등을 말한다. 인(人)과 법(法)은 서로가 서로에게 의지하고 있는 형상이므로 항상 둘이 같이 있거나 같이 없게 되는 것이지, 어느 하나만 있고 다른 하나는 없는 그런 것이 아니다. 실상을 증득한다는 말은 인(人)과 법(法)이 같이 사라진다는 것을 의미한다. 이것은 안팎의 분별이 사라져버린다는 의미이기도 하다. 마음이 대우주에 완전히 열려 대우주를 모두 남김없이 받아들이는 것이기도 하다. 대우주신(大宇宙神)을 온전하게 받아들여 나 자신과 하나가 된다는 것도 같은 의미다. 여기서 법이 없다고 하는 것은 주관이 만든 법이 없다는 것이다. 그리고 객관이 더 이상 나의 존재에 그 어떤 티끌만한 영향도 미치지 못하고 내가 객관과는 완전히 독립된 천상천하유아독존의 상태가 되는 것을 말한다. 주관과 객관의 상대적인 의식에 매여 있지 않아서 법과 법을 품고 있는 나 자신으로부터 벗어나고 동시에 법이 나 자신에게 무의미해져버리는 것은 내가 중도실상(中道實相)을 증득했을 때라는 말이다.

실상을 증득하여 나와 법이 없으면 아비지옥이 사라져버린다는 것인데, 아비지옥은 한량없는 죄를 지어 죄의 고통이 쉬지 않고 언제까지나 계속되는 무서운 지옥이다. 아비지옥이 생겨난 것은 법에 의한 것이고 법은 내 마음에 의하여 움직이므로 결국 내가 만든 지옥이다. 그러므로 나와 법이 사라지면 자연히 아비지옥도 없어지는 것이다.

아비지옥은 세세생생 쉴 틈이 없이 생사를 그림자처럼 따라다니는 업(業)으로 인한 고통이다. 업은 현상계의 분별상(分別相)을 갖고 있는 한 순간순간 지어지게 되므로 역시 고통이 쉴 사이가 없는 아비지옥이라야 그 업에 상응하는 그 지옥이 된다. 그런데 이런 업도 시간을 두고 소멸되는 것이 아니라 눈 깜짝할 사이에 찰나에 몽땅 소멸되어버린다는 것인데 사실이다. 업 전체와 그 업을 만드는 자기 내면의 뿌리는 실제로 찰나에 몽땅 소멸되지 않으면 완전히 소멸시키는 것이 불가능하다. 그러므로 영원히 달고 다니든가 아니면 찰나에 없애버리든가 둘 중 하나만 있을 뿐이다. 물론 시간이 흐르면서 하기 나름에 따라 업이 가벼워졌다 무거워졌다 하는 변화는 늘 있다. 그리고 업(業)은 근본적으로 인(人)과 법(法)에 대해 양변으로 나누어진 상대성으로만 보고 분별하여 집착함으로써 생기는 것이니만큼 양변에 마음이 머물고 행(行)에 따라 쌓여 기억된 것이므로 현상계에서 지금의 모습 그대로 존재하는 한 그 자체가 내 생명이고 몸이 되어 있기 때문에 이 세계 내의 의식으로는 원천소멸 자체는 불가능하다. 또한 단순히 회개하여 매번 용서받아도 그 의식은 여전하므로 또 업이 저절로 지어지니 아비지옥은 계속 이어진다. 그것은 오로지 시공(時空)을 초월한 진여법계 차원에 들어가야만 가능하고 그 순간 업은 실제로 근본적으로 소멸되어버린다. 이 세계에 머물던 업의 체(體)가 소멸되었으므로 그 몸에 쌓여 굳어 있던 크고 작은 업 역시 동시에 남김없이 소멸되는 것이다. 몸이 죽으면 몸의 모든 세포가 저절로 소멸하는 것과 같다. 또한 내가 죽는 사람이 아니라 사는 사람이 되어 몸이 살면 암세포들은 저절로 소멸하는 것과 같다. 암세포가 소멸되어 몸이 사는 것이 아니다. 이것을 돈오(頓悟)라고 한다. 업을 하나하나 상대하다가는 끝이 없게 된다. 돈오가 된 뒤에는 업장의 근원과 뭉쳐진 업장덩어리가 몰록 사라지니 진여자성이 드러나 더 이상 닦을 것이 없게 된다. 그래서 돈오와 돈수(頓修)는 항상 동시에 일어난다. 이것을 돈오돈수라고 하여 선가(禪家)에서 깨달음의 지표로 삼고 있다. 업의 굴레에서 완전히 벗어나 비로소 대우주에서 자유를 100% 성취했다는 관점에서 깨달음을 해탈(解脫)이라고 부른다. 또한 업은 번뇌망상으로 늘 드러나고 있으니 번뇌망상이 완전히 소멸되어 더 이상 일어나지 않는 상태가 되었다는 관점에서는 열반(涅槃)이라고도 부른다.

아비지옥이 찰나에 사라져버린다는 것은 이와 같이 아비지옥에 갈 업 자체의 소멸이니 당연히 아비지옥이 나와 무관하게 되고 또 극락과 지옥이 불이(不二)가 되어 따로 오고 가는 것이 없게 되니 지옥에 간다 온다 하는 것이 없게 되며 또 이것은 진여법계에 드는 순간에 원만하게 이루어지는 것이니 찰나라고 했다. 깨친즉 찰나간(悟卽刹那間)이니 이때 비로소 찰나(刹那)가 곧 영원(永遠)이 된다. 불법은 이렇게 업이 수미산을 넘어서는 지극한 중죄인이라도 찰나에 극락으로 갈 수 있도록 큰 길을 열어놓았으니 부처님의 대자대비다. 참회는 진여법계를 증득하는 것으로 비로소 완성된다. 그러므로 참회는 단순히 착하게 되는 선(善)을 위함이 아니라 바르게 되는 정(正)에까지 이르는 것이 본래의미다. 예수님의 회개도 마찬가지다. 그러니 참회는 최종적으로 업이나 죄나 분별심이 몽땅 없게 되는 것임은 너무나 당연하다. 선업을 많이 쌓는 것만으로는 이렇게 되는 원만한 참회가 되지 못하여 여전히 망념으로 있게 되니 고통으로부터 근본적으로는 벗어날 수 없다. 그러나 참회의 출발점은 되니 출발도 없이 끝을 볼 수는 없다.

7. 若將妄語誑衆生　自招拔舌塵沙劫
약장망어광중생 자초발설진사겁

거짓말로 중생을 속인다면

진사겁토록 발설지옥 과보를 스스로 부르리로다

망념에서 나오는 말은 변하니 거짓이요, 여래장에서 나오는 말은 불변이니 진실이다. 선지식은 망념이 사라졌으니 거짓말로 중생을 속인다는 것은 영원히 없다. 그러므로 과보도 지옥도 천국도 없으니 이 말은 백년 묵은 요괴에게 하는 엄중한 경고다.

성철스님 열반송도 재미있다. 생평기광남녀군(生平欺狂男女群) 미천죄업과수미(彌天罪業過須彌) 활함아비한만단(活陷阿鼻恨萬端) 일륜토홍괘벽산(一輪吐紅掛壁山)이다. 세세생생 남녀가 항상 망념을 자기와 자기 마음으로 삼아 속고 속이며 본래정신이 아닌 채로 살고 있으니 우리의 죄업이 수미산을 넘어섰는데, 망념을 산 채로 그 죄업과 함께 아비지옥 속으로 빠뜨려 단숨에 사라지게 하니 망념이 가진 한(恨)이 만 갈래라, 마침내 망념과 아비지옥을 몰록 없애 그 속의 진실된 나를 구제하니 본래면목인 대광명이 푸른 산에 걸려 원만하게 드러난다. 천수경에 이르듯이 내가 지옥에 가면 지옥이 소멸되는 것이다. 중생과 부처, 성(聖)과 속(俗), 중도(中道)로서 본인과 우리를 빗대어 쌍차쌍조(雙遮雙照)하여 읊은 열반송이니 골수까지 대선사다.

선(禪)은 머리가 아니라 자기존재 전체가 실제로 신(神)의 세계로 가는 길인지라 현재에서나 미래에서나 아무리 이해시키려고 해도 실제 가보지 않은 이상 받아들이는 데 한계가 있기 마련이다. 더구나 이 당시에는 선(禪)에 대한 인식이 아직 보편화되지 않았고 교학(敎學)이 널리 퍼져 있어서 신심명이나 증도가 같은 기본적인 가르침조차도 사람들에게 참 받아들이기 어려운 상황이었다. 그래서 제발 좀 믿어달라고 우리에게 간절하게 부탁한다.

이 말과 마음은 한 치의 거짓도 없는 진심(眞心)이다. 왜냐하면 대도를 증득하면 진심 외의 마음은 없게 되기 때문이고 또한 안팎의 다름이 근본적으로 사라졌기 때문에 말과 마음의 다름이 없다. 더구나 자기의 이익을 위한다는 것은 있을 수 없는 법이다. 물론 방편이라는 것이 있지만 그것 역시 속마음과 본질 차원에서 다른 것이 아니라 오히려 속마음을 좀 더 정확하게 전달하려는 의미에서 방편을 쓰는 것이다. 이 말 속에는 사실 도(道)를 거짓되게 말하는 것의 최종결과에 대한 엄중한 경고도 담겨 있다.

8. 頓覺了如來禪 六度萬行體中圓

돈각료여래선 육도만행체중원

여래선을 단박에 깨치니 육도만행이 본체 속에 원만함이라

나 자신의 여래의 모습을 붙잡고 단박에 망심을 떨쳐내버려 순수한 여래로 화(化)하니 지옥에서 천상에 이르는 고행(苦行)과 난행(難行)의 6바라밀을 통해 얻는 일체의 지혜와 공덕과 신(神)과 부처님이 나의 본체로서의 자성(自性)인 여래 속에 이미 대우주 전체와 동일하게 갖추어져 있음을 본다.

단박에 깨치니 수행(修行)은 곧 증득(證得)이고 증득이 곧 수행이다. 당연히 수행에는 시간도 없고 공간도 없으며 길도 없고 수행함도 없다. 시작이 곧 끝이고 끝이 곧 시작인 수행을 참선(參禪)이라고 한다. 당연히 참선에는 중생도 부처도 깨달음도 어리석음도 나 자신도 일체 없이 원만(圓滿)함만 있을 뿐이다. 원만함은 곧 신(神)의 모습인지라 참선은 진실로 아신일체(我神一體)가 되는 일이고 이것을 밝게 증득하는 것이다. 그러므로 신을 보는 것은 곧 자연스럽게 일체가 원만하게 구족된 것이다. 또한 내가 원만해질수록 신에게 점점 다가가게 된다.

6도만행을 통한 수행을 위주로 하는 이가 대승자(大乘者)고 참선을 하는 이가 최상승자(最上乘者)다. 그런데 현상계에 머무르고 있는 우리의 현재 처지로만 놓고 보자면 사실은 여래선을 단박에 깨치기 위해서는 이미 전생에 6도만행이 원만하게 이루어져 있어야 된다. 그렇지 못하면서 6도만행을 무시하고 단박에 깨치려는 것은 터무니없는 탐욕일 수 있으니 조심해야 된다. 결국 자기를 아는 만큼 지름길이나 우회길로 갈 수 있게 된다.

　육도(六度)란 인연에 의지하는 일체의 망심(妄心)을 항복시켜 의지할 것이 없는 진여(眞如)를 드러내 걸림이 없는 해탈이고 본래 적정한 열반인 6바라밀(波羅蜜)이다. 당연히 바라밀은 세간을 벗어난 것으로서 곧 밀행(密行)이니 행(行)을 하는 나 자신이 없음을 밝게 아는 것이다. 그러므로 6바라밀은 진실로 과거 · 현재 · 미래에 머무름이 없는 행(行)이니 함이 없는 무위(無爲)가 되며 그 속에 내가 있으면서 또한 내가 없는 것이니 곧 각각의 바라밀의 모습이 본래 없어 대행(大行)으로서 도(道)를 따르는 것이 된다. 대행은 진여법계와 현상계를 일관하는 행(行)이니 일심(一心)에 육도를 갖추었다. 당연히 바라밀 속의 나 자신은 마음과 법(法)을 내지 않아 삼계(三界)를 의지하지 않으므로 다른 상(相)이 없이 마음이 항상 공적하며 법의 성품에 들어가 법계에 두루 있게 된다. 그 가운데 고정됨이 없이 일체경계에 순간순간에 응하며 영원히 살아있게 되니 근본이익을 얻어 결정된 성품에 들어가는 바라밀의 큰 덕(德)이다. 보시(布施)바라밀은 진여(眞如)를 의지하여 욕심을 떠난 경계에 영원히 들어가는 것이니 곧 중생들로 하여금 다 함께 본각(本覺)으로 돌아가게 하는 이익을 주는 것이고 지계(持戒)바라밀은 지극한 뜻이 견고하여 항상 세간에 있으면서 출세간에 머무르지 않으며 오음과 삼독이 공적함을 알아 삼계에 집착하지 않고 악(惡)과 사(邪)를 방지하는 것이다. 인욕(忍辱)바라밀은 공(空)을 닦고 일체의 유(有)에 의지함을 떠나 남(生)이 없는 법을 이루는 것이다. 이는 곧 좋고 나쁨에 머무르는 거친 분별심이 사라지고 나 자신을 바르게 지키면서 법과 신(神)과 일체영혼과 나란히 있게 되는 길 아닌 길이다. 정진(精進)바라밀은 명(名)과 수(數)를 멀리 떠나고 공(空)과 유(有)의 분별견해를 끊으니 상대적인 양변(兩邊)의 정체가 확인되어 더 이상 속지 않게 되고 미묘한 집착까지 자연스럽게 쪼그라드는 길 없는 길이다. 그래서 텅 빈 마음이 스스로 생겨나고 저절로 확장되어가는 동시에 힘들이지 않고 끝없이 지켜지니 곧 오온이 공(空)한 자리에 들어가는 것이다. 선정(禪定)바라밀은 정진 끝에 만나게 되는 자연스럽고 깊은 고요함 속에서 성품이 금강(金剛)과 같아져 애씀이 없는 수행이 쉼없이 이어지는 용맹정진이니 끝없는 길이다. 내 영혼이 대우주를 향해 무한하게 확장해가며 절대불이(絕對不二)가 점차 갖추어진다. 도(道)의 이치로 삼계의 상(相)을 끊는다. 그래서 공적(空寂)을 모두 떠나 그 어떤 공(空)에도 머무르지 않고 중생을 교화한다. 마침내 마음은 오고 감이 없고 성품은 항상 평등하여 모든 지위에 의지하지 않고 지혜에도 머무르지 않으니 곧 반야(般若)바라밀로서 신(神)과 법(法)과 나 자신을 바라보는 마음조차 깨끗하게 소멸된다. 대광명체(大光明體)인지라, 불법승 삼보(三寶)의 이치가 이루어져 마음에 심상(心相)이 없으므로 그 무엇이든 취함이 없고 모든 행(行)이 본래부터 생기지도 않음을 통달하고 적멸을 증득하지도 않으니 생사에 집착함이 없어 내가 곧 신(神)이 되고 법(法)이 되고 도(道)가 되고 자연(自然)이 되고 인간이 된다. 일체를 밝게 비추어보고 이후에 자연스러운 고행인욕 속에서 무궁한 세월에 걸쳐 보시바라밀을 행하니 곧 대자대비로서 도(道)의 대용(大用)이라, 깨달은 인간부처에서 석가모니부처님과 같은 신(神)으로서의 부처를 드러낸다.

만행(萬行)이란 육도를 원만하게 행하는 것으로서 모든 행(行)을 분별없이 포섭하는 것이다. 자기 자신이 만나는 대상마다 부처, 즉 신(神)을 만나고 있다는 것과 발걸음 닿는 곳마다 신이 있다는 사실을 알아가는 과정이다. 그리고 일체가 대도(大道)의 현현(顯顯)임을 보고 아는 것이다. 자기존재를 점점 더 뒤로 물리며 안팎의 경계를 소멸시키는 과정이기도 하다. 그리고 무엇을 찾아 자기 자신의 마음이 안팎으로 내달을 필요가 더 이상 없다는 것을 체득했을 때 1차적으로 성공적인 만행이 된다. 즉, 만행이 곧 바라밀인 것이다. 그러므로 만행은 엄청나게 치열한 구도정신과 철저하게 깨어 있는 안목을 요구한다. 만행은 6바라밀을 올바르게 실천궁행하여 보살도를 이루는 것이다. 하나의 바라밀은 나머지 5개의 바라밀을 각각 포섭하고 있으면서 6바라밀을 일관하는 노력이 바로 무위(無爲)로서의 고행인욕(苦行忍辱)이다.

세간을 뛰어넘는 본래의 육도만행이 곧 참선이며 이와 같은 것일진대, 어찌 어렵다거나 쉽다거나 토를 달 수 있겠는가? 자기마음의 근본자리를 올바로 깨치면 본체 가운데 육도만행이 원만하게 이루어져 있으니 관계없다. 그러나 온갖 상(相)과 행(行)으로 뒤섞여 덮여 있는 염심(染心)을 벗어나지 못한 사람은 육도만행을 하더라도 세간 속을 계속 헤매고 있는 것밖에 안된다. 그것은 육도만행이 아닐뿐더러 본래의 육도만행은 부처의 일이기 때문이다. 선(禪)의 관점에서는 중생의 육도만행은 하더라도 상(相)과 인위(人爲)를 벗어나지 못하는 만큼 육도만행에만 머물러 있는다면 시간낭비밖에 안된다. 그렇다고 육도만행을 소홀히 하라는 것이 아니다. 현상계의 덕목도 함께 갖추면 더욱 좋다. 실은 중생의 입장에서는 선(禪)과 육도만행이 겸비되어 육도만행이 선(禪)이 되도록 하는 것이 가장 바람직하다. 서로가 서로를 원만하게 해주기 때문이다. 선(禪)은 육도만행을 바르게 하도록 해주고 육도만행역시 선(禪)이 깊어지는 결과를 낳는다. 또한 육도만행은 중생구제에있어 엄청난 위력을 발휘한다. 경험이 공감을 가져오고 자비심을 일으키게 된다. 무속인이 겪는 신병(神病)도 육도만행에 속한다. 신병 속에는 크게 세속의 욕망과의 단절, 업장소멸, 중생구제를 위한 자비심의 3가지 측면이 하늘의 뜻에 의해 들어 있다. 신(神)의 세계로 나아가는 데이 정도는 마땅히 감수해야지만 신을 모시고 향상일로로 갈 수 있는 자격이 주어진다. 내 마음대로 가고 싶다고 갈 수 있는 길이 아니다.

9. 夢裏明明有六趣 覺後空空無大天

몽리명명유육취 각후공공무대천

꿈속에서는 밝고 밝게 육취가 있더니

깨친 후에는 비고 비어 삼천대천세계가 없도다

큰 액운을 겪거나 사는 것이 꿈이었으면 좋겠다는 넋두리를 늘어놓는 이들이 많지만 진짜로 꿈이니 안심해도 된다. 그리고 사는 것이 좋아이대로 계속되었으면 좋겠다는 것 또한 꿈속일 뿐이라서 언젠가는 깨어나게 되니 허망하지 않도록 꿈속에서라도 미리 잘 대비해야 된다.

　육취란 육도(六道)로서 지옥, 아귀, 축생, 수라, 인간, 천상세계다. 우리가 깨닫지 못하는 한 태어나고 죽고 하면서 돌고 도는 세계이기도 하고 업—복(福)과 살(煞)—이 전개되는 세계다. 항상 보이지 않는 수많은 힘과 법에 의해 자유가 없으므로 힘들게 살게 되는 세계다. 마음이 모여 그 특성에 맞는 세계가 생겼다. 인(因)에 상응하는 연(緣)이 계속 창출되니 우리의 마음이 비고 또 비지 못하니 그 무엇으로든 채워져 있어 그에 상응하여 생겨난 세계가 항상 우리와 더불어 있게 되며 비우지 못하는 한 영속되는 것이다. 생명을 하찮게 여기는 마음은 지옥을 있게 만들고, 물질적인 욕망만을 채우려고 늘 신경쓰는 것은 아귀세계를 만들고, 눈에 보이는 것만을 받아들이려는 마음은 축생세계를 만들고, 타인보다 잘되고 이기려는 마음은 아수라세계를 만들고, 몸을 가진 생명으로 만족하고 그것을 끝으로 생각하는 마음은 인간세상을 만들고, 복을 지어 편안하게 누리려는 마음은 천상세계를 만든다. 이 마음들이 티끌만큼도 남김없이 몽땅 사라져 흔적도 찾아볼 수 없게 되었을 때 비로소 극락이 내 고향이고 아미타불이 나 자신임을 알게 된다.

　꿈속에서는 밝고 밝게 육취가 있다는 것이니 이는 곧 우리의 마음자리와 거기에서 벌어지는 일체의 행(行)과 현상들이 꿈에 지나지 않는다. 깨친 후에는 비고 비어 삼천대천세계가 없다고 하니 분별하여 취사하는 꿈이라는 현재의 마음자리로부터 벗어나 드디어 나를 붙들어 매고 있던 일체의 인연들이 사라진 자성을 되찾았다는 것이다. 이른바 현상계는 꿈이고 진여법계는 깨어난 것이다. 꿈속에서 밝고 밝을수록 그것은 곧 집착이 강하다는 의미이니 깨고 나면 그만큼 더 허망한 것이 된다. 깨친 후에 모든 것이 텅 비었다고 없는 것이 아니다. 일체가 나로 인해 나에게 붙어 있는 것이라는 사실을 비로소 깨닫고 나를 없앰으로써 내가 구속하고 또 한편 나를 구속하고 있는 일체로부터 벗어났으니 텅 비어 없는 것과 같은 자유를 얻게 됨을 뜻한다. 일체가 텅 비어 없으면 나 홀로 있고 홀로 있으니 내가 왕처럼 어디로 가서 무엇을 하건 말건 자유이고 당연히 천상천하유아독존이다. 꿈속에서는 내가 만든 신(神)과 놀고 깨친 후에는 있는 그대로의 신과 어울리게 된다.

삼천대천세계는 무안이비설신의(無眼耳鼻舌身意)가 되어야 보고 알 수 있다. 실상을 보면 이 지구상의 산(山)은 우주의 산과 보이지 않게 이어져 있고 바다(海) 역시 우주의 바다에 보이지 않게 이어져 있다. 해인(海印)이란 말도 우주의 바다에서 나온 것이다. 그러므로 산신(山神)도 우주신이 되고 용왕신(龍王神) 역시 우주신이다. 이 분들을 이 지구의 산과 물에 머물고 있는 지엽적인 신으로만 보면 실상에 완전히 어긋난다. 그렇게 알고 기도하니 효과가 없거나 적다. 마음이 이 세계에만 머물며 작게 열리니 그럴 수밖에 없다. 산신에게 기도하는 것이나 용왕신에게 기도하는 것은 우주신에게 기도하는 것과 똑같다. 그래서 산신을 산왕대신(山王大神), 용왕신을 용왕대신(龍王大神)이라고 부르니 이는 곧 이 분들이 우주를 포함하여 '크다'는 의미에서 대(大)를 붙여 부른다. 인간 역시 본래 대우주이나 몸 때문에 소우주(小宇宙)로 불린다. 그래서 깨치면 몸의 굴레를 벗어나 대우주가 되는 법이다. 이 지구에만 머물고 있는 것은 그 무엇도 없다. 현상계와 진여법계는 즉(卽)해 있는데, 주관으로 물든 육안을 가지고 보려고 하니 보이지 않아 크나큰 착오가 생기는 것이다. 그래서 행(行)이 늘 업(業)을 만드니 이를 어리석음, 즉 치(痴)라고 한다. 불법은 이렇게 신과 우주와 나의 실상에 대한 가르침이다. 그러니 근본적으로는 불법에서 중생심이란 안중에도 없다. 본래 없는 것이니까 그렇다. 법을 몰라서 신을 열심히 분별하고 차별하며 쪼개놓고 조작하여 만들어놓고 신을 찾으며 마음을 찾고 공부한다. 더구나 부처와 신도 차별한다. 그러면 신은 더욱 멀어지고 중도를 가는 것은 첫걸음부터 발을 삐게 된다.

　망심, 즉 분별취사심을 가지고 사는 상태가 꿈속과 같은 상태인 것이다. 마음을 완전히 비우지 못하고 사니 그 마음에 항상 뚜렷하게 비치는 것은 그 선택에 맞는 세계일 수밖에 없다. 나 자신이나 우리 모두 성불해버리면 이 세계는 텅 비어 있든지 없든지 아무 의미가 없어진다. 그래서 비고 비어 삼천대천세계마저 사라져버렸다는 것이다. 나도 비고 비어 삼천대천세계도 없어지니 비로소 본래의 내 모습을 보고 삼천대천세계의 모습도 역시 있는 그대로 눈앞에 비추어 보여진다. 마음이 공하면 지옥도 공해버린다. 지옥의 법이 역시 동시에 사라진다. 우리 모두 지옥에 가는 것을 겁내지 말고 지옥을 아예 없애보자. 지옥은 하나님이 만든 것이 아니라 나 자신이 스스로 만든 것이니 얼마든지 가능하고 간단하다. 다만 업(業)과 연(緣)이라는 망상의 꿈에서 깨어나기만 하면 된다.

10. 無罪福無損益 寂滅性中莫問覓

무죄복무손익 적멸성중막문멱

죄와 복이 없고 손실과 이익도 없나니

적멸한 성품 가운데서 묻고 찾지 마라

신(神)이 머무는 곳은 적멸한 성품 한가운데가 된다. 인과로부터 자유가 없으니 무엇을 하면 결과적으로 죄가 아니면 복이 되거나 이익 아니면 손실이 나게 되어 있다. 또한 모순된 둘이 항상 같이 다니니까 한쪽을 의식하면 반대쪽이 필연적으로 등장한다. 결국 양변에 사로잡힌 포로가 되고 꼼짝달싹못하는 신세가 되고 만다. 그런데 깨치고 보니 나 자신도 텅 비어 삼천대천세계가 없는데 도대체 누구에게 무엇을 할 것인가? 당연히 죄도 복도 손실도 이익도 없다. 이러한 것들을 주고 받고 얻고 쌓고 머물고 기억할 물건 자체가 도무지 하나도 찾아볼 수 없기 때문이다. 그것은 바로 업(業)과 인과(因果)와 인연(因緣)으로부터의 자유(自由)를 의미한다. 죄와 복, 손실과 이익이 더 이상 나에게 영향을 미치지 못하게 된 것이니 이런 것들은 오로지 망념 속에 있을 뿐이라서 더 이상 나의 관심사가 아니게 된다.

항상 어느 한 쪽을 향해 움직이면서 인과를 만들어내는 그 마음의 움직임이 영원히 사라진 자리가 적멸이다. 주관과 객관이 다 떨어진 자리다. 적멸한 성품은 대자유(大自由)인데, 대(大)가 붙은 것은 현상계에서뿐만 아니라 진여법계를 모두 포함하여 자유니 그렇다. 이와 같이 중도실상(中道實相)을 깨치면 적멸한 성품 가운데서 신묘한 진여대용(眞如

大用)이 항상 저절로 원만하게 발현되고 이루어지는 법이다. 그러므로 죄와 복, 득실을 따로 묻고 찾지 말라고 하는 것은 곧 자연스럽게 일체가 돌아간다는 것을 의미하고 이는 무위(無爲)가 된다. 진여대용의 성품은 무위인 것이다. 어디 가서 누구에게 어떻게 적멸해지느냐 하는 것도 묻고 찾을 필요가 없다. 자기에게서 양변의 움직임이 떨어져나가기만 하면 저절로 되는 것이니 당연하다.

11. 比來塵鏡未曾磨　今日分明須剖析
비래진경미증마 금일분명수부석

예전엔 때 낀 거울 미처 갈지 못했더니

오늘에야 분명히 부숴버렸도다

신(神)은 때가 없는 청정한 마음자리에서 나와 함께 하나로 움직인다. 때(塵)는 어두운 마음, 탐욕 등 부정적인 것들만이 아니라 근본적으로는 분별하여 취하고 버리는 취사심(取捨心) 그 자체이니 〈때〉와 청정함을 나누는 것 자체가 곧 〈때〉가 되어 더러움으로부터 벗어나지 못한다. 거울은 그 〈때〉가 머물고 쌓여 기억되는 집적체(集積體)이자 그 마음들을 내는 뿌리이며 곧 영혼으로서 분별이라는 〈때〉를 쉼없이 만들어내는 근원이다. 〈때〉는 좋고 나쁨, 선과 악, 나고 죽음, 젊음과 늙음, 깨끗함과 더러움, 아름다움과 추함, 사랑과 미움, 옳고 그름, 빠름과 느림, 크고 작음, 많고 적음, 똑똑함과 멍청함, 기쁨과 슬픔, 유식과 무식, 있음과 없음, 늘어나고 줄어듦, 중생과 부처, 지옥과 천국, 행복과 불행,

복과 화(禍), 선인연과 악인연 등등 항상 상대로 나누어 따로 분별하여 보고 어느 한 쪽에 달라붙어 찾고 얻고 추구하고 반대쪽은 버리려는 허망한 마음이니 중도에서 벗어난 마음이고 이것이 삿된 것으로서 번뇌망상이며 곧 업(業)이다. 그러므로 부정적으로 인식하는 한 면만 〈때〉라고 생각하면 영원히 〈때〉를 근원적으로 벗어낼 수가 없게 된다. 마음이 있고 그 마음 일부분에 〈때〉가 낀 것이 아니므로 닦아서 깨끗하고 보기좋게 만들어봐야 잠깐의 만족일 뿐 영원하지 않아서 결국 헛수고니 거울 자체를 갈아없애버려 〈때〉가 영원히 끼지 못하도록 하는 것이다. 이른 바 반야심경에서 말한 불구부정(不垢不淨)이 되는 것이다. 이제부터는 마음껏 마음을 내어 써도 자기존재는 〈때〉와 무관하게 되어 아무 변함이 없다.

예전에 못했다는 것은 몰라서 못했다는 것이다. 거울을 다 갈기 전에 죽고 다시 태어나면 계속 이어 못하고 잊어버리니 원점이 되는 까닭이다. 또한 깨끗한 거울을 청정한 나 자신으로 착각하여 그대로 보전하려고 했던 것이고 동시에 거울의 한 면만 〈때〉라고 착각했기 때문에 아무리 애써도 온전하게 되지 않았던 것이다. 또 거울이 여전하니 애써 닦아낸 부분도 〈때〉가 다시 끼게 된다. 헛수고만 하고 있으니 괴로움이 지속된다. 그런데 오늘에야 비로소 6조 혜능을 만나 양변을 모두 갈아버렸으니 본래 있는 그대로 분명해진 것이 다시는 〈때〉가 낄 자리가 없어진 것이다. 영원히 청정할 수 있게 되었다. 청정하니 모든 것이 비추어지고 원만한 지혜가 빛을 발한다. 세간—속(俗)의 세계—와 출세간—성(聖)의 세계—는 외형으로 나누는 것이 아니라 취사분별심 여부로 나누는 것이다. 스님이 되어 절에 살아도 양변에 마음이 머물러 있다면 여전

히 세간에 있는 것이니 속인이 되고 속인이라도 양변에서 벗어난 마음
을 갖추면 곧 출세간의 절에 있는 스님이 된다. 출세간의 스님이 곧 삼
보(三寶)로서의 승(僧)이다. 출가(出家)란 양변을 떠난 출세간에 들어
가는 것을 일컫는다. 머리를 깎으면서 자기가 세속을 벗어난다고 하는
망념은 곧 세속에 더욱 깊이 빠지는 것이 된다. 또한 분별취사심을 버리
고 거기에 머물지 않으려고 애쓰는 마음도 〈때〉묻은 거울일 뿐이다. 겉
모습과 세상이 아무리 달라져도 그 과보는 엄정하다. 양변 가운데 한쪽
의 좋은 면에 붙어 있어도 중도에서 벗어나 이런저런 고통이 생겨나 이
어지는데, 하물며 부정적인 쪽에 사로잡혀 있다면 참으로 자기 자신을
구제하기는 더욱 어렵게 된다.

12. 誰無念誰無生 若實無生無不生
수무념수무생 약실무생무불생
누가 생각이 없으며 누가 남이 없는가?
진실로 남이 없다면 나지 않음도 없나니

　밖으로는 모든 인연을 밝게 보고 안으로는 마음의 생멸이 없어 망념
에 지배되는 〈나〉가 없으니 신(神)이 밝게 드러나고 도(道)를 증득하게
된다. 무념(無念)이란 '때(塵)'를 완전히 갈아내버리고 나아가 〈때〉가
끼는 거울을 부숴버린 상태다. 즉, 양변에 대한 망상 내지 망념이 다한
것이다. 그러니 생(生)과 사(死)의 양변이 모두 떨어져 나가버렸으니 당
연히 무생(無生), 즉 남이 없게 된다. 내가 태어나는 것은 곧 취사분별심

이 생겨나는 것이고 취사분별심이 생겨나는 것은 곧 내가 태어나는 것이다. 태어나면 몸은 죽지만 취사분별심은 면면이 이어지다가 어느 때 움직이면 또 태어난다. 취사분별심은 주관으로서 곧 망념이니 망념이 사라져 무념이 되면 주관, 즉 취사분별심이 사라진 것이므로 열반이고 태어나지 않게 되니 당연히 죽음도 없게 되어 곧 생사를 해탈한 것이다. '진실로(實)'라는 것은 망념이 잠깐 잠든 것이 아니라 그 뿌리까지 혼적도 없이 뽑혀나가 그 자리가 영원히 밝아진 것이다.

남이 없어 나지 않음도 없게 되니 비로소 시간과 공간의 지배로부터 해방된다. 이른 바 시간적으로는 영원한 상태가 되고 공간적으로는 두루한 상태가 되는 것이다. 여기에 어디 따로 남이 있고 나지 않음이 있겠는가? 그러니 무념의 경계를 얻어 무생을 이루면 여여(如如)하여 일체가 항상 나는 것이 된다. 무생(無生)이 곧 무불생(無不生)이고 무불생(無不生)이 곧 무생(無生)인 것이니 생사(生死)의 양변에 걸리지 않는다. 예전에는 대우주와 따로 놀면서 내가 나 혼자 움직이고 멈추니 당연히 법의 굴레가 덧씌워졌지만 지금은 대우주 전체와 같이 움직이며 더구나 내가 주인공(主人空)이 되니 그 무엇도 나를 구속하지 못하게 된다. 예전에는 대우주와 개체로 따로 놀았으니 나면 죽고 죽으면 또 나고 하는 윤회를 멈출 수 없었던 것이다. 그러니 윤회도 본래 없는 것이니까 망념(妄念)이 된다. 지금은 나고 싶으면 나고 나지 않으려면 나지 않고 죽고 싶으면 죽고 살고 싶으면 사니 마음대로가 된다. 누가 무념이고 무생이 되는가? 지금 있는 그 자리에서 자기마음이란 따로 없다는 것을 깨닫는 사람이다.

13. 喚取機關木人問　求佛施功早晩成

환취기관목인문 구불시공조만성

기관목인을 불러 붙들고 물어보라

부처 구하고 공 베풂을 조만간 이루리로다

　　기관목인이란 사람모양을 하고 있는 나무인형으로서 이는 생명을 가지지 않은 무생물이다. 그러므로 기관목인을 불러 붙들고 물어봐야 장승이나 돌부처처럼 당연히 말도 없고 마음도 없이 묵묵부답이다. 그런데 이런 기관목인을 붙들고 물어보라고 하고 그러면 부처를 이룬다고 하니 이것이 무슨 의미인가? 무정물(無情物)인 기관목인은 바로 양변에 대한 일체상념이 모두 떨어져나가버린 대무심(大無心)의 경지를 이루는 것을 뜻한다. 한마디로 크게 죽어버린 것이다. 그런데 여기에만 머물면 진짜 죽거나 도로아미타불이 된다. 머무는 무심은 가무심(假無心)이 된다. 작게 죽은 것이므로 죽은 것으로 끝나고 다시 태어나 상대성의 양변이 펼쳐진다.

　　대무심(大無心)은 다시 살아남을 전제로 하는 용어로서 죽고 사는 양변의 마음이 떨어져나가서 크게 죽은 것이다. 그리고 다시 살아나 무한한 힘과 대지혜를 얻고 자타의 성불을 완성하는 경지이다. 어떻게 다시 살아나느냐? 그것은 기관목인에게 신(神)이 임(臨)하게 하니 비로소 기관목인이 움직이고 대답을 하며 춤을 춘다. 이렇게 될 때 기관목인 이대로가 산 부처이고 산 부처 이대로가 기관목인인 것이다. 그러니 어찌

쉽겠는가? 무념에 대해 다시 한 번 집중 아닌 집중—집중이 자연스럽게 이어지는 경지—을 고도로 요한다. 기관목인에게 묻는 경지까지 왔다는 것은 일차적으로 환영받을 일이다. 이렇게 되면 조만간 이룬다고 했으니 성불이 머지않았다. 부처님의 도움이 슬슬 대기하고 있으니 반드시 바르게 청해야만 한다.

14. 放四大莫把捉 寂滅性中隨飮啄

방사대막파착 적멸성중수음탁

사대를 놓아버려 붙잡지 말고

적멸한 성품따라 마시고 먹을지어다

적멸한 성품 자리에서 신(神)과 하나가 되어 먹고 마시니 신에게 올리는 공양(供養)이 따로 없고 항상 공양하고 있다. 여기에 추가로 공양을 올리니 비로소 크나큰 공덕이 되는 공양이다. 사대(四大)란 생명체를 구성하는 천지간의 핵심적인 4가지 기운으로서 지(地), 수(水), 화(火), 풍(風)이다. 생명체는 4대5온의 집합체다. 태어남(生)은 4대가 결합되어 나타나는 현상으로써 영혼이 몸을 취하는 것이고 죽음(死)이란 4대가 다시 허공으로 흩어지고 돌아가는 순간으로서 영혼이 몸을 버리는 현상이다. 그리고 사는 동안의 분별취사심 가운데 영혼에 새겨진 강렬한 기억은 흩어졌던 4대의 결합이 다시 생겨날 때 다음 생(生)의 모습과 수상행식을 또 스스로 규제하게 된다. 이 때는 내생에서의 천성(天性)이 된다. 태어날 때, 즉 영혼이 깃들 4대가 결합될 때 우연히 아무렇게 결합되는 것이 아니라 대우주의 일정한 법칙을 따른다. 영혼에 새겨진 업(業)에 따라 대우주의 법(法)에 의해 복(福)과 살(煞)이 어김없이 주어지니 이는 대도(大道)의 용(用)이다. 자유가 크게 없는 나는 어쩔 수 없이 그것들을 받아들임으로써 웃고 우는 인생이 전개된다. 법은 태어날 때 갖고 나온 망심(妄心)의 내용물을 우아하게 전개시키며 망심을 가진 지금의 〈나〉는 본래 허깨비임을 깨닫게 될 때까지 망령된 나 자신을 적나라하게 비추어준다. 여기에 무슨 잘 사는 것과 못 사는 것이 있으랴? 오로지 내가 있거나 없을 뿐이다.

이렇게 나고 사라지는 생멸을 반복하는 현상에 자기존재의 전부를 내맡기면 영원토록 나지 않음과 나지 않음이 없음, 즉 무생(無生)과 무불생(無不生)을 알 수 없게 된다. 태어나지 않으려면 4대5온에 집착하지 말아야 되는데, 4대5온 그 자체가 벌써 음양의 생(生)과 극(剋)이라는 상대성의 모순에 의해 태어났는지라 늘상 일으키는 마음은 양변을 자기 주관대로 분별하여 한 변에 집착하는 것이 일상사가 된다. 그것은 실은 양변 모두에 집착하는 것이 된다. 그래서 4대5온을 놓아버리라는 말은 곧 양변을 놓아버리라는 말이다. 5온이 다 텅 빈 것이어서 이 몸에는 '나'라고 할 것이 없고 참마음은 모양이 없어 오고 가는 것도 아니다. 날 때에도 성품은 난 바가 없고 죽을 때에도 성품은 사라지는 것이 아니다. 지극히 밝고 고요해 본래성품과 일체대상은 하나다. 부처님을 만나더라도 따라갈 마음이 없고 지옥을 보더라도 두려운 마음이 없어야 한다. 이것이 죽음에 임해 양변을 놓아버린 사람의 마음 아닌 마음이다.

4대5온을 철저히 벗어나면 죽음이란 정말로 옷을 벗는 것 이상도 이하도 되지 않는 것을 체득하고 다시 몸을 구하지 않게 되니 저절로 현상세계를 벗어나게 된다. 4대와 5온이 본래 공(空)한 성품인 사실을 꿰뚫어보는 것, 양변이 실은 한 가지로 같은 것이고 그것은 나 자신이 본래부터 가진 의식이 아니라는 것을 아는 것, 그것을 지혜라고 한다. 죽음을 원망하면 반대편에서는 삶의 희망을 찾고자 하는 것이 달라붙어 있게 되므로 다시 몸을 원하는 것이 되어 태어나게 된다. 불법에서의 웰다잉이 못되는 것이고 이는 웰빙도 되지 못한다. 웰빙과 웰다잉은 즉(即)해 있으니 따로 놓고 분별할 수 없다. 잘 살아야 잘 죽고 잘 죽어야 잘 산다. 여기서 '잘' 이라는 것은 세속적인 개념이 아니다. 살아서 4대5온의 성품이 공한 것을 실제로 보게 되면 저절로 적멸한 성품이 드러나는데, 그 때는 도(道)와 무위(無爲)의 경계이므로 개체의 욕망이 사라져 완벽하게 스스로 순리(順理)를 따르게 되고 더 이상 타락이란 것은 없게 되며 먹고 마시는 일 역시 번뇌망상이 포함되지 않고 순수하게 된다. 그러므로 수음탁이라는 것은 크게 보면 대자유를 가지고 자재(自在)한 삶을 영위하게 된다는 사실을 일컫는다. 대도인들은 그래서 완벽하게 평범한 삶을 살게 된다. 적멸한 성품 가운데서 먹고 마시는 것은 욕망이 아니라 최소한의 자연적인 필요에 의하는 것이다. 비로소 인연의 굴레에서 벗어났으니 이 마음자리가 바로 출세간(出世間)이 된다.

15. 諸行無常一切空 卽是如來大圓覺
제행무상일체공 즉시여래대원각

모든 행이 무상하여 일체가 공하니 이는 곧 여래의 대원각이로다

제행무상이란 나 자신과 일체의 움직임이 도(道)의 용(用)이 근본이되어 일어남을 일깨워주고 있다. 그 속에 여래의 무량한 자비가 깃들어있으니 공(空)한 가운데 공하지 않음이 있게 된다. 그런데 이 속에서 내영혼이 욕망을 따로 갖고 잠시도 쉬지 못하며 움직이니 전체적으로 천지자연은 질서 가운데 무질서, 무질서 가운데 질서를 이룬다. 그러나 항상 최종적으로 무질서는 천지자연의 대도(大道)의 힘에 의해 가차없이소멸되니 이른 바 중생의 고(苦)로서 욕망의 강제파괴다. 그래서 평화로운 안팎의 질서를 위해 내 영혼의 움직임을 그치고 최종적으로는 그욕망을 소멸시키기 위해 참선 등 온갖 수행을 하는 것이다. 욕망을 버리면 마음이 조금 편안해지는 것은 영혼의 움직임이 느려지고 멈추어져뇌파가 안정되고 머리와 마음속이 깨끗해지기 때문이다. 적멸(寂滅)은개별체로서의 영혼의 움직임이 영원히 사라지고 천지자연의 마음과 하나로 움직이는 상태를 일컫는다. 모든 행, 즉 움직임의 그 본질이 공(空)함을 보게 되면 그것이 곧 여래를 보는 것이니 이는 큰 지혜를 갖는 것이다.

우리가 마음속에 늘 영원불멸한 것을 찾아 헤매는 이유는 영원불멸한 것이 바로 나 자신의 본래면목이기 때문에 그렇다. 그래서 그것을 찾고자 신(神)을 모시고 종교를 만든 것이다. 당연히 자기가 진정 영원불멸한 존재라는 사실을 직접 보고 알게 되면 신도 종교도 세속도 그 어떤것도 일체 사라져버린다. 그래서 자기의 영원불멸성을 증득한 이는 신(부처)과 종교를 찾는 존재가 아니라 신으로부터도 종교로부터도 완전

해방되어 있는 상태다. 그래서 불교에서 부처도 중생과 평등하다고 알려주는 것이다. 그 어디에 머무는 마음을 갖고서는 아무리 신앙을 믿어봐야 믿는 신이 영원하지, 정작 믿는 자기 자신은 영원할 수가 없게 되어 있다. 안타까움이 지속될 수밖에 없으니 불법은 이로부터 궁극적으로 해탈하는 길을 열어놓았다.

 본래 일체공(一切空)이니 일체가 텅 비어서 부처도 악마도 중생도 그 어느 것도 일체 찾아볼 수 없다. 그렇다면 대우주에서 오로지 나 홀로 존재하니 이른 바 천상천하유아독존이다. 동시에 일체(一切)가 나와 한 몸, 즉 일체(一體)가 되어 있다. 이른 바 〈색〉과 〈공〉이 상대성을 넘어 일체가 되어 있는 모습이다. 그러니 따로 무엇을 찾고 보겠는가? 주관이 완전히 떨어져 나가고 동시에 주관과 상대적으로 있던 객관마저 떨어져 나가고 오로지 순수한 절대객관(絶對客觀)만 남게 되는 것이다. 이 때서야 비로소 일체평등을 깨닫게 된다. 일체존재가 나를 위한 수단이 아니라 조금도 손댈 수 없는 목적(目的)임을 비로소 보고 스스로 알게 되니 무한한 존중이 갖추어진다. 여기서 비로소 '사해일가(四海一家)'를 말할 수 있게 된다. 이렇게 된 것을 여래의 크고 원만한 깨달음이라고 말한다. 원(圓)은 모든 것을 골고루 평등하게 받아들이고 평등하게 내보낸다. 이 때 가지게 되는 자비심이 바로 대자대비로서 이 차원에서는 중생을 구제한다거나 구제받는다는 것이 사라진다. 이른 바 구제없는 구제가 되는 것이다. 구제받는 쪽 입장에서도 역시 구제받음이 없는 구제받음, 은총받음이 없는 은총받음이 된다. 이것을 대도(大道)의 대용(大用)이라고 하니 대우주에서 더 이상 깊을 수 없는 관계이며 아름다움의 극치다. 상호관계가 개체가 아니라 대우주 차원에서 비로

66

소 완성된 것이다. 풍수(風水)도 바로 자연계의 일체존재를 목적으로 대하는 마음자세를 갖춘 바탕 위에서 땅을 중심으로 유형무형의 각각 존재들의 상호연결성을 깨달아 공존과 번영을 모색하는 동양의 신령과학이자 자연과학이다.

16. 決定說表真乘　有人不肯任情徵

결정설표진승 유인불긍임정징

결정된 말씀과 참됨을 나타내는 법을

어떤 이는 긍정치 않고 정에 따라 헤아림이라

　결정설은 시간과 공간의 변화에 관계없이 영원히 불변이라는 의미고 그 누가 뭐라고 하건 말건 믿건 안 믿건 관계없이 근본적으로 변경시킬 수 없는 확실한 바른 말씀이라는 의미다. 불교가 사라지고 인류가 멸종하고 지구가 먼지로 변해도 관계없다. 참됨을 나타낸다는 것은 바른 길이니만큼 나의 궁극적인 소원이 그 말씀에 의지해 잘 따르다보면 결국 이루어짐을 의미한다. 참되니 결정된 것이고 결정된 것이니만큼 참된 것이 될 수밖에 없다. 상대성과 연기(緣起)로 이루어져 정(情), 즉 주관에 따라 헤아리는 데서 오는 혼돈과 다툼 속에서 한 줄기 뚜렷한 불빛이 바로 불법이다.

　결정되어 있는 참된 법을 긍정치 않고 자기마음대로 헤아리는 이유는 도대체 무엇일까? 인간은 하늘과 땅이 동시에 구현되어 있는 생명체이고 본래 하늘에서 이 땅으로 내려왔지만 욕심을 가지는 바람에 육(肉)을 위주로 생명을 영위하고 있다. 육(肉)은 땅의 생명으로 정(情)이 핵심이 된다. 그래서 오랫동안 한 자리에 머물면 정이 붙게 되고 오래 보면 정이 들게 되는 것이다. 그래서 정을 위주로 견해를 내고 만사를 헤아리는 성향을 가진다. 그리고 물질의 변화에 따른 수명의 한계가 자연스럽게 주어진다. 영(靈)은 하늘의 생명으로 도(道)가 핵심이 된다. 그래서 하늘을 향할수록 법(法)을 깨닫게 되고 저절로 지혜가 생기게 된다. 그리고 4차원의 영계우주(靈界宇宙)이므로 시간과 공간이 한계가 없어 자연히 대자유와 무한한 수명을 얻게 된다. 그래서 고대부터 일체성현(聖賢)들이 육(肉)이 아니라 영(靈)으로 살려고 와서 하늘을 향하고 무소유를 행하면서 법을 가르쳤던 것이다.

불법(佛法)은 우리 일체생명이 하늘과 땅을 모두 품고 있다는 사실과 동시에 하늘과 땅의 일체구속을 근본에서는 벗어나 있다는 사실을 가르쳐준다. 그러므로 정(情)에 따라 헤아리면 땅에 묶여 자유를 잃고 하늘을 그리워하는 고달픈 신세를 면할 수 없다는 사실을 지적한다. 정(情)에 눈이 가리워지면 하늘의 법을 볼 수 없게 된다. 당연히 내면에 품고 있는 자기 자신의 하늘에 대해서도 알 수 없다. 귀신은 몸을 벗어 두뇌가 없어도 그 의식이 땅의 정에 매여 있는 안타까운 영혼이다. 하늘법을 보고 자기 자신을 보면 정(情)은 그 때 화광동진(和光同塵)으로 승화되어 중생구제의 좋은 방편이 된다. 이와 반대는 집착으로 나타난다. 그러나 인간성을 상실하면 하늘로 향할 수는 없다. 땅 위의 차가운 돌덩어리로 남아 이리저리 채이며 풍화될 뿐이다.

17. 直截根源佛所印 摘葉尋枝我不能

직절근원불소인 적엽심지아불능

근원을 바로 끊음은 부처님이 인가하신 바요

잎 따고 가지 찾음은 내 할 일 아니로다

누구나 지름길을 좋아하므로 지름길이 있음을 누누이 일러주는데도 믿지 않고 거부한다. 자기생각보다 훨씬 더 지름길이므로 그런 길이 있다는 사실을 인정하지 못하는 것이다. 또한 누구는 지름길임을 알고 가려고 지름길로 접어든다. 그러나 가지는 못한다. 마음이 너무 초스피드로 움직이다보니 몸과 마음이 그만 분리되어 자기가 두 토막이 나버리는 것이다. 그러면 세상에서 가장 짧은 길도 아주 길게 느껴져 중도하차하거나 환상에 빠지게 된다. 조급해도 안되고 느긋해도 안되니 중도가 쉽지 않다. 그러나 이 모든 현상은 망념이 욕망으로 만들어낸 것이므로 아무리 지름길이라도 시간에 대한 욕망을 지고서는 갈 수 없다는 것부터 우선 철저히 각인해야 한다. 수행에는 여러 지름길이 있지만 그런 지름길로 접어들기 위해서라도 압축된 힘이 필요한 법이다. 그렇지 않고 단순히 최소의 노력으로 최대한의 효과를 보려고 하면 그 차이는 마장(魔障)이 고통으로 메꿔주게 된다. 왜냐하면 소득심(所得心)이 여전하니 곧 아상(我相)이자 분별망상이 되기 때문이다. 지름길은 가장 빠른 시간을 위함이지, 노력이 적게 드는 길이 아니므로 욕심으로 되지 않고 지름길을 택하려면 큰 힘과 깨끗한 마음을 반드시 먼저 구비해야만 된다.

근원을 바로 끊음이 바로 마음을 곧바로 깨치고 들어가 자기의 근본 성품을 보는 선(禪)으로서, 지름길이고, 잎 따고 가지 찾음은 6바라밀과 8정도 등으로서 돌아가는 길이 된다. 그러나 어느 수행이든 결국은 '하는 자기'에게 지름길과 돌아가는 길이 많이 달려 있게도 된다. 예를 들면 6바라밀이나 팔정도나 '내'가 한다는 마음이 있다면 먼 길을 돌아가는 것이지만 '내'가 '한다'는 마음이 없이 한다면 분별취사심이 없어 어설픈 참선보다 훨씬 빠르게 된다. 지름길을 부처님께서 인가하셨다고 하는데 사실이다. 부처님은 마하가섭과 5백 나한 등을 비롯한 수많은 이들에게 다양한 지름길을 나타내 보여주셨다. 너무나 찰나라서 오히려 수행이라는 것이 없지도 않은가 하는 의심이 들 정도이다. 그러나 지름길과 더불어 역시 우직한 사람들을 위한 돌아가는 길도 친절하고 상세하게 알려주셨으니 이는 곧 팔만대장경으로써 중생 모두가 어느 길이든 각자의 폼새에 맞게 길을 가도록 되니 비로소 일체중생이 여래의 자식이 된다. 부처님으로부터 시작하여 동쪽으로 달마가 전하고 조계에서 지름길을 더욱 굳혀 이하 모두 지름길을 택해왔다. 스님 자신 역시 마찬가지라고 말하고 있다. 부처님이 인가하신 바는 바로 자성을 보기 위해 어떤 방법을 쓰든간에 자성을 보면 모두 인가한다는 뜻이지, 반드시 화두참구나 참선만을 해서 성불한 것을 인가한다는 의미가 아니다.

18. *摩尼珠人不識 如来藏裏親收得*

마니주인불식 여래장리친수득

마니주를 사람들은 알지 못하니

여래장 속에 몸소 거두어 들임이라

마니주는 여의주(如意珠)인데, 이것은 수많은 걸림과 이런저런 속박을 벗어나 큰 자유를 얻는 것과 같은 것이다. 이것은 곧 나 자신의 한계를 크게 넘어서는 것을 의미한다. 그런데 인간의 힘으로는 불가능하다고 생각되니 종교를 만들어 신(神)을 구하고자 하나 신에 의해 또 구속되고 지배받는다는 문제가 남아 있다. 물론 진정한 대우주신은 인간을 지배하지도 않는다. 그런데 부처님이 우리 모두 마니주를 본래 갖고 있으며 그것은 대자유를 누리고 자재(自在)한 신(神)과 같은 것이라고 가르쳐주신 이래로 많은 조사들이 그것을 증득하고 한결같이 그것이 사실임을 알려주고 있다. 마니주를 찾고 보니 그것이 곧 일체를 구족하고 있는 나의 자성(自性)이라는 것이다.

자성인 마니주가 바로 여래장 속에 있다. 진(眞)과 속(俗), 단(斷)과 상(相)의 양변을 떠나고 떠난 그 자리에도 머물지 않는 일실(一實)의 법은 모든 이가 돌아가는 곳이므로 여래장이라 한다. 그러므로 여래장은 무량한 법과 일체의 행(行)이 모두 들어가는 곳이니 무상(無常)이 본래 없는 것이 된다. 그러나 여래장은 모양이 없으므로 일체가 머물거나 기억되는 것이 없이 오로지 일미(一味)이니 곧 진여불성(眞如佛性)이며 신성(神性)이다. 그러므로 모든 부처님은 동체대비(同體大悲)로서 제도(濟度)하는데, 수행자가 생겨나는 지혜와 생멸하는 법을 모두 없앤 후 안주하는 열반의 자리를 빼앗고 다시 마음을 크게 일으키게 하여 열반이 없어지게 하니 마침내 여래장에 들어가 마니주를 얻게 되어 곧 보살마하살이다. 또한 보살마하살에게 일체중생도 빠짐없이 이런 머무름이 없는 무여열반(無餘涅槃)에 들도록 멸도(滅度)할 것을 부촉하니 곧 선부촉(善咐囑)이다.

여래장 속에서 몸소 얻어 거두어들여야 하니 마니주는 자기 마음의 본성 가운데서 찾고 얻을 수밖에 없게 되어 있다. 아무리 밖으로 위대한 것을 찾고 추구하여 모든 것을 다 가져도 자기의 마니주만큼은 못하니 뭔가 부족한 감각을 영원히 지울 수가 없다. 얼마나 다행인가? 마니주만 찾으면 비로소 영원히 행복해진 채 휴식할 수 있다. 그것도 남에게서 아니라 나에게서 찾아야만 하니 더욱 좋다. 마니주를 얻기 위해서 타인과 죽기 살기로 지금처럼 경쟁하고 싸울 필요가 없다. 밖으로 사랑과 돈과 권력과 자존심을 위해 자기 자신과 타인을 희생시킬 필요도 없다. 마니주를 찾으려는 노력 그 자체만으로도 마음의 평화와 휴식을 어느 정도 얻게 되는 것은 당연하다. 그래서 부처님의 가르침은 우리에게 영원한 축복이 되는 것이고 이 지구의 복음(福音)인 것이다.

19. 六般神用空不空 一顆圓光色非色

육반신용공불공 일과원광색비색

6가지 신통묘용은 공하면서 공하지 않음이요

한덩이 둥근 빛은 색이면서 색이 아니로다

육반신용이란 6가지 신통묘용(神通妙用)을 뜻하는데, 안(眼) 이(耳) 비(鼻) 설(舌) 신(身) 의(意)라는 6근(六根)의 신령한 작용이다. 진여불성 가운데 마니주를 찾으니 6근 이대로가 전체로 신통이며 모두 다 진여대용(眞如大用)이라는 것이다. 중생심을 가지고 있을 때는 6근이 외부로부터는 정보를 받아들이면서 쌓여 기억되니 업을 짓고 안에서는 번뇌망상을 일으키는 단순한 기관이 된다. 그런데 여래장을 열어 마니주를 찾으면 밖으로부터 정보를 받아들이더라도 머물지 않으니 업이 되지 않으므로 6가지 신통묘용이 공(空)하다. 그러면서 동시에 공하지 않다는 것은 한 덩이 둥근 빛이 6근을 통해 온갖 신통한 작용을 하니 공하지 않은 것이 된다. 즉, 똑같은 6근이지만 6근을 활용하는 내용과 6근의 작용방향이 완전히 반대가 되는 것이다. 마니주를 찾은 6근은 6신통을 발휘한다. 이것은 6근을 우주적 차원에서 완벽하게 100% 이롭게 활용하는 것이기도 하다. 또한 6근이 그 작용의 구분이 따로 없게 되어 서로서로 원융하게 된다.

6가지 신통묘용이지만 그 근본은 하나이니 바로 한 덩이 둥근 빛이다. 이것은 6구멍을 통해 한 덩이 빛이 밖으로 비추는 것이다. 한 덩이 둥근 빛이 색(色)이라는 것은 6근을 통해 비춰지니 6근을 가진 빛이라는 의미다. 그러면서 동시에 색이 아니라는 말은 한 덩이 둥근 빛은 6근과 무관하게 여여하게 존재하니 색이라고 할 수 없다는 말이다. 죽음을 통해 6근이 사라진다고 해도 빛은 변함이 없다. 그래서 양변이 떨어진 중도(中道)를 이루는 것이다. 즉, 6근이 주체가 되고 마음이 뒤따라다니는 비(非)주체성이 없어진다. 마음—진여불성, 마니주—이 주체가 되고 6근은 훌륭한 방편이 되니 주체성이 완성되는 것이고 이것이 육문상방자금광(六門常放紫金光)이다.

'나는 길이고 진리이며 생명이다' 라는 말도 마찬가지다. 길과 진리는 공(空)이고 비색(非色)이며 생명은 비공(非空)이면서 색(色)이다. 그러면서 색(色)과 공(空)이 즉(卽)해 있는 상태이다. 역시 중도정각을 성취한 것을 일컫는 의미이고 각자의 내가 이런 존재상태가 본질임을 일깨워준다. 이렇게 되었을 때 그 어느 것에도 걸리지 않고 대우주에 두루한 존재가 되는 것이니 비로소 부처님의 자식이면서 하나님의 아들이 되는 것이다. 그렇지 않고 생명만 있다면 단순한 인간의 아들에 지나지 않는다. 또한 길과 진리만 있다면 허공에 뜬 신(神)에 머무르고 만다. 이것은 곧 중도에서 벗어나 색(色)과 공(空)의 양변에 머무르는 것이니 아무리 예수님이라도 아직 목자가 아니라 어린 양에 지나지 않게 된다.

20. 淨五眼得五力 唯證乃知難可測

정오안득오력 유증내지난가측

오안을 깨끗이 하여 오력을 얻음은

증득해야만 알 뿐 헤아리긴 어렵도다

5안(五眼)이란 육안(肉眼) 천안(天眼) 혜안(慧眼) 법안(法眼)불안(佛眼)이다. 대우주로 나아갈수록 비범하거나 특별한 것은 아무 것도 없어진다. 5안을 깨끗이 한다 함은 우리가 이런 5안을 모두 갖고 있건만 자기의 번뇌망상인 주관적 안목에 사로잡혀 그것이 전부인 줄 아는 속좁은 소견에서 벗어나 5안을 드러내는 것이다. 분별망념이 5안을 덮고 있으므로 가지고 있어도 보지 못하는 것이기 때문이다. 깨끗이 한다는 정(淨)은 더러움과 상대되는 깨끗함을 뜻하는 것이 아니라 깨끗하고 더러움의 양단에 대한 분별의식을 모두 소멸시키는 것을 깨끗하게 한다는 것이고, 그렇게 된 것을 깨끗하다고 한다. 5안을 새로 가지는 것이 아니라 본래 있는데 분별망심에 덮여 가려져 있으니 잘 닦아내버리면 되는 것이다. 또한 5안에 대해 차별과 단계를 짓지 않게 되는 것이 5안을 깨끗하게 하는 것이 된다. 각각의 눈이 따로 작용하는 것이 아니다. 우리 모두 5안을 드러내게 되면 신을 갖고 유치한 놀이를 일삼는 형식적인 종교가 더 이상 인간세상에 필요하지 않게 된다. 그러니 종교를 싫어하는 사람일수록 5안을 얻기 위해 청정해져야 한다.

그렇게 5안을 깨끗하게 해서 얻는 것은 무엇이냐? 물론 일체를 있는 그대로 보고 아는 대지혜를 얻지만 그와 더불어 선근(善根)을 증장시키는 다섯 가지 종류의 힘도 생기는데, 그것을 5력(五力)이라고 한다. 물론 그 힘을 성격별로 분류할 때 다섯 가지이지만 근본은 하나다. 근본은 바로 법력(法力)이고 우주의 힘이다. 그 다섯 가지 성격의 힘은 다음과 같다. 하나같이 중도를 향해가고 중도를 유지하며 중도를 이루는 데 필요한 성격의 힘이다.

신력(信力)은 믿음의 뿌리를 강하게 키우는 힘으로서 모든 삿된 믿음을 깨뜨리는 힘이다. 믿는 데는 엄청난 힘이 필요하다. 왜냐하면 항상 개별체로서 분별심에 의해 취사(取捨)욕망에 따라 움직이는 나 자신과 신(神)은 어긋나기 때문에 늘 불신과 회의가 쉽게 지배하게 된다. 이것을 떨쳐내는 것이 바로 믿음을 깊게 할 수 있는 의지력 내지 정신력이다. 그런데 실제로 보면 믿음이 흔들리지 않아 믿음의 큰 덕을 보는 이런 정신력을 가지려면 대우주의 실상을 있는 그대로 보는 것이 우선이다. 그래서 5안을 깨끗이 할수록 믿는 힘이 커지기 마련이다. 신력은 믿음의 완성—믿음과 불신의 양단이 떨어져나간 텅 빈 자리에서 저절로 크게 나오는 불변의 믿음—으로 대도를 증득하는 힘이다.

정진력(精進力)은 보이지 않는 대우주를 향해 실제로 발걸음을 떼는 데 필요한 힘이다. 만일 제대로 보이지 않는다면 어디 불안해서 발걸음을 움직이겠는가? 5안을 깨끗이 해서 잘 보이면 발걸음을 쉽게 뗀다. 자연히 몸의 게으름, 편하고자 하는 욕망 속에 자신을 빠뜨리지 않게 된다. 이 때 앞으로 나아가려는 의지력이 강해지므로 황금이 눈앞에 보이도록 5안이 깨끗이 되면 자연히 정진력이 생겨난다. 이 정진력은 정진속의 휴식과 휴식 가운데 정진이 자연스럽게 되도록 한다.

염력(念力)은 목표를 정해 두뇌의 집중에서 발생되는 강력한 힘이다. 염력은 강한 집념 내지 집중력으로서 신(神)을 늘 마음속에 담아두는 힘이다. 5안이 깨끗해지면 번뇌망상이 사라지니 염력은 저절로 생겨나게 되어 있다. 염력은 목표를 놓치지 않으면서 정신력의 기초를 이루니 목표와 과정의 괴리에서 오는 마음을 조정하게 된다. 그래서 과정 속에 목표를 담고 목표 속에 과정을 담아 치우치지 않으니 바르게 한 발 한 발 나아가게 된다.

정력(定力)은 모든 어지러운 번뇌망상들을 끊어버리는 힘이기도 하고 선정에 들어서 자기 불성과 영혼이 몸을 통해 나오는 힘이기도 하다. 5안이 깨끗해져 일체가 보이면 집착할 것도 바랄 것도 화낼 것도 모두 사라지므로 망념이 일체 사라져 내면이 저절로 고요하게 된다. 그 때의 내면은 텅 비어 큰 힘을 얻게 된다. 정력은 텅 빈 공허와 산란함의 양단을 제어하게 되는데, 빈 곳을 더욱 빈 곳으로 정밀하게 유지해나가는 힘이다.

혜력(慧力)은 지혜를 얻고 키우는 힘인데, 많이 보고 알수록 미혹은 떨어져나가고 지혜는 밝아지니 지혜의 힘이 생기고 커지는 것은 당연하다. 깨끗한 5안이 없다면 수행할수록 미혹하게 될 뿐 정작 자기를 향상일로로 나아가게 할 수 없게 된다. 5안이 깨끗할수록 분별망상이 줄어들고 밝음이 키워지는 것이 혜력이다. 혜력은 바른 것(正)과 그른 것(邪)을 잘 구분하여 마장(魔障)에 빠지지 않도록 해준다. 바른 것(正)이란 양변을 벗어난 차원이다.

실제로 이러한가는 직접 얻어 내 눈으로 확인해야만 되는 것은 당연

하다. 그래서 오로지 증득하는 것이 필요하지, 헤아린다고 애써봐야 한
계가 있다는 것을 지적한다. 그러나 의문과 불신은 다르니 불신을 갖고
달려들면 모든 것은 꽝이다. 의문을 갖고 달려들어 의문을 키우고 그 큰
의문을 끝까지 아주 잘 유지하면 대환영이다. 불법은 이렇게 스스로 확
인하고 체득하고 일체가 되는 쪽으로 나아가도록 해주는 가르침이지,
맹목적으로 믿으라고 강요하는 가르침이 아니다. 맹목적으로 믿어봐야
신력(信力)이 겨우 조금 키워질 뿐 나머지는 아무 것도 얻지 못하게 되
기 때문이다.

21. 鏡裏看形見不難　水中捉月爭拈得
경리간형견불난 수중착월쟁염득
거울 속의 형상 보기는 어렵지 않으나
물속의 달을 붙잡으려 하지만 어떻게 잡을 수 있으랴

거울 속에 환하게 비친 내 형상을 본다는 것은 자성을 바로 보고 깨
쳐서 5안과 5력을 자유자재로 신통묘용하게 쓰는 것을 말한다. 이것이
물 속에 비친 달을 붙잡으려는 것에 비하면 어렵지 않다는 것이다. 자성
을 보고 5안과 5력을 얻는 것은 아무리 시간이 많이 걸리고 노력을 많이
해도 물 속의 달을 붙잡는 것보다는 시간도 적게 걸리고 노력의 결실도
보고 모든 것을 성취하게 된다. 물 속의 달을 붙잡으려는 것은 어려운
것을 넘어 아예 불가능하다. 역대 조사들은 오히려 쉽고 가능한 것을 추
구하는 진정한 실용주의자라고 할 수 있다. 내가 원하는 모든 것을 얻고

언젠가는 끝이 나는 것을 추구한다. 중생은 어찌 보면 불가능을 꿈꾸는 진정 순진한 이상주의자요, 지옥 속에서 낙원을 꿈꾸는 환상주의자라고 할 수 있다.

물은 삼계(三界)이고 변화하고 생멸하는 현상계이며 달은 우리의 분별망상과 욕망을 의미하니 물 속의 달은 현상계에서 이루고 싶은 일체 욕망을 뜻한다. 그러나 그것은 그대로는 불가능하다. 왜냐하면 궁극적인 것까지 얻으려면 분별취사심을 넘어 자성(自性)을 봐야만 되기 때문이다.

22. 常獨行常獨步 達者同遊涅槃路
상독행상독보 달자동유열반로
항상 홀로 다니고 항상 홀로 걷나니
통달한 이 함께 열반의 길에 노닐도다

그 동안 망심(妄心)과 함께 다니다가 망심이 떨어져나가니 스스로 홀로 된다. 참으로 깨쳐서 증지(證智)를 성취하면 항상 홀로 다니고 홀로 걷게 된다. 한 덩이 둥근 빛을 크게 자유와 독존, 그리고 불이(不二)의 세 가지 측면으로 드러낸다. 내가 더 이상 연기(緣起)—상호의존—에 의해 생겨나거나 사라지거나 움직여지지 않고 대자유를 얻었으므로 걸림없이 마음대로 오갈 수 있게 되었다. 우리 모두는 자기 자신이라는 감옥 안에 갇혀 있다. 또한 대우주에서 자기존재보다 더 이상 밝고 지혜로운 이가 없게 된 것이니 백두산처럼 우뚝 선 것이기도 하다. 이것은 천상천하유아독존이다. 나아가 홀로(獨)라는 것 속에는 상대분별이 사라진 것이 들어 있다. 모든 명상(名相)의 경계와 분별심이 떨어져 나갔으므로 당연히 상대가 없게 되니 불이(不二)로서 따로 보는 것이 없게 되어 언제 어디서나 홀로일 수밖에 없다. 그래서 '홀로'는 '전체'와 같은 의미가 된다. 이것이 변하지 않고 영원불변이 되었으니 상(常)이다.

그러면서 동시에 통달한 이와 함께 열반의 길에 노닌다고 했다. 홀로 다니고 걷지만 또한 함께 노닐고 있으니 진정코 깨달은 것이다. 통달한 사람들과만 함께 노니느냐 하면 그것도 아니다. 모든 생명들의 불성(佛性)과 함께 있다. 그리고 노닌다는 유(遊)는 노는 것도 아니고 일하는 것도 아니다. 열반의 길에서 그 어떤 것에도 걸려 주저앉거나 머무는 것이 없으니 개별욕망이 소멸되고 자연스러운 도(道)의 용(用)을 따름이다. 열반의 길이 따로 있는 것이 아니다. 열반의 길 역시 몸의 운명과 영혼의 숙명을 기본재료로 하여 자기가 내면에서 스스로 만들어 전개하는 것이다. 그리고 열반의 길이라는 것은 깨달음의 길로 안내하는 역할을 하는 것이기도 하다. 길을 가다가 열반으로 가는 길을 묻는 사람이 있으면 가르쳐주거나 직접 동행하거나 하는 것이다. 4차원의 길로 안내하는 4차원 내비게이션 같은 것이다. 그러므로 내가 통달한 이를 만나 동행하려면 열반의 길로 들어서야 한다. 그러면 만나지 않을래야 만나지 않을 수 없고 같이 노닐지 않을래야 같이 노닐지 않을 수가 없게 된다. 통달한 이는 헤아릴 수 없는 신령(神靈)들이 주(主)가 된다.

23. 調古神淸風自高 貌悴骨剛人不顧

조고신청풍자고 모췌골강인불고

옛스러운 곡조 신기 맑으며 풍채 스스로 드높음이여

초췌한 모습 앙상한 뼈 사람들이 거들떠도 보지 않는도다

옛스러운 곡조라는 것은 생명체가 가진 온갖 근심걱정이 완전히 사라진 자기의 본래면목으로부터 저절로 흘러나오는 아름다운 소리다. 이 곡조는 자연과 완벽하게 조화를 이루며 나만의 소리가 사라져 나의 소리를 통해 전체의 소리가 울려 퍼지는 노래다. 몸을 가지고 나고 죽고 하면서부터 잊어버렸지만 생사를 얻기 이전의 나 자신이 본래 갖고 있는 하늘의 소리다. 신기(神氣)가 맑다는 것은 밝고 밝은 빛의 기운으로만 가득차고 어둡고 차가운 기운이 완전히 사라져 영원히 병에 걸리지 않고 정신과 몸이 온전하게 된 것이다. 풍채가 스스로 드높다는 것은 위엄과 복덕이 완성되어 갖추어진 모습이다. 누가 나를 높게 평가해주건 말건 이미 스스로 하늘 꼭대기에 앉아 있는 모습이다.

살활자재(殺活自在)하고 대기대용(大機大用)하는 생불(生佛)이 그 육체적 모습은 초췌하고 뼈는 앙상하게 드러나 있다. 수행은 미용이 아니다. 때깔좋게 몸과 마음을 가꾸는 것이 수행이 아니기 때문이다. 그런데 사람들이 해탈자의 껍데기만 쳐다보고 무시하면서 각자의 단단한 분별심 껍데기만 부둥켜안고 살아간다. 그런데 이렇게 살면 결국 진짜

초라한 자기만을 남긴다는 경고를 담고 있기도 하다.

도(道)에서 보면 초췌한 모습은 일체망상이 다 끊어짐을 의미하고 앙상한 뼈는 뼈처럼 단단한 금강심(金剛心)이 갖추어진 것이다. 상(相)은 번뇌망상 덩어리 그 자체이니 모습이 초췌하다는 것은 분별취사심인 번뇌망상이 더 이상 힘을 쓰지 못하고 쪼그라들었다는 것과 의미가 일맥상통한다. 뼈는 인체의 모습을 유지하는 핵심인자이니 몸이 뼈만 남았다는 것은 핵심, 즉 알맹이만 남았다는 의미다. 내 존재의 알맹이는 영원불변의 진여심, 금강심, 부동심, 청정심 등이다.

이런 몰골을 사람들이 거들떠보지도 않는다. 현실적으로 사람들이 분별심으로 해탈자의 겉모습을 보니 얻을 것이 전혀 보이지 않고 오히려 시주를 해야 될 판이고 거지로만 보이니 무시할 수밖에 없다. 그러나 해탈자는 사람들과 머물고 있는 길이 다르고 분별망상이 없어 함께 어울릴 건덕지가 없으니 해탈자를 거들떠볼 수 없어 사람들이 해탈자를 대할 수 없다. 포인트가 서로 어긋나니 마음이 함께 어울릴 수 없다.

24. 窮釋子口稱貧　實是身貧道不貧

궁석자구칭빈 실시신빈도불빈

궁색한 부처님 제자 입으로는 가난하다 말하나

실로 몸은 가난해도 도는 가난하지 않음에랴

마음이 가난한 자는 복(福)이 있나니, 하지만 마음이 사라진 자는 도(道)가 있다.

마음이 가난한 것은 청빈(淸貧)이고 마음이 사라진 것은 두타(頭陀)다. 청빈은 재물복을 마음의 평화로 전환시켜 스스로 안빈낙도를 누린다. 두타는 한 걸음 더 나아가 그 어떤 복과 만족과 마음의 평화든간에 그 무엇을 누리는 자기존재 자체를 아예 없애버리는 것이다. 본래 자기존재는 있고 없음과 아무런 관계가 없음을 깨닫고 이것들을 담고 있는 마음과 현실을 남김없이 버리고 최소한으로 먹고 살면서 무념(無念)을 바탕으로 오로지 도(道)를 붙잡는 마음 하나만 있는 것이다. 그래서 청빈은 무(無)를 즐기고 두타는 공(空)을 즐긴다. 청빈은 내세에 또 물질복을 가져다주지만 고행인욕이 미약하여 도(道)를 이루지는 못한다. 반면 두타는 고행인욕이 극도로 되므로 마침내 도(道)를 이루게 한다. 도(道)는 복(福)을 완성시켜 불변의 극락을 가져다주니 일체를 구족하며 완성된 존재다.

몸을 가난하게 하여 마음을 가난하게 함으로써 도(道)를 이루게 한다. 많이 소유할수록 망심만 더욱 커진다. 망심(妄心)이 소유하는 것을 버리고 그 흔적마저 없애니 소유를 통해 나를 지배하고 있던 망심이 떨어져나가 본래 내 것이란 없는 것임을 본 것이다. 그러므로 무소유를 이루어 진여(眞如)를 드러낸다. 걸식(乞食)을 통하여 주객(主客)의 경계에 의해 형성된 운명(業)을 소멸하고 이전의 업이 남겨놓은 찌꺼기, 즉 지금의 육진(六塵) 일체를 청산하며 고행인욕으로 힘을 키우고 복덕을 갖추며 성불을 위한 신(神)의 도움을 부르게 된다. 특히 부처님의 걸식은 무아(無我)의 대행(大行)으로서 대도(大道)의 대용(大用)이다. 걸식과 동시에 자리를 펴고 앉음으로써 청정심과 삼매(三昧)를 갖춘다. 이렇게 인위(人爲)와 무위(無爲)가 조화를 이루며 일관되게 안팎의 행(行)을 이어나감으로써 번뇌망상이 저절로 쪼그라들게 되고 텅 빈 마음을 영구히 나 자신으로 삼게 되니 마침내 부처가 무엇인지 스스로 알게 된다. 몸과 마음이 가난할수록 도(道)가 풍요로워지니 도가 가난하지 않다. 본체를 온전하게 체득한 것만이 아니라 밝혀진 도를 화광동진(和光同塵)으로 전개시키는 데 필요한 모든 것들도 동시에 넉넉하게 구비되어 있다.

25. 貧卽身常披縷褐　道卽心臟無價珍

빈즉신상피루갈 도즉심장무가진

가난한즉 몸에 항상 누더기를 걸치고 도를 얻은 즉
마음에 무가보를 감추었도다

　성인(聖人)이 자기를 내세우지 않고 사람들은 이치를 깨닫지 못하니 보고 들어도 당연히 성인임을 알 수가 없고 알지도 못하며 본받는 자도 극히 드물다. 그러므로 어쩔 수 없이 성인은 겉에는 남루한 누더기를 걸치고 속에는 신(神)을 품을 수밖에 없는 세상이다. 이 세계에서의 성인의 안타까운 숙명이라고나 할까.

도를 이루기 위해서는 반드시 물질적 가난부터 시작하고 가난을 배워야 한다. 가난을 배운다는 것은 1차적으로 물질적 욕망으로부터 자기의 마음을 해방시키는 것이다. 가난을 완전히 지배한 자, 곧 천국이 저희 것이로다. 그래서 몸에 항상 누더기를 걸쳐도 행복하게 된다. 누더기가 더 이상 내 마음을 불편하게 만들지 못한다. 여기서 중요한 것은 '항상(常)' 이라는 사실이다. 일시적으로 몸에 누더기를 걸치면 나중에 비단을 걸치고자 하는 욕망에 지게 된다. 몸에 항상 누더기를 걸쳐도 아무렇지도 않은 이런 상태가 도를 닦기 위해 미리 갖추어야 할 필수적인 전제조건이 된다.

욕망이 많으면 자연히 번뇌망상이 많아지게 됨은 당연하다. 번뇌망상으로부터 벗어나려면 욕망이 줄어들어야 하니 몸에 항상 누더기를 걸친다는 것은 번뇌망상의 뿌리조차 소멸된 것이다. 일부러 자기의 청정심을 보여주기 위해 누더기를 걸치는 것은 참으로 큰 탐욕이다. 물질적 욕망보다 정신적 욕망을 추구하는 것이 더 큰 탐욕인 것은 물질적 욕망보다 더 큰 화(禍)를 초래하기 때문이다. 그러므로 물질적 욕망을 별로 가지지 않았는데도 도를 얻지 못함은 물질적 욕망을 일으키는 뿌리와 정신적 욕망덩어리가 그대로 있기 때문이다. 그러므로 물질적 욕망을 버리고 나서 생기는 정신적 욕망을 없애기 위해 한 발 앞으로 더 나아가려고 진심을 동원해 애써야 되는 것이다.

도를 얻으면 마음속에—사실상 마음이 없어진 상태—값으로 따질 수 없는 보배가 있음을 비로소 알게 되는데, 이 보배는 이 세계 물건이 아니므로 값을 매길 수 없다. 그렇다고 저 세계 물건도 아니다. 바로 이 세계와 저 세계의 모든 것을 존재케 하는 근본이며 나(我)와 우리라는 존재 이전의 물건이고 내 영혼 이전의 물건이다. 무가보를 감추었으니 몸을 통해서 드러나지 않는다. 몸으로 드러난 것은 단지 누더기다. 일반인이 비단을 겉에 두르면 비단의 화려함에 내면이 가려지고 안으로는 그늘과 어둠이 더욱 짙어진다. 외형은 화려하나 내면은 빈약하게 되는 것이다. 그렇지만 일단 무가진의 보배를 얻게 되면 그 다음에는 비단이 아니라 황금으로 몸을 두르고 다녀도 아무 상관이 없게 된다. 오히려 황금으로 몸을 두르고 다닐 자격이 하늘에서 주어진다. 그 어느 화려함도 무가진의 보배가 발하는 대광명에 비하면 태양 앞의 촛불에 지나지 않기 때문이다. 이것은 소유와 무소유의 상대성에서 벗어난 무소유(無所有)이니만큼 진정 자유롭게 된다.

26. 無價珍用無盡 利物應時終不悋

무가진용무진 이물응시종불인

무가보는 써도 다함이 없나니

중생 이익하며 때를 따라 끝내 아낌이 없음이라

다함이 있는 것은 가치가 정해지고 따라서 가격이 매겨지게 마련이다. 무가보는 써도 다함이 없다. 부증불감(不增不減)이기 때문이다. 영원히 써도 조금도 줄어들지 않고 늘어나지도 않고 신기하게도 항상 여여하게 빛나고 있다. 그래서 쓰는지 안 쓰는지 구분도 안 될 정도로 불변이다. 무가보를 가지게 되면 더 이상 밖으로 어떤 가치를 추구하거나 안에서 자기 자신을 달달 볶아 더 짜낼 것도 그럴 필요도 없어지니 가히 환상적이다. 항금알을 낳는 거위나 도깨비방망이는 저리 가라 할 정도 이다. 이것이 무가보의 한 특성이기도 하다. 물론 그 외에도 여러 가지 특성이 있다.

이 무가보는 자타(自他)에 두루 이롭게 작용하므로 우리 삶의 근본 가치가 바로 자리이타에 있음을 가르쳐준다. 자기는 희생하고 타인은 덕을 보는 이런 것은 이 대우주에 없다. 자기희생이 곧 자리(自利)가 되기 때문이다. 그리고 자타 분별없이 작용하기 때문이기도 하다.

무가보가 베풂에도 때(시절)를 따라 한다. 그것은 우리가 원할 때마다 주는 것이 아니라 그릇이 비워지는 때 채워준다는 것이다. 그러므로 본질적으로 나의 그릇이 비어 있는 순간은 잠시도 없다. 다만 나의 욕망에 따라 내용물이 색깔만 바뀌게 보이는 것일 뿐이다. 그런데도 대부분은 자기가 넉넉한 줄을 모른다. 그리고 마음이 번뇌망상이나 욕망으로 꽉 들어차면 더 채워줄 공간이 없어지니 기다리게 되는 것이다. 자연히 때가 있게 된다. 이 때는 운명적으로 정해진 때도 있고 자기가 잘 해서 만드는 때도 같이 있게 된다. 운명이 많이 기다리게 하면 자기가 미리 그릇을 비워놓으면 무가보가 일찍 작용할 수도 있는 것이다. 그래서 지혜로운 사람은 이 때를 잘 알고 흘러가는 세월과 더불어 무리수를 두지 않는다. 무리한다고 더 채워지는 것도 아니다. 자기가 스스로 다 비우고 빈 그릇을 무가보가 다 채워주는 순간을 우리는 대기만성(大器晚成)이라고 한다. 고생 끝의 큰 낙(樂)이다. 그 때 채워진 것이 빛을 발한다. 인간의 수명이 늘어날수록 대기만성의 가치가 점점 더 커질 것인즉,

〈무가보〉와 〈때〉와 〈나〉의 3자간의 상호작용을 잘 깨달아 크고 비싼 것을 최대한 많이 받아먹어야 되겠다.

무가보가 이익을 베풂에 있어서 조금의 인색함도 없이 각자의 그릇에 꼭 채워준다. 미립자 하나 더 들어갈 틈도 없다. 이 대우주에는 무가보로 꼭 차 있어 항상 조금의 아낌도 없이 준다. 다함이 없는 것이거늘 아낄 필요도 없는 법이다. 그렇다면 지금 이 순간 자기에게 있는 모든 것들은 지금의 자기 그릇만큼 꼭 채워진 것이라는 사실을 알 수 있다. 불평불만할 것이 눈꼽만큼도 없는 것이거늘 신기하게도 투덜거린다. 정 불만이면 그릇을 키우거나 비우면 그만이다.

항상 순간순간 자기에게 있는 것 전부가 자기에게 완전히 채워진 것이라는 사실을 아는 순간 해탈의 길로 접어들게 된다. 해탈(解脫)은 바로 그릇 자체를 깨부수는 것이다. 그릇이 아무리 크다 해도 한계가 있고 욕망의 거품은 그릇보다 항상 더 크게 마련이니 당연히 불만이 생기게 된다. 최종해답은 해탈이 됨은 당연하다. 열반은 산산조각난 그릇조각을 깨끗이 청소하여 티끌 하나 남기지 않는 것을 뜻한다. 합해서 해탈열반이다. 그러면 다시 불가마에 들어가 뜨거운 불 맛을 보며 구워지는 고통을 영원히 면하게 된다. 다시 그릇이 되기 위해 구워질 재료가 사라지기 때문이다. 만일 그러지 않고 자성을 본답시고 그릇을 맨날 들여다봐야 무슨 이득이 있는가? 그런다고 그릇이 변하는 것도 아니다. 기껏 변해봐야 밥그릇에서 물그릇이다. 거기가 거기다. 확고부동한 결심과 단번의 실행이 중요하다.

27. 三身四智體中圓 八解六通心地印

삼신사지체중원 팔해육통심지인

삼신사지는 본체 가운데 원만하고

팔해탈과 육신통은 마음자리의 인이로다

왜 3,4,6,8이 생길까? 그래서 이것 저것 나누어 따지면서 골치아프게 될까? 그것은 바로 우리의 의식이 그렇게 나누어 보는 분별심으로 꽉 차 있기 때문이다. 실제로는 체(體)라는 심지(心地)—근본마음자리— 하나 뿐이다. 삼신사지와 팔해탈과 육신통은 모두 무가보의 활동모습 이다. 한 몸에 팔과 다리, 손가락과 발가락과 머리가 붙어 있는 것과 같 다. 각기 전혀 다르게 생기고 작용과 기능이 다를지라도 모두 몸이다. 인(印)이라는 것은 도장을 찍으면 계약이 성립되어 무조건 따라야 하듯 이 근본마음자리에는 이미 도장이 찍혀 있는 것처럼 결정되어 있다는 것을 의미한다. 그래서 도를 닦으면 누구는 해탈신통을 얻고 삼신사지 를 구족하며 누구는 얻지 못하고 그런 것은 없다. 그러니 나누어 따지고 차별하는 모습은 도(道)의 세계에서는 티끌만큼도 찾아볼 수 없다. 그 러나 대도에 들어가기 위해 어쩔 수 없이 분별심에 상응하여 임시로 여 러 문을 만들고 방편이 필요하여 생겨났다.

　삼신사지가 본체 가운데 원만하다고 하였는데, 삼신사지와 본체를 따로 떼놓고 생각하면 오류를 범한다. 삼신사지 그 자체가 바로 본체 다. 본체 자체가 삼신사지다. 셋으로 넷으로 쪼개져 별개로 존재하는 몸과 지혜가 아니다. 본체의 3가지 몸의 측면, 지혜의 4가지 측면으로 생각하면 된다. 8해탈은 해탈이 8가지 종류가 있다는 것이 아니라 한 집에 들어가는 대문이 8개라는 것과 같다. 6신통 역시 6근이 한덩이 빛에 의해 서로 통하면서 3차원을 넘어 4차원의 세계까지 모든 정보를 받아들이게 된 것이다.

28. 上士一決一切了　中下多聞多不信

상사일결일체료 중하다문다불신

상근기는 한 번 결단하여 일체를 깨치고

중·하근기는 많이 들을수록 더욱 믿지 않도다

태초 이전부터 상/중/하 근기가 정해져 나뉘어진 것이 아니다. 중/하 근기자가 분별취사심을 가지고 인생에서 원하는 것을 얻으려고 애쓰고 즐기는 시간에 스스로 모든 것을 버리고 가난하게 지내면서 아주 참기 힘든 고행인욕이라는 대가를 기나긴 시간 치르면서 큰 힘과 지혜가 키워져 상근기자가 된 것이다. 그러니 지금 이 시간부터라도 고행인욕을 잘해나간다면 누구도 예외없이 상근기자가 되게 되어 있다.

중/하근기일수록 머리로만 자꾸 받아들이고 생각하려는 습성에 젖어 있다. 그런데 진리는 생각 자체를 항상 벗어나 있으니 진리를 듣고 이리저리 생각하니 저절로 믿음은 적어지고 무의식적인 경계심과 의심은 많아지게 된다. 무엇보다도 들을 마음의 자세가 되어 있지 않다는 데 가장 큰 어려움이 있다. 그렇다고 일단 맹목적으로 믿으라는 것은 아니다. 이것 또한 중/하근기자를 더욱 우둔하게 만드는 잘못이다. 상근기자는 진리를 머리와 더불어 동시에 온몸으로도 받아들인다. 그러니 단번에 결단을 내려 깨칠 수 있는 힘을 발휘한다. 중/하근기자는 온몸으로 고행인욕을 해서 정신력을 키우고 욕망과 번뇌망상이 좀 닦여나가며 자기내면의 상근기 성품을 끄집어낼 수 있도록 껍데기가 좀 벗겨져야 된다. 그리고 그렇게 할 수 있도록 옆에서 힘과 용기를 주어야 한다.

중/하근기자를 구제하는 것이 진정한 불법이다. 이들을 미련하다고 내버려두면 불교의 존재가치가 별로 크지 않다. 성인(聖人)은 버리는 생명이 일체 없는 법이다. 그런데 이들은 말로만 되지 않는다. 불법을 가르쳐도 업장에 사로잡혀 마음을 스스로는 쉽사리 바꾸지 못하므로 살아서나 죽어서나 여전히 힘들어한다. 직접 업장을 파고들어 온몸으로 해소해주면서 신(神)과 법(法)을 느끼게 하고 바른 가르침과 힘과 지혜로 인도해야만 한다. 그러므로 전생에 이미 공부를 바르게 한 불자(佛子)가 반드시 다시 환생하여 몸을 돌보지 않고 중생의 업장과 부딪치며 같이 한마음으로 움직여주어야만 가능하다. 만일 깨닫고 자기만 편안하다면 단순히 깨달은 인간일 뿐 아직 부처가 아니다. 유마경에서 일체중생이 아프니 나도 아프다는 말이 괜한 것이 아니다. 중/하근기자를 구제한다고 법문만 하는 것은 잘난 체 자랑하는 것이거나 수지맞은 장사에 지나지 않는다. 자비란 말을 주는 것이 아니라 오로지 직접 업장을 해소해주고 자유를 주는 행(行)에 달려있을 뿐이니 자비롭지 않은 부처는 없다.

29. 但自懷中解垢衣 誰能向外誇精進

단자회중해구의 수능향외과정진

단지 스스로 마음의 때 묻은 옷 벗을 뿐

뉘라서 밖으로 정진을 자랑할 것인가

마음과 때가 따로 있고 또 옷 따로 있고 내가 옷을 걸치고 있는 것이 아니라 마음 자체가 때고 옷 자체가 바로 나 자신이다. 때 묻은 이 옷은 단지 육체만 말하는 것도 아니라 자기영혼까지 포함하여 자기를 중생계에 머무르게 하는 일체의 의식상태다. 때(垢) 묻은 옷은 특히 더러움과 깨끗함으로 자기 안팎의 경계를 나누고 잇는 분별망상 덩어리이니 불구부정(不垢不淨)인 대도의 본체에 어긋나 있는 상태다. 그 옷을 벗는다고 함은 분별망상을 가지기 이전의 온전한 나 자신으로 돌아감이고 안팎의 경계가 서로 통하여 걸림없이 되었음이다.

스스로(自) 은밀하게 옷을 벗을 뿐이다. 누군가 옷을 깨끗이 빨아주고 다려주고 하지만 깨끗함과 더러움을 떠나 옷 자체는 스스로가 벗는 것이다. 옷을 벗고 안 벗고는 궁극적으로 자기 자신의 자유에 속하는 최종사항이므로 외부의 간섭이나 강제는 안되는 법이다. 최상승(最上乘)은 바로 자기가 스스로 옷을 단번에 벗어던져버리는 것이다. 망심을 버리는 것이 어찌 자랑스러운 일이겠는가? 도를 닦고 공부했다는 등의 경력을 내세우고 자랑하는 것은 자기가 그만큼 지저분한 인간임을 스스로 드러내는 꼴밖에 되지 않고 분별망상은 더욱 커져만 간다. 공부와 수행경력도 한낱 인위적인 때(垢)에 지나지 않기 때문이다. 오히려 정진한 흔적조차 없애야 되는 법이다. 그래야 자연스럽게 되고 대도에 합치된다. 대도(大道)는 스스로를 절대 드러내지 않으니 아무도 모르게 되고 그럼으로써 스스로 천지의 주인이 된다.

30. 從他謗任他非 把火燒天徒自疲

종타방임타비 파화소천도자피

남의 비방에 따르고 남의 비난에 맡겨두라

불로 하늘을 태우려 하나 공연히 자신만 피로하리니

좋은 사람은 좋지 못한 사람의 스승이며 좋지 못한 사람은 좋은 사람의 거울이라고 했다. 좋지 못한 사람도 대도의 대용을 받고 있고 도(道)가 품어 있는지라 모름지기 사람을 원망하고 허물치 않아야 된다. 서로가 서로에게 선악을 넘어서 덕을 주니 귀하게 여기고 아껴야 하는 법이다. 자기 자신의 무한하고 영원불변한 아름다운 본래모습을 깨달으라고 아무리 가르쳐주어도 눈과 귀를 막거나 심지어는 적극적으로 비난하고 욕하고 화내는 사람도 있다. 미래는 실제로 자기내면이 전개시키기 때문에 불법(佛法)은 최상의 자기혁명을 일으키도록 해준다. 궁극적인 혁명이니 단 한 번이면 영원히 끝이다. 얼마나 좋은가?

남의 비방에 따르고 남의 비난에 맡겨두라고 했으니 남의 부정적 견해나 반대로 긍정적 견해나 그 어느 것에도 내 마음이 끌려가면 안된다. 끌려가면 망념만 더욱 커질 뿐이다. 비난과 칭찬은 실은 하나로서 남의 일일 뿐 내 본분사는 아닌 것이기 때문이다. 나의 본분사는 무엇이냐? 바로 남의 비난과 칭찬에 초연하는 것이다. 스스로 우뚝 서서 중도로 나아가면 되는 것일 뿐 그 외에는 아무 것도 없다. 그럼 비난하고 욕하는 사람은 어찌 되는 것인가? 비난과 욕하는 것은 몸에서 화기(火氣)를 불러일으키는 행위다. 심할수록 화기가 더욱 강해진다. 그래서 불이다. 하늘은 마음에 허공, 즉 대우주를 담은 사람이다. 내면의 대우주를 불로 태우는 것은 불가능한데도 애써 하니 결국은 스스로를 피로하게 만드는 것이 최종결과다. 피로하게 되면 자기욕망을 달성할 힘이 부족하게 되어 화가 나 열받으므로 더욱더 화기가 충천하여 불길이 커져 결국 스스로를 태우고 만다. 법에 의한 과보가 주어지기 이전에 이미 자업자득이다. 그러니 타인을 너무 심하게 오랫동안 비난하거나 욕하지 말자. 덕 보는 것은 없고 결국 자기 자신만 훼손된다. 또한 비난으로 인한 괴로움과 칭찬으로 인한 오만을 갖지 않으려면 일체를 존중하는 마음을 구비해야 된다. 그런데 사람들이 나를 보고 나의 모습을 보고 나로부터 무엇을 보고 배우는가? 혹시 내가 타인에게 타산지석이 되어 있지나 않은가를 잘 생각해야겠다.

31. 我聞恰似飮甘露　銷融頓入不思議
아문흡사음감로 소융돈입부사의

내 듣기엔 마치 감로수를 마심과 같아서

녹아서 단박에 부사의해탈경계에 들어가도다

남의 비방과 비난과 칭찬 등 그 어떤 인연과 환경의 강한 압력도 마치 감로수를 마시는 것과 같다고 하니 이는 독약(俗)과 감로수(聖)의 상대분별의 경계가 떨어져나간 상태다. 그러니 이 상태는 감로수를 마시는 것과 같아서 업장과 번뇌망상으로 인한 일체의 병인(病因)이 녹아버려 찰나에 해탈에 드는 것이다. 물론 비난을 들으면 일단은 속상하고 열받지만 무섭게 화를 내는 것보다 내면 깊은 곳에서 꿈쩍도 하지 않는 것은 더 큰 힘을 요한다. 그래서 이런 사람이 큰 힘을 가진 사람이니 더욱 무서운 사람이다. 이런 힘이 있어야 부사의해탈경계에 들어갈 수 있다. 그런데 감로수를 쳐다보고 있는 것이 아니라 직접 마셔야 된다. 감로수를 마신다는 것은 부처님의 법문을 온몸으로 받아들여서 몸 구석구석까지 가득 채우는 것을 의미한다. 앞과 이 구절은 인욕바라밀이다. 그런데 감로수는 내가 이미 가지고 있고 또한 그것을 알고 찾아 마시기 전일지라도 관세음보살님으로부터 얻어 마시지 않는다. 인욕바라밀에서는 신도 부처도 구하지 않고 오로지 나 홀로 있으니까. 그리고 오로지 홀로 천지자연의 대도(大道)에 온몸을 스스로 내맡긴다. 여기에서는 삶도 죽음도 마음속에 개의치 않는다. 이렇게 되면 맡기는 순간 분별심이 거의 떨어져가버리게 된다.

왜 이렇게 되어야만 부사의해탈경계에 들어갈 수 있을까? 이 경계는 실체가 있는 것은 절대로 통과하지 못하는 문이기 때문이다. 실체를 거르는 완벽한 필터라고나 할까? 상(相)이 조금이라도 형성되어 있는 것은 통과하지 못하니 몽땅 녹아서 사라져야만 가능하게 된다. 상이 부숴

진 조각이나 아무리 미세한 가루도 통과 못한다. 상(相)이 찰나에 녹아 사라지니 시간을 두지 않고 단박에 경계를 통과할 수밖에 없다. 참으로 생각하기 어렵고 알기 어렵고 믿기 어려우니 부사의(不思議)다. 그러니 범인(凡人)들이 알 수 없으므로 비난하거나 욕하거나 반대하는 것은 너무나 당연하지만 자비심에 안타까워서 화나고 속상하는 면은 있다.

32. 觀惡言是功德 此則成吾善知識

관악언시공덕 차즉성오선지식

나쁜 말을 관찰함이 바로 공덕이니

이것이 나에게는 선지식이 됨이라

선(善)만 보고 공부하면 〈선〉을 알 수 없고 악(惡)만 보고 공부하면 〈악〉을 알 수도 없다. 〈선〉을 알려면 〈악〉도 알아야 되고 〈악〉을 알려면 〈선〉도 알아야 된다. 양변은 서로가 서로를 품고 의지하며 한 쪽이 커지면 상대 쪽도 따라서 커지는 등 상호작용하면서 나를 가운데 두고 왔다갔다 하기 때문이다. 그래서 수행에서나 삶에서나 선과 악을 같이 공부해야 한다. 그 뿌리는 물론 하나다. 나아가 현상계의 나 자신을 알려고 해도 〈선〉과 〈악〉을 모두 꿰뚫어야 된다. 이 세계 속에서의 선악 덩어리로서의 자기 자신도 모르면서 어떻게 중도를 가고 이루겠는가? 양단과 중간을 우선 지식으로라도 알아야 된다. 큰 지혜는 선악(善惡)을 모두 보고 알고 나아가 선악분별을 초월한 진여법계로 들어가서 〈선〉과 〈악〉을 자유자재로 활용하여 중생구제를 할 수 있게 된다. 여기서는 〈선〉과 〈악〉이 오로지 중생을 이롭게 하기 위해 방편으로 기능한다. 당연히 창조와 유지, 파괴가 〈선〉도 되고 〈악〉도 될 수 있다. 〈선〉만 알면 반드시 〈악〉에 발목잡히는 이유는 그 〈선〉이 선악을 초월하지 못한 한낱 상대적인 〈선〉일 뿐이기 때문이다. 그래서 나쁜 말을 관찰하면 악을 알게 되니 오히려 〈선〉을 더 잘 알게 되어 〈선악〉 너머로 나아가서 지혜가 커지게 되니 곧 그것이 공덕이고 스승인 것이다. 물론 〈악〉의 경계를 무너뜨리는 인욕의 공덕 역시 크다. 나쁜 말을 관찰한다는 것은 곧 좋은 말도 관찰한다는 것이니 좋고 나쁨은 오로지 자기가 그것을 어떻게 받아들이느냐에 따라 〈선〉이 〈악〉도 되고 〈악〉이 〈선〉도 된다. 악마도 나에게 부처가 되고 부처도 나에게 악마가 되는 것이다. 이 구절은 〈선악〉의 상대성을 말하는 구절로 그 최종결과인 공덕과 선지식은 선악(善惡)을 초월하는 것이다. 선지식에서의 〈선〉은 〈선악〉을 분별하여 어느 한 쪽에 머무르지 않고 초월한 차원의 절대선(絶對善)이다. 양변을 모두 알아야 그 뿌리를 알고 지혜로서 상대성을 초월할 수 있게 된다. 또한 이 구절은 중도를 나아감에 악지혜(惡智慧)를 아는 안목도 반드시 필요함을 일깨워준다.

　나쁜 것을 멀리하고 나쁜 것에 물들지 말라고 강조한다. 이 말은 나쁜 것을 아예 눈감으라는 말이 아니라 잘 관찰하여 그 실체와 작용을 알고 빠져들지 말라는 것이다. 일단 알아야 멀리하고 물들지 않을 것이 아닌가? 악을 몰라서 악을 짓는 줄도 모르고 지으니 과보를 받는 줄도 모르고 받는다. 그래서 지혜란 〈선악〉을 초월한다. 착함에만 매달려 있는 사람은 지혜가 생기지 않는다. 〈선〉과 〈악〉에 대해 제대로 보고 알려고 하면 내 마음의 〈선악〉을 일단 뒤로 좀 물리고 깨끗한 마음으로 잘 비취봐야 된다. 〈선악〉 이전에 깨끗한 마음이 우선이다. 〈선악〉에 사로 잡히면 감정이 요동치므로 지혜를 가리게 된다. 착하고 순진해서만 아무리 부처님을 믿고 공양하더라도 〈악〉을 짓게 되고 상대적인 〈선〉에만 머물러 있으므로 중도(中道)를 가지 못한다. 착하지만 〈악〉을 관찰하여 잘 알고 순진하지만 강한 정신을 보유하고 있어야 되는 법이다.

33. 不因訕謗起怨親 何表無生慈忍力
불인산방기원친 하표무생자인력
비방따라 원망과 친한 마음 일어나지 않으면
하필 남이 없는 자비인욕의 힘 나타내 무엇할건가

내가 나 자신에게 평생 무엇을 주고 있는가? 나 자신에게 큰 지혜를 주고 있는가? 큰 복을 주고 있는가? 큰 힘을 주고 있는가? 한평생 편하게 부족함이 없이 사는 것은 자기 자신과 더불어 누리는 것일 뿐 정작 자기 자신에게 주고 있는 것은 하나도 없는 삶이다. 자기 자신이 갖고 나온 곳간을 비우는 것이니 이는 곧 복진타락(福盡墮落)이 되는 것이다. 그래서 남다른 고통없이 잘 살았지만 정작 나 자신에게 아무 것도 준 것이 없으니 나중에는 허무하고 우울해지는 것이다.

원망과 친한 마음은 일체가 망심이니 고행인욕은 망심의 유혹과 채찍을 견디고 스스로 자기 자신에게 참음(忍)을 주는 것이다. 작은 〈인〉을 주면 곧 마음의 병을 만들고 큰 〈인〉을 주면 곧 자유를 얻는다. 그래서 큰 〈인〉으로 인해 나 자신이 곧 〈인〉이 되니 따로 참는 마음을 낼 필요가 없게 되는 것이다. 작은 〈인〉은 참는 자기가 있지만 큰 〈인〉은 참는 자기가 따로 없다. 자기 자신이 큰 〈인〉이 되는 것은 비방을 받으면 원수로 여기고 칭찬을 받으면 애인처럼 여기는 그런 마음의 뿌리가 사라지는 것이다. 그러면 생겨남이 없는 자비인욕의 힘을 굳이 나타내 보여줄 필요가 없다. 즉, 자기가 부동(不動)이 되면 상대를 최상의 덕목으로도 대하지 않는다. 내가 '나는 인욕의 힘이 강하다'는 것을 나타내 보여줄 이유가 없고 인욕이란 용어 자체가 떨어져 나갔다. 당연히 내가 너를 위해 참는다고 하는 자비도 나타낼 이유가 없다. 만일 그렇지 않다면 은근히 과시하는 아상이 남아 있으니 인욕이 한참 멀었다. 나타냄은 곧 산란함을 이루니 어둠이다. 무생자인이란 바로 나와 남의 분별심이 떨어져나가 상대로 인하여 내 마음이 나지 않는 경지에서의 자비와 인욕이다. 즉 인욕바라밀이 완성된 상태이고 나와 남의 구별이 아직 남아 있는 조그만 자비가 아니라 자타불이(自他不二)가 된 대자대비다. 무생자인의 힘이란 것은 이런 대자대비와 완성된 인욕바라밀이 가지고 있는 힘으로써 부처님이나 신(神)과 똑같은 위엄을 가지는 힘이며 도(道)의 용(用)을 이루는 힘이다. 여기에서는 원수와 부모가 반대도 아니고 둘도 아니며 하나도 아니다.

그렇다고 명백하게 악하고 잘못된 것을 참는다는 것을 의미하지는 않는다. 그것은 정(正)이 아니기 때문이다. 부동으로부터 나오는 분노는 태풍의 눈과 비슷하여 법을 통째로 움직여서 악심(惡心)을 단박에 제압하여 소멸시켜버린다. 여기에는 동정도 없고 차별도 없다. 오로지 신(神)의 위엄만이 있을 뿐이다. 선지식에게 한 번 잘못 걸리면 진짜로

뼈도 못 추리고 꼼짝없이 상(相)이 죽게 된다. 금강도(金剛刀)와 감로병
(甘露瓶)을 함께 쥐고 있기 때문이다.

34. 宗亦通說亦通 定慧圓明不滯空

종역통설역통 정혜원명불체공

종취도 통하고 설법도 통함이여

선정과 지혜가 원만하게 밝아 공에 체류하지 않는도다

종취가 통한다는 것은 자성(自性)을 보고 구경각(究竟覺)을 성취하
여 중도를 증득한 것이다. 법을 깨쳐서 대지혜광명을 밝혀 윤회를 벗어
나 해탈열반했다. 업식(業識)덩어리인 자기의 무명(無明)까지 격파하
여 드디어 대우주의 신령세계와 통하여 온전히 하나가 되었다.

종취가 체(體)라면 설법은 용(用)이 된다. 이 둘은 제각기 따로 있는
것이 아니라 등잔과 불빛처럼 불성을 근본으로 하여 하나로 이어져 있
다. 그래서 설법도 자연스럽고 종취에 어긋나지 않게 된다. 그러므로
설법은 이 종취로부터 자연스럽게 진실되게 나와야 통하는 설법이다.
이 설법은 '불취어상 여여부동(不取於相 如如不動)'으로 하는 설법이
다. 즉, 두뇌에서 생각해서 나오는 법문이 아니라 불성으로부터 자비와
지혜가 한덩어리가 되어 흘러나오는 법문이다. 그러므로 자비의 말이
요, 지혜의 말이요, 무적(無敵)의 말이다. 또한 대우주와 이어져 있는 온
몸을 통하여 나오는 것이니 행주좌와어묵동정(行住坐臥語默動淨)이 모

두 법을 설하는 것이 된다. 천지자연의 대도(大道)가 내는 소리다. 종취가 통한 설법은 경전에 나와 있는 것을 그대로 옮기거나 타인의 설법을 본따오지도 않게 된다. 종취가 이미 통했는데 어디서 가져올 그럴 필요가 없기 때문이다. 다만 대우주와 신(神)으로부터 자연스럽게 흘러들어오는 것은 있다. 생생하게 살아있는 종취이고 설법이다.

선정과 지혜가 원만하게 밝다는 것은 대광명이 완전히 드러나 실제로 대우주와 조금의 빈틈도 없이 완벽하게 일치한다는 것이다. 이렇게 된 선정의 상태를 삼매(三昧)라고 부르고 지혜의 측면에서 대원경지(大圓鏡智)라고 한다. 대우주와 자기의 광명이 조금의 오차라도 있으면 공백이 생기고 선정과 지혜에 미묘한 결함이 생겨난다. 원만하고 밝게 된 상태를 깨달음이라고 하고 해탈열반이라고 한다. 대우주와 하나가 되었으니 그 속에서 개별체로 움직일 까닭이 사라지기 때문이기도 하다. 개별체로 움직이면 법의 구속이 동시에 생겨나 해탈이 되지 않는다. 또한 대우주와 한덩어리가 되었으니 일체를 모두 보고 알게 되어 깨달음이라는 용어를 붙일 수 있는 것이다. 종취와 통하는 설법은 바로 이것을 제대로 알려주는 것이다.

공(空)에 머물지 않는다는 말은 설법의 내용도 그러해야 되겠거니와 무엇보다도 색(色)에도 머물지 않아야 된다는 의미도 담겨 있다. 〈색〉은 없고 온통 〈공〉만 말하거나 〈공〉은 없고 〈색〉만 말하는 것은 변견(邊見)일 뿐이다. 서로 즉(卽)해서 말해야 한다. 그렇지 않으면 현상이나 혹은 관념에 빠져버리게 된다. 현상에 빠지면 더욱 중생화되고 관념에 빠지면 산 속에 누워 있는 좀비가 된다. 도(道)는 철학도 사상도 아니다. 생각으로 아무리 그럴듯하게 지어내봐야 거짓이 될 뿐이다. 그러니 〈공〉에 머무는 도인이나 〈색〉에 머무는 중생이나 마찬가지다. 〈색〉과 〈공〉에 따로 끌려다니지 않도록 자기존재가 여여부동하게 되는 것이 최우선이다. 설법은 그 후에 해도 늦지 않다. 물론 빠르지도 않다. 설법 하지 않아도 된다. 대우주를 꽉 채워 원만하고 밝게 되면 어디든 따로 머물 곳이 없어진다.

35. 非但我今獨達了 河沙諸佛體皆同
비단아금독달료 하사제불체개동

나만 이제 혼자 통달하였을 뿐만 아니라

헤아릴 수 없는 모든 부처님 본체는 모두 같도다

내가 혼자만 깨달은 사람이라고 하지 않고 또한 깨달은 모든 이는 부처님 본체와 같고 나아가 일체부처님 역시 모두 일미(一味)로 본체가 같다. 현상계가 일심(一心)인 평등(平等)을 감춘 채 차별상(差別相)이 주로 드러나 이루어져 있고 또한 욕심으로 분별하여 평등을 잊고 있기 때문이다. 그래서 사람들이 자기들과 조사(祖師)는 물론 깨달은 조사들까지 차별하여 받아들이는 경향이 있는데, 그러면 불이(不二)의 종취로 더욱 들어오지 못하기 때문이다. 진정 해탈한 조사라고 한다면 일체 똑같은 차원의 분들이고 도가 높고 낮음의 차이가 없다. 높고 낮음이 있다면 변하므로 무상(無常)하여 아직 도(道)에 들어간 것이 아니다. 도(道)는 평등하므로 도를 증득한 이들 역시 평등할 수밖에 없다. 다만 대도

(大道)의 대용(大用)에 따라 종취를 드러내 보이는 언어문자나 방식에 다양한 차별이 있을 뿐이다.

해탈자마다 종취를 드러내는 방편이나 정도에 차이를 두는 것은 그 시절의 인연과 자기의 고유역할, 그리고 본인들의 개성 차이 때문이다. 법을 제대로 듣고 받아들이려는 사람들이 없는 시절에는 그냥 조용히 세월을 보낸다. 사람들의 근기와 선근이 성숙해지고 무르익어 법을 얻으려는 사람들이 많은 시절에는 자연히 활동도 많아지고 많은 설법과 방편이 나오게 된다. 그러므로 상대에 맞게 자유자재로 응하는 것일 뿐이니 활동영역이나 방식도 다르게 되는 것이지만 해탈자들 자신은 언제 어디서나 여여(如如)하다. 억지로 하지 않는다. 또한 깨달은 분이라도 모두 각자의 표현방식이 있고 이전 생에 익혀놓은 소질도 다르고 성질머리도 모두 다르다. 성불하면 성질머리가 달라지는 줄 아는데 몸이 있으므로 그렇지 않고 여전하다. 도(道)의 쓰임은 획일적인 것을 거부하고 완벽한 개성과 자유를 바탕으로 하기 때문에 도(道)가 세상에 풍부하게 드러나는 것이다. 또한 태어날 때 비로자나불(毘盧遮那佛)로부터 부여받은 고유의 역할도 분명히 있다. 그것은 시절인연과 결부되어 움직이게 된다.

36. 獅子吼無畏說 百獸聞之皆腦裂

사자후무외설 백수문지개뇌열

사자후의 두려움 없는 설법이여

뭇 짐승들이 들으면 모두 뇌가 찢어짐이여

사자는 모든 짐승들 가운데 가장 큰 마음의 평화를 가진 짐승이다. 가장 힘이 센 자만이 두려움이 없어 마음의 평화를 얻을 수 있으니 곧 우리 모두 사자가 되어야 하는 이유다. 해탈자는 천지간의 중생에 대한 두려움이 일체 없다. 아니, 두려움을 가질 까닭이 근본적으로 사라졌다.

선지식은 흔히 사자에 비유되곤 하는데, 이들은 왜 두려움이 없을까? 바로 죽음을 정복하여 영원불변한 본체를 얻었으니 죽음에도 두려움도 없고 몸에 대한 집착이 완전히 소멸되었으니 병에도 두려움이 없고 업장이 소멸되었으니 법에 대한 두려움도 없으며 모두 보고 아니 무지(無知)에서 오는 두려움도 없다. 얻음이 없는 절대의식(絶對意識)으로 가득 찬 신령(神靈)이 되었으니 사랑이나 존경, 인정을 얻지 못할까 하는 걱정도 두려움도 없고 전체적으로 자기 존재에 대한 불안과 두려움이 완전히 사라졌기 때문이다. 그러므로 오히려 마음껏 삶을 누릴 수 있고 대자유를 만끽하며 소리를 지르거나 한가롭게 노닐 수가 있는 것이다.

선지식이 하는 설법을 사자후라고 한다. 각자 향상의 길로 나아가게끔 일깨워준다. 하근기자(下根機者)는 사자가 부럽지만 자기욕망을 애지중지하므로 두려움이 커서 사람의 소리만 받아들이며 사자와의 경계를 강하게 짓는다. 사자후를 들으면 움츠러들면서 껍데기를 더욱더 강화시킨다. 중근기자(中根機者)도 사자후에 두려움이 있지만 자기도 사자가 될 수 있다는 희망과 결심과 욕심을 적당히 갖고 사자를 보고 배우려고 한다. 하지만 사자후의 내용은 정작 마음에 많이 거스르니 껍데기를 딱 한꺼풀만 힘들게 벗고 그만두며 도(道)를 핑계삼아 논다. 상근기자(上根機者)는 사자후를 들으면 사자를 보고 배울 것도 없이 정신이 번쩍 들면서 자기 자신도 똑같은 사자임을 금방 알아채버린다. 그리고 두려움이 전혀 없어 껍데기를 미련없이 단번에 몽땅 벗어던져버리고 사자의 먹이를 먹고 사자의 눈으로 보고 사자의 소리를 낸다.

이에 상응하여 선지식의 사자후는 대상마다 다르게 된다. 하근기자에게는 사자후가 해롭게 되므로 사자후를 내지 않는다. 다만 사자의 세계를 궁금해하므로 인지상정의 방편으로만 살짝 대한다. 상근기자를 보면 바로 찌르며 인정사정을 조금도 두지 않는 사자후를 크게 낸다. 왜냐하면 상근기자라도 아직 구경(究竟)까지 깨닫지 못한 상태인지라 자칫 선지식이나 불법 등 진리―일체가 아직은 자기 밖의 대상일 뿐이다―를 향해 마음이 쏠릴까 염려하기 때문이다. 중근기자에게는 인정을 섞는 가운데 아주 부드러운 사자후를 가끔 내면서 도(道)에서 후퇴하지 않도록 해준다. 각자의 마음과 힘에 따라 사자후를 들어도 그 덕을 보는 차원이 각기 다르다. 그리고 선지식이 사람들을 대하는 다양한 모습도 일체가 도(道)의 용(用)인만큼 오로지 자비심에서 상대에 맞도록 자연스럽게 나오는 것이다. 친함과 멀리함이 없으니 사적인 감정이나 이해득실을 따지는 마음은 눈꼽만큼도 따로 없다. 그래서 무섭다.

선지식의 설법을 무외설(無畏說)이라고도 한다. 이른 바 두려움 없는 설법인 것이다. 설(說)함이 대도로부터 나오니 진리인지라, 업이 지어지지 않고 자타(自他)를 속이지도 않아서 설함에 걸림이 없어 두려움이 없다. 또한 설함으로 얻는 목숨과 명예와 재물 등 각종 이해득실을 따짐이 없어 맘껏 설하니 두려움이 없다. 또한 사람들로 하여금 본모습을 일깨우고 큰 힘을 전해주어 사람들이 가지고 있던 번뇌망상과 두려움이 사라지게 하고 큰 용기를 불러일으키니 두려움을 없애주는 설법이다. 불이(不二)에 바탕을 둔 설함이니 설함이 없는 설법이고 상대의 상(相)에 걸리지 않아 두려움이 없는 설법이다. 사자후는 좋은 말이고 좋은 말은 흠이 없으니 좋음은 곧 좋고 나쁜 분별을 넘어 선 차원의 좋음인지라 두려움이 없게 된다. 그래서 사자후는 듣기 좋은 말이 아니라 도(道)에 즉(卽)한 말인지라 좋은 말이다. 당연히 성인(聖人)은 어질지 않게 된다.

  뭇짐승들이 들으면 모두 뇌가 찢어진다고 하는 것은 사자의 포효소리를 들으면 우선 화들짝 놀라게 되는데, 이 때 그 놀라움에 의해 온갖 잡념과 망상이 순간 사라지며 바로 자기존재의 인식에 대한 일대 변혁이 생김을 뜻한다. 사자소리를 듣고서는 '어? 나는 왜 이렇게 살아가고 이렇게밖에 내 소리를 못낼까? 내가 본래 이런 모습일까?' 하는 의문 정도는 들어야 그래도 사자후의 덕을 보는 것이다.

37. 香象奔波失却威　天龍寂聽生欣悅

향상분파실각위 천룡적청생흔열

향상은 분주하게 달아나 위엄을 잃고

천룡은 조용히 듣고 희열을 내는도다

106

향상(香象)은 진리의 향기를 어느 정도 가지고 있는 코끼리로서 덕이 높고 기운이 세어 짐승 가운데서도 지위가 높다고 여겨지는 동물이다. 천룡(天龍)은 우주의 짐승으로서 여의주를 갖고 있으므로 무애자재하고 신통력이 가장 수승하며 조화가 무궁한 존재다. 모순되는 상황을 조화롭게 해주니 갈등을 없애준다. 귀가 없어도 천이통(天耳通)을 갖고 있어 허공을 향해 기도하면 저 우주 너머에서 듣고 빛보다 빠른 속도로 달려와 가피를 주니 산 위 등 높은 곳에 올라가 많이 기도하면 덕을 본다. 그런데 이 향상은 사자후를 듣고 위엄을 잃어 망신살이 뻗고 천룡은 조용히 공감하며 즐거워한다.

향상은 깨닫지는 못한 상태이지만 상당히 도가 높은 사람과 영혼들을 일컫는다. 대표적으로 성문, 연각 등의 존재다. 천룡은 천상(天上)의 신격(神格)을 가진 존재들을 상징한다. 그런데 모든 향상이 두려워하고 놀라는 것이 아니고 자기가 성불했다는 착각과 오만에 빠져 있는 향상이 그렇다. 진짜 도를 닦는 향상은 사자를 알아보고 배우며 함께 지내고자 오히려 가까이 다가온다. 천룡처럼 조용히 듣고 희열을 낸다.

천룡(天龍)은 어리석고 오만한 일부 향상과 달리 사자후를 듣고 공감하며 조용히 환희심을 낸다. 왜냐하면 천룡이 모르는 것을 깨닫게 되어서 그런 것이 아니라 사자후가 모든 중생에게 널리 퍼지니 중생이 구원되는 것을 함께 기뻐해주는 것이다. 그런데 천룡은 조용히 듣는다고 했다. 이것이 핵심이다. 고요하고 적적(寂寂)한 마음에서 듣는다는 적청(寂聽)은 일체의 번뇌망상이 없는 무념무상의 상태에서 그 영혼이 힘으로 소리를 붙들어 비추어 받아들이는 것이다. 반드시 적청의 상태라야 사자후가 영혼에 내리꽂혀 자기존재 안으로 스며들고 사자후가 점차 자기의 마음과 소리가 되어간다. 그러면 대우주에 가득 찬 진리가 점차 내면을 채우며 마침내 큰 빛이 청정한 허공을 투명하고도 아름답게 장식하게 된다. 그래서 생각을 쉬어라고 선가(禪家)에서 꾸짖고 성철스님은 적청이 된 상태로 만나기 위해 3천배를 시킨 후에 친견했다. 자기 나름의 진리에 대한 분별망상으로 꽉 차 있고 구도심도 간절하지 못하면 사자후를 던져봐야 그냥 스쳐 지나가버리니 소용없다. 사자후를 듣는 성문(聲聞)과 연각(緣覺) 등의 존재가 성불하느냐 못하느냐 여부는 선지식 앞에서 적청이 어느 정도 되느냐에 상당부분 달려 있다. 그래서 적청을 하는 성문과 연각은 깨닫게 된다.

부처라고 이름 붙은 신(神)들만 받아들이면 마음이 좁아진다. 분별 취사심이 있어 아직 부처가 되지 못하고 있기 때문이다. 사는 데나 성불도를 가는 데 부처님 뿐만 아니라 많은 신령들이 큰 지혜를 주고 보호해 준다. 그래서 천지자연과 일체의 신령과 불보살님들에 대해 귀의하고 모두에게 마음이 열려야 한다. 선사들의 신(神)에 대한 차별적인 말은 방편인데, 정말로 그런 줄 알고 차별심을 내면 본래 뜻을 저버리게 되는 것이다. 화엄(華嚴)에는 무수무변한 신령(神靈)이 드러나 전개되어 있으니 풍요로움 그 자체다. 부처님은 신령을 차별함이 없다. 신령은 불효자를 거들떠보지도 않듯이 일체 신령들을 차별하며 무시하는 사람 역시 부처님이 거들떠보지도 않는다. 예수님이나 알라신 등 그 어느 신령도 마찬가지다. 그러니 인간의 기준으로 분별하여 종교를 나누고 신령을 나누어 차별함이 얼마나 어리석고 삿된 것임을 알 수 있다. 우리

인간과 그 인생길의 바로 곁에 나란히 더불어 있으면서 도와주는 친절하고 친근한 무속(巫俗)의 신령들에게 절하고 함께 하지도 못하면 불보살님같은 대우주신령들과 함께 하겠다는 것은 논리적으로 봐도 순엉터리고 크게 보이는 것에만 집착하는 하찮은 탐욕일 뿐이다. 자기가 우선 크게 구제받을 수 있는 큰사람이 되어야만 그 어떤 신령이든 자기에게 큰 의미가 있게 된다. 그렇지 않고 욕심으로 크다고 여겨지는 신령을 찾아봐야 오지도 않을뿐더러 그 외의 신령들에게까지 외면받게 된다. 그러므로 신령은 내 마음에 따라 크고 작은 의미를 가질 뿐, 신령 자체는 내가 크고 작음을 분별할 수 없는 법이다.

38. 遊江海涉山川　尋師訪道爲參禪
유강해섭산천 심사방도위참선
강과 바다에 노닐고 산과 개울을 건너서
스승 찾아 도를 물음은 참선 때문이라

몸을 잊고 법(法)을 잊고 시간을 잊고 공간을 잊고 천지간에 오로지 홀로 남은 의문(疑問) 이 비로소 사자후를 찾아가 도를 묻는데, 그 이유가 참선 때문이다. 상근기자는 자기존재에 있어 한계가 어디까지인지 그리고 무엇이 필요한지를 정확하게 안다. 그리고 스승을 간절하게 찾아 머나먼 길을 발걸음을 밤낮으로 재촉하며 가는데도 강과 바다에서 노닌다고 하여 마음의 여유만은 그대로 이어지니 정녕 마음의 조급함은 스승과의 진정한 만남을 망치는 것임을 역시 잘 알고 있다. 이것은 스승을 친견하기 이전의 자기마음이 미세사량(微細思量) 하나만 남아 있는 상태임을 은근히 드러내고 있다.

그렇게 힘들게 선지식을 찾아 참선을 물어야 하는 실제적인 이유는 자기영혼 때문이다. 참선이란 자기두뇌와 영혼이 한덩어리가 되어 행하는 것이다. 그런데 도를 구하는 이는 자기영혼에 대해 아무 것도 모르고 있는지 없는지도 의심스럽고 어떤 업을 갖고 있는지는 더더욱 모른다. 그리고 설사 알더라도 자기영혼은 자기가 바라는 것처럼 따라주지 않는다. 영혼은 영혼 나름대로 고유의 자기의식과 의지를 따로 갖고 있으며 법의 구속에 갇혀 있다. 흔히들 자기생각이 바로 자기영혼의 의식이나 상태와 같은 것으로 착각하고 있다. 그래서 참선을 하더라도 영혼이 따라주지 않으면 결국은 무조건 도로아미타불이 되어버리니 참선이 아닌 것이다. 예외없다. 자기희망처럼 자기영혼을 뜻대로 쉽게 인도할 수 없는 이유는 영혼이 자기존재의 더 깊은 핵심이고 뿌리라서 그렇다. 잎이 뿌리를 거스를 수는 없는 법이다. 그리고 미세한 분별망상이 남아 있어 참선이 온전하지 못하여 스스로 일을 마치지 못하기 때문이다.

인생살이와 마찬가지로 도의 세계에서도 기대하던 획기적인 변화는 영혼의 변화로부터 오는 것이다. 생각을 붙들고 평생 수도해봐야 영혼은 그대로니 당연한 결과다. 생각없이 무념으로 수도해도 그대로다. 또한 다른 귀신에 빙의되어 있는 상태에서는 도를 닦아봐야 더욱 미칠 뿐이다. 귀신의 쉼없는 움직임이 더욱 강해져 가세하므로 번뇌망상이 절대로 그쳐지지 않기 때문이다. 선지식을 만나 먼저 온전한 자기가 되어야만 공부를 시작할 수 있게 된다. 그래서 반드시 선지식을 만나야만 참선이 되는 것임을 천재인 스님이 알려주는 것이다. 방편을 붙드는 것은 실체로 들어가기 위함이니 방편에만 머물러 있으면 아무 소용없다.

39. 自從認得曹溪路　了知生死不相干
자종인득조계로 요지생사불상간

조계의 길을 인식하고나서부터는

생사와 상관없음을 분명히 알았도다

이 당시 조계의 선(禪)의 길은 지구에 부처를 탄생시키는 훌륭한 길이었다. 스님은 천태종에 몸담아 도를 닦다가 조금의 소득만 얻었을 뿐 확실한 정각(正覺)을 이루지 못하다가 육조를 찾아보고 확철대오했다. 그리고 보니 생사가 자기의 본래면목과는 아무런 상관이 없으며 생사라는 것은 허깨비같은 영혼의 분별심과 욕망을 따라 일어나는 물거품같은 현상이라는 사실을 당연히 증득하였다. 분명히 알았다 또는 앎을 마쳤다는 것은 생각으로 확실하게 이해했다는 해오(解悟)의 의미가 아니라 자기영혼이 영원불멸한 대광명체로 실제로 화(化)한 사실을 두고 한 표현이다.

생사(生死)와 관계없다는 것은 망념이 있음으로 해서 자연스럽게 생기는 생(生)과 사(死)의 양변을 벗어나 나고 죽는 자유를 얻은 것이다. 변하는 망념이 사라져 불변(不變)의 진여(眞如)를 얻으니 그 마음이 곧 진심(眞心)인지라, 진심에서는 생사와 마음 등에서 일체의 분별과 변화가 없이 스스로 여여(如如)할 뿐이다. 불생불멸(不生不滅)이고 불구부정(不垢不淨)이며 부증불감(不增不減)이다. 그러므로 마음이 밝아졌다거나 어두워졌다거나 편해졌다거나 불편해졌다는 등 일체의 변화는 좋고 나쁨을 떠나 무조건 망심(妄心)의 장난일 뿐이니 제행무상(諸行無常)이다. 진여에서는 무상함이 없고 오로지 대도의 용(用)만 있으니 생사 등 제행(諸行)의 무상은 늘 변하는 망심의 일일 뿐이다. 그러므로 생사를 벗어나려고 애쓸수록 생사와 관계가 깊어지고 생사를 밝게 볼수록 생사와 관계가 멀어지며 생사의 분별취사심이 떨어져나가면 생사와 상관없는 존재가 된다.

40. 行亦禪坐亦禪 語默動默靜體安然
행역선좌역선 어묵동정체안연

다녀도 참선이요 앉아도 참선이니

어묵동정에 본체가 편안함이라

참선은 행주좌와어묵동정에 구애되지 않는다. 길 없는 길인지라 따로 방법이나 체계가 없는 것이다. 스님의 이 말은 바로 우리들이 일반적으로 참선수행하는 방법이나 과정을 말한 것이 아니라 자기가 이미 본체를 얻은 상태에서 참선이 저절로 되는 것이 된다. 그래서 참선하는 자기가 따로 의식되지 않는다. 그리고 이 때 선정과 지혜가 둥글고 밝아 본체가 편안하니 비로소 행주좌와어묵동정이 모두 진여대용(眞如大用)이 되는 것이다. 이것은 참선에 있어서의 무위(無爲)다. 그러니 주인이

112

가는 곳에 종이 따라다니듯이 언제 어디서나 어떤 상태로 있고 어떤 경계에 처해도 항상 참선이라고 하는 것이다. 참선이 되면 자기도 모르게 저절로 공부되어간다. 본체가 편안하다고 함은 불변(不變)의 부동(不動)을 의미한다.

오나 가나 자나 깨나 화두가 늘 붙어 있고 그대로 있어 참선이 잘된다고 착각하면 안된다. 이것은 일체 망상이다. 이렇게 되는 것 자체가 목적이 아니라 이렇게 되는 과정을 통해서 실제로 자기의 영혼의식까지 일체 소멸시켜나가야만 참선이 되는 것이다. 참선은 두뇌로 하는 것이 아니다. 어쨌든 참선이 잘된다고 하더라도 자기영혼이 어떤지 전혀 모르니 답답할 뿐이다. 이 답답함은 깨달아야 비로소 해소된다. 그러므로 수행이란 어찌보면 이 답답하고 갑갑함을 가지고서도 계속 자기를 향상일로로 나아가게 채찍질하는 과정이라 할 수 있다. 대부분 이 답답한 마음을 견디지 못하고 항복하고 중도에 포기하고 만다. 갑갑한 마음 자체가 도를 추구할 때 오랫동안 나타나는 중생심이다. 그래서 이것을 견뎌가는 과정 자체가 인욕이기도 하다. 이 답답함이 소멸되어 텅 비어버릴 때 비로소 인욕바라밀이 된다.

41. 縱遇鋒刀常坦坦 假饒毒藥也閑閑
종우봉도상탄탄 가요독약야한한

창칼을 만나도 언제나 태연하고

독약을 마셔도 한가롭고 한가롭도다

이 우주에서 그 어떤 힘이 센 존재라도 절대로 죽일 수 없는 사람이 있으니 바로 선지식(善知識)이다. 인간은 물론 귀신도 몸만 죽일 수 있을 뿐 영혼까지 없앨 수는 없다. 그리고 선지식은 망념의 체(休)가 소멸되고 오로지 대광명 뿐이니 이 우주의 그 누구라도 해치거나 소멸시킬 수가 없다. 깨달을 때 생사조차 이미 사라졌는데 하물며 때가 되면 저절로 사라질 육신을 창칼로 죽인다고 해서 육신의 죽음을 겁내겠는가? 공포심을 억지로 참는 것이 아니라 오온(五蘊)이 텅 비었으니 처음부터 두려움을 일으킬 자기가 이미 없는 것이니 이른 바 무유공포(無有恐怖)다. 그러니 창칼을 만나 목을 베이고 독약을 마시는 상황에서도 태연할 수밖에 없다. 해탈경계는 생사에 자재하고 득실과 생멸이 없이 영원한 불생불멸(不生不滅)이다.

선지식이 창칼과 독약을 피하지 않고 순순히 인간의 공격을 받고 죽어가는 데는 크게 세 가지 까닭이 있다. 하나는 타고난 몸의 수명이 마침 다 되었을 때이다. 다른 하나는 진여법계 차원에서 이 세계에서의 역할을 다 했을 때다. 대표적으로는 법을 물려주었을 때이다. 세 번째는 스스로 목숨을 버림으로써 자기가 누리게 되어있는 복덕을 세상에 퍼트려주고 죄업을 줄여주는 것이다. 이 때는 구세주가 된다. 어느 경우나 공통점은 죽음조차 철저하게 천지자연의 도(道)를 그대로 따른다는 사실이고 죽음으로 인해 그 어떤 마음도 생겨나지 않으니 죽음이 자연스럽다. 그러므로 선지식에게는 주관의 분별취사심이 없으니 일체가 공(空)하여 본질적으로 죽음이란 없는 것이다. 그래서 다시 태어남도 없게 된다. 죽음은 단지 현상계에서 육신이 소멸되는 자연현상의 하나

일 뿐이다. 가끔 죽음을 활용하여 죽음이란 현상 속에서 큰 가르침을 남기기도 한다.

42. 我師得見練燈佛 多劫曾爲忍辱僊

아사득견연등불 다겁증위인욕선

우리 스승께서 연등불을 뵙고 다겁토록 인욕선인이 되셨도다

하심(下心)과 고행인욕을 강조한다. 하심은 잘난 체 하지 않거나 내가 있고 그 내가 겸손하고 마음을 비우고 하는 것이 아니다. 오만하지 않고 집착을 내려놓으려는, 그렇게 하려는 그 교묘한 아상(我相), 그 망념 자체를 근본적으로 소멸시켜버리는 것이다. 내가 없는 것이 곧 하심이다. 그러므로 하심은 곧 성불(成佛)이니 무아(無我)이고 무념(無念)이며 청정심(淸淨心)이다. 또한 가장 낮은 자리에 나 자신을 두는 것이니 일체생명을 떠받치는 대지(大地)가 되고 이 때 비로소 하늘을 온전하게 품게 되니 저절로 가장 높은 하늘의 자리에 나 자신을 두게 된다. 그러므로 하심은 높고 낮음의 차별을 없애버려 둘이 없게 되는 불성(佛性)을 드러내는 것이다.

인욕선인은 인욕고행을 수행하고 있는 신선이 아니라 이미 인욕고행이 완성된 대금선(大金仙)이다. 즉, 이미 성불하여 인욕선인의 이름으로 헤아릴 수 없는 많은 세월을 지내온 석가모니부처님이다. 이것은 다겁의 고행인욕으로 쌓이게 되는 무량한 공덕 내지 복덕(福德)의 중요성을 내포하고 있다. 하심하여 그 즉시 성불하고 고행인욕으로 무한한 음덕이 쌓여 마침내 대우주신(大宇宙神)으로서의 위의(威儀)를 드러낸다. 천지자연의 대도를 밝히고 중생구제를 하며 법을 널리 펼치는 데 있어서 고행인욕은 절대적인 기본자격이 된다. 그런데 인욕선인이 인위적으로 인욕고행을 하는 것이 아니라 미묘한 불만이나 얻으려는 마음도 근원적으로 사라졌으니 행주좌와어묵동정 그 자체가 매순간마다 저절로 인욕고행이 되는 것이다. 그러므로 참된 인욕고행은 소득심(所得心)이 사라진 무소유 상태에서 조금도 의식됨이 없이 자연스럽게 이루어지는 것이니만큼 내가 있어 편안함과 고생 사이에서 일부러 고생을 간택하는 것이 아니다. 그래서 고행인욕 그 자체가 곧 도(道)의 대용(大用)이 되어 그 누구도 그 무엇도 인욕고행을 막을 수 없게 되니 곧 천지자연의 힘을 얻게 되어 불생불멸하게 된다.

43. 幾廻生幾廻死 生死悠悠無定止
기회생기회사 생사유유무정지

몇 번을 태어나고 몇 번이나 죽었던가?

생사가 유유하여 그침이 없도다

살아있을 때는 겪어야 할 일들이 운명(運命)으로 주어지고 해야 할 일과 가야 할 길이 숙명(宿命)으로 주어지면서 내생에도 이어지고 있다. 운명과 숙명은 나의 망념을 강제로 제어해주는 역할을 하니 이로 인해 내가 갑갑하고 힘들기는 하지만 도(道)에서 크게 벗어나지 않게 되

116

므로 언제든지 바른 길로 들어설 가능성을 늘 가질 수 있게 되는 법이다. 그러므로 운명은 지혜롭게 영위해가고 숙명은 담담하게 받아들여야 되는 법이다. 태어남과 죽음, 그리고 인연은 운명으로 포용하는 것이 바람직하다. 당연히 인생에서 운명과 숙명에는 본래 마음을 붙일 까닭이 없건만 분별망념이 따로 있는 탓에 마음이 저절로 생겨나고 뭉친다. 욕망을 따를수록 운명과 숙명이 왜곡되며 도(道)에 어긋나 고통이 커지고 생사는 더욱 그칠 줄 모른다. 마음을 덧붙이지 않은 채 순리(順理)를 따르는 것이 일을 가장 빨리 끝내는 길이 된다. 가장 빠른 길은 돌아가는 듯이 보인다.

생사는 중대사요, 그 가운데의 인생사는 상대적으로 가벼운 일이다. 생사가 유유하게 흐르며 그치지 않는 것은 업(業) 때문이 아니라 망념에 덮인 내 마음이 한없이 흘러가고 망념을 쉼없이 내는 실체를 그대로 두고 있기 때문이다. 생사의 자유는 망념을 완전히 그친 후 마음의 자유를 얻은 후라야 자연스럽게 주어지 그 전에는 길따라 바람따라 마냥 흘러갈 수 밖에 없다. 인생의 온갖 문제는 망념에 의해 생겨나므로 호오심(好惡心)이라는 또 하나의 분별망념으로는 인생문제가 해결되지 못하고 더욱 꼬이며 생사만 가중되니 진여(眞如)로 다가가서 망념을 항복받아야 되는 법이다. 인생사에 매달려 있으면 생사는 더욱 더 나 자신을 구속하게 되니 집착을 경계해야 된다. 반면 인생사를 소홀히 해도 마찬가지다. 특히 남과 비교하며 사는 것은 인생사를 극단적으로 소홀하게 대하는 것이 되니 스스로 지옥을 부르게 된다. 인생의 일과 무관하게 오로지 불변의 밝음을 지켜 그 마음이 중도(中道)에 들어야만 되는 법이다. 중도는 생사는 물론 일체로부터의 영원한 대자유(大自由)이기 때문이다.

44. 自從頓悟了無生 於諸榮辱何憂喜
자종돈오료무생 어제영욕하우희

단박에 깨쳐 남이 없음을 요달하고나서부터는

모든 영욕에 어찌 근심하고 기뻐하랴

무념(無念)이니 무생(無生)이다. 인연으로 인하여 일어난 염(念), 분별심으로 양변에 머물러 생겨난 염(念)을 통틀어 망념(妄念)이라고 칭한다. 그러므로 망념은 옳고 그름, 좋고 싫음, 착하고 나쁨 등과 일체 관계가 없다. 수많은 망념을 가지니 잡념(雜念)이다. 잡념이 곧 번뇌망상이다. 운명도 이 염(念)덩어리의 일부분일 뿐이다. 그리고 전생의 모든 염(念)까지 포함하여 망념과 잡념을 일체 소멸시켜 개별적인 염(念)이 영원토록 전혀 생겨나지 않는 마음자리가 무념(無念)이다. 이것은 운명의 소멸이자 나를 지배하던 보이지 않는 힘으로부터의 영원한 해방을 뜻하기도 한다. 당연히 태어날 건덕지가 없게 된 것이니 〈없는 나〉가 드러난다. 일시무시일(一始無始一)인지라, 무념에서 자비의 일념(一念)이 나오니 곧 무념으로서의 일념이다. 일념즉시무량겁(一念卽是無量劫)인지라, 일념(一念)이 곧 무념이고 무념이 곧 일념이다. 이것이 바로 정념(正念)이다. 그리고 일즉일체다즉일(一卽一切多卽一)이니 일념은 곧 일체념(一切念)이니 나의 염(念)이 곧 일체생명의 염(念)이다. 동시에 일체념이 곧 일념이니 일체생명의 염(念)이 곧 나의 염(念)이 되어

118

둘이 아닌 자리에 있게 된다. 자연스럽게 일체념이 곧 무념이 되니 비로소 〈없는 나〉가 무위로 움직이게 되니 내가 여의주를 가졌다. 무념이니 남(生)이 없고 남이 없으니 나지 않음(不生)도 없고 당연히 항상 나고 동시에 항상 나지 않으니 자연히 불생불멸(不生不滅)이다. 이후 가지게 되는 일체의 염(念)은 진여(眞如)로서의 염(念)이니 곧 진념(眞念)이다. 또한 공(空)으로서의 염(念)이니 곧 무위(無爲)가 되어 공념(空念)이다. 비로소 도(道)에 합치되는 염(念)이니 도념(道念)이다. 망념과 잡념의 소멸이 곧 인연의 굴레로부터 벗어나게 되니 곧 자유와 해탈이다. 한 마음도 나지 않으니 무념은 곧 열반(涅槃)이다. 여기서 자비심이 드러나니 곧 일념(一念)인지라, 일념이 곧 정념이고 정념이 곧 무념이고 무념이 곧 일체염이고 일체염이 곧 일념이니 염(念)의 얻음과 운용과 소멸이 원(圓)을 이루어 비로소 나 자신이 염(念)으로부터 원만한 존재가 되며 대도(大道)를 따라 우주를 굴린다.

참된 염(念)은 분별취사심이 완전히 소멸되어 주체적으로 가지게 되어 운용하는 염(念)으로서 항상 신불(神佛)들과 만나고 함께 하는 염(念)이니 이루지 못할 바가 없고 두루하지 않는 곳이 없게 된다. 무념이자 공념(空念)에서 나오는 자리이타와 중생제도의 일념(一念)을 불변으로 뭉치니 비로소 금강심(金剛心)인지라, 이 염(念)을 무너뜨릴 자는 천상천하에 없게 된다. 망념을 가지면 고통이 멈출 날이 없게 된다. 내 존재가 뭉쳐진 염(念)의 상대(객체)가 되므로 잡념이 나를 끌고 다니기 때문에 주체성을 소멸하고 곧 항상 업을 짓는 존재로 끝난다. 인연은 염(念)이 생(生)을 넘어 이어지므로 생기는 만남과 헤어짐의 현상이다. 망념을 소멸시키는 것이 곧 진념(眞念)이니 진념을 따로 갖는 바가 아니다. 여기서 영혼의식을 이루고 있는 숙세의 염(念)을 소멸시키는 것은 자기가 금생의 노력으로는 불가능하니 진언으로 신(神)의 힘을 빌어 비로소 소멸시킨다.

진여로서의 염(念)이든 욕망으로서의 염(念)이든 능력과 운명과 인연을 잘 살펴서 욕심이 되지 않도록 해서 바르게 가진 염(念)을 주체적으로 잘 운용하는 것이 곧 바람직한 인생길인데, 음양(陰陽)의 모순으로 존재하는 세계와 〈나〉인지라, 염(念)을 가지는 순간부터 항상 나의 염(念)을 무너뜨리려는 힘이 작용하게 되니 곧 마(魔)다. 그러므로 염(念)덩어리를 내밀지도 말고 흩어지게 하지도 말고 마음 깊숙이 품고 가늘지만 아주 높은 강도로 염(念)을 풀어 면면이 이어나가야 한다. 염(念)덩어리의 실꾸러미가 모두 풀린 그 때 비로소 그 염(念)이 원만하게 성취된다. 염(念)은 영력(靈力)의 한계로 한 생(生)을 이어가기도 힘드니 생(生)을 넘어 이어가려고 할 때는 반드시 신(神)의 도움이 있어야만 한다. 좋은 인연은 염(念)이 소멸되지 않도록 여래가 지키고 있다가 절대적인 시기에 다시 끄집어내 만남을 이루게 해준다. 특히 불도(佛道)를 가는 이에게는 반드시 요구된다. 그래서 여래(如來)가 마음을 항복받는 진념(眞念)과 자리이타를 행하는 선념(善念)과 부처님을 향한 미념(美念)을 세세생생 잘 지켜주시니 선호념(善護念)이다. 나아가 신(神)을 통해 나 자신에게서 그리고 타인과의 사이에서 그 염(念)들을 잘 불러일으켜주시고 서로 서로 이루어지도록 하시니 선부촉(善咐囑)이다. 이렇게 부처님은 미묘하게 나와 타인에게 항상 영원히 이어지고 있으니 누구나 본래 보살(菩薩)이고 또 보살이 됨을 알 수 있다. 그러므로 부처님을 생각하면 내 마음을 따로 가질 필요가 없게 되는 것이니 망념이 저절로 쪼그라들고 고성염불(高聲念佛)하니 내 온몸이 곧 도(道)를 가는 마음이 된다. 집념(執念)은 염(念)을 모아 뭉치는 것이고 동시에 자기의 뭉친 염(念)에 대한 집착이기도 하니 집념은 가지되 좋고 나쁜 내용을 떠나 스스로 늘 경계해야 된다. 자칫 내가 가진 염(念)에 내가 지배당하기 때문이다. 인연과 상대성에 매인 망념(妄念)이 주된 것이 중생인지라, 실수로 잘못 뭉쳐지고 집착하여 내가 지배당하면 그대로 마음의 병(病)이 된다.

염(念)을 잘 얻고 잘 운용하다가 때가 되면 염(念)을 소멸시켜야 한다. 그대로 두면 영혼 속에 새겨져 인연따라 내가 가는 곳마다 내생과 후손에 이어지며 큰 짐이 된다. 미련없이 단번에 몽땅 버려져야 한다. 그리고는 그 염(念)을 가진 것을 참회해야 된다. 그래야 염(念)을 가지기 이전의 내 자신으로 돌아와 여전히 깨끗하게 된다. 참회는 염(念)을 가지기 이전의 마음자리 그대로 돌아가는 것이니 곧 회개(悔改)가 된다. 참회하지 않고 염(念)을 버리고 비우면 반드시 찌꺼기가 남아 미래의 장애를 만들게 된다. 부처님은 그 참회를 받아주심으로써 비로소 염(念)이 남긴 죄와 마음까지 없애주니 무념이 되므로 참회는 곧 성불도로 가는 것이다.

염(念)을 잘 얻고 잘 운용하다가 잘 소멸시켜 마침내 무념이 되니 곧 무생인지라, 원만한 깨달음을 얻어 생겨남과 사라짐이 없는 불생불멸의 존재가 되어 이 세상의 모든 일들은 나 자신과는 아무런 관계가 없어진다. 즉, 이 세상 일은 이 세상 사람의 몫이고 할 바인 것이다. 부귀영화도 이 세상 사람의 일이고 욕을 들어먹고 치욕을 당하는 것도 이 세상

사람의 일일 뿐인 것이다. 나 자신은 드디어 일체 일을 마치고 이 세계로부터 은퇴했기 때문이다. 퇴직금은 영원히 마음대로 먹고 살 수 있도록 주어지니 곧 한국은행이 된다. 마음이 공적(空寂)하니 부귀영화에 기뻐할 이유도 없고 치욕스러운 일을 근심할 바도 없게 되는 것이다. 물론 선지식이 어찌 치욕스러운 일을 하겠냐마는 세상 사람들이 오해해서 깔보고 비난하고 해치는 것을 말한다. 영예를 알면서도 욕됨을 지키고 밝음을 알면서도 어둠을 지킨다고 했듯이 하늘 아래 일체를 품는 큰 덕을 늘 지키게 되어 도(道)를 잇게 된다.

도가 점점 높아질수록 실제로 이렇게 되어간다. 주위 환경이 자기에게 던져주는 모든 일체의 것들에 마음이 지배를 받지 않고 아랑곳하지 않으며 오로지 바름(正)만 지킬 뿐이다. 그래야 자유를 갖게 되지, 만일 마음이 조금이라도 거기에 매여버린다면 자유를 상실하고 다시 세간의 구심력에 끌려들어가 타락하고 만다. 그러므로 성불하기 직전까지는 잠시라도 자기마음에 속아넘어가지 않도록 항상 깨어 있어야 한다. 영욕에 기뻐하고 근심하는 실체는 여전히 있기 때문에 언제라도 잠재되어 있는 욕망이 화산처럼 폭발할 수 있으니까 마음이 조금 닦였다고 방심하지 않아야 한다. 그리고 모든 영욕에 마음이 벗어나 있어야 중생구제를 할 자격이 있게 된다.

45. 入深山住蘭若 岑崟幽邃長松下

입심산주란야 잠음유수장송하

깊은 산에 들어가 고요한 것에 머무르니

높은 산 그윽하여 낙락장송 아래로다

돈오하여 불생불멸(不生不滅)의 존재가 되어 영욕에 대한 기쁨과 근심이 사라졌으니 깊은 산중에 들어가 토굴생활을 하기도 한다. 이것은 세속이 싫어서도 아니고 자기를 자랑하는 것도 아니고 고요함 등의 그 무엇을 얻으려는 것도 아니고 어떤 대의명분을 위한 것도 아니며 일체 무위(無爲)를 행하니 세간이나 출세간의 욕망 속에 근본적으로 자기 자신을 빠뜨리지 않으니 산(山)에 마음이 물들어 붙잡혀 있는 것은 아니다. 산 정상은 특히 천기와 지기가 교류하는 접점(接點)이 되니 산은 본래 신(神)을 향하며 산신을 비롯한 많은 신을 만나는 자리다. 모세는 시나이산의 산신에게서 십계명을 받기도 했다. 돈오한 후에는 깊고 높은 산 속에서 산신 등과 더불어 얼음이 없이 평등하게 지내며 천지인(天地人)과 삼라만상의 일기(一氣)를 눈으로 직접 확인하고 누린다.

깨달은 후 깊은 산 속에서 홀로 보임(保任)하기도 한다. 보임은 애써 처음으로 찾은 자기의 자성(自性)을 잘 유지하고 지킨다는 의미가 아니다. 깨달은 뒤의 보임은 어떤 공을 더 들인다거나 더 배운다거나 노력을 더 하는 것이 없다. 보임은 몸에 아직 남아 있는 공부한 겉과 끝의 미세 흔적조차 스스로 사라지게 하여 지극히 평범하고 자연스러운 존재가 되는 과정으로서 그야말로 무위 상태의 한가한 시간을 가지는 것이다.

이것은 비로소 자기가 생겨나기 이전의 본래 바른 몸으로 신불(神佛)과 교류하며 신령세계도 두루 살피고 일체를 재조정 또는 재조명하는 것이기도 하다. 그러면서 몸의 순리를 따르니 타고난 운명에 따른 마땅한 시절을 보낸다. 자기가 깨닫거나 공부했다는 것이 인간은 물론 귀신의 눈에도 들키지 않고 그 누구도 자기를 볼 수 없으며 알 수 없도록 되어야 본래부터 깨달아 있는 온전한 부처가 된다. 자성(自性)은 부동(不動)이라서 불견(不見)이기 때문이다.

46. 優遊靜坐野僧家 閴寂安居實蕭灑
우유정좌야승가 격적안거실소쇄
한가히 노닐며 조용히 앉았으니 고요한 안거 참으로 소쇄하도다

앞에서는 깊은 산중에 사는 것을 말하고 여기서는 여기저기 돌아다니며 사는 것을 말한다. 도시 한복판에 살기도 하고 들판에 살기도 하고 길에서도 살고 절에서도 살고 여기저기 가고 오며 자유자재하게 사는 것이다. 그러나 몸은 어디에 있으나 어디를 가나 한가하나 분주하나 마음은 비어 광명을 발하고 있으므로 항상 한가하고 조용하며 여여부동(如如不動)은 불변이니 안거(安居)라고 한다. 당연히 기상이 맑고 깨끗하며 시원할 수밖에 없다. 그래서 장소에 따라 마음이 다르거나 주체성을 상실하는 법이 없다. 언제 어디서나 그 자리의 주인공이다. 더구나 그 자리에 머물거나 떠나거나 자기의 마음을 한 점도 따로 남기지 않는다. 그래서 그 자리에 머문 흔적이 없게 된다. 원효대사(元曉大師)는 부처의 지위에서 내려와 속인의 모습으로 왕실부터 슬럼가와 저자거리에 이르기까지 구석구석 다니면서 온갖 오해와 수모를 받는 속에서도 속(俗) 내에서의 차별과 경계마저 깨부수어주었다. 무불불이(巫佛不二)와 성속불이(聖俗不二)와 하화중생(下化衆生)을 몸소 행(行)으로 실천하며 절대평등으로 화쟁(和諍)을 이루었으니 중국조사들은 대행(大行)의 차원에서 해동성인(海東聖人)인 원효대사나 지장보살의 화신으로 추앙받는 신라왕자 김교각 스님에 감히 비할 수 없다.

수행자를 운수납자(雲水衲子)라고 하지만 막연히 여기저기 떠돌면 안된다. 수행하는 자리는 나 자신과 그 터의 기운을 잘 살펴 선택해야 한다. 몸과 정신과 영혼에 미치는 터의 영향력은 지대하기 때문이다. 음기가 지나치게 강한 터는 오래 머물면 수행자를 미치게 만들기도 한다. 크고 높은 바위산은 그 힘이 엄청나게 강해 거주자에게 살기(殺氣)가 되는데, 그 살기조차 내 힘으로 삼아 고행인욕을 이루어가고 내 망심을 없애고자 함이다. 일반인에게는 산이 기상이 있고 능선이 아름답게 보이는 자리가 더욱 좋다.

해탈한 이는 명당과 흉지(凶地)를 있는 그대로 보고 아니 오히려 좋은 자리에 마음이 머물지 않는다. 그리고 내면에 천지인(天地人)이 원만하게 갖추어져 있는지라 근본적으로 하늘을 통해 터를 보고 또 생명을 통해 터를 보며 터를 통해 하늘과 생명을 보니 터를 존중하여 이기적으로 이용하지 않는다. 터마다 그 성격에 맞게 도(道)에 따라 용(用)을 하여 모든 터를 이롭게 하니 곧 땅에 퍼져 있는 일체생명에게 두루 이롭

게 되는 것이고 이는 곧 신(神)을 터를 통해 드러내는 것이다. 일체생명
은 그 신(神)을 통해 하늘과 땅과 자기 자신을 보게 되니 이로써 도(道)
가 원만하고 아름답게 드러난다.

명당이 과연 분별소득심(分別所得心)을 가진 내 눈에 보일까? 명당
을 간절히 얻기 바라고 땅에 대해 주관대로 요리조리 따지며 강한 차별
심을 가진 풍수가의 안목에 보이는 명당은 절대로 바라는 만큼의 명당
이 아니고 부분적이거나 껍데기에 지나지 않는다. 이런 사람은 명당을
관장하는 산신(山神)에게 기도해도 산신이 명당을 주지 않는다. 땅은
하늘과 인간과 하나로 되어 있으니 참된 명당은 오로지 명당에 집착하
지 않고 명당과 흉지의 분별심이 사라진 그 마음자리에 저절로 비치게
된다. 이것은 명당을 낳은 도(道)와 마음이 합치되어 자연스럽게 눈에
들어오게 되는 것이니 이는 곧 법(法)이라 어김이 없다. 명당은 근본적
으로 마음을 고요하게 해서 복을 주지만 명당에 집착하는 순간 도(道)
와 어긋나 마음이 산란해져 스스로 명당을 어기니 복을 받지 못한다. 그
러므로 평소 분별집착심이 강한 사람은 용케 명당에 살아도 평생동안
명당과 진정한 인연이 없게 된다. 큰 명당은 마음 안팎의 경계를 크게
없앤 사람에게만 반드시 주어지게 되어 있다. 도(道)를 통해 얻지 않는
것은 얼마가지 않아 허무하게 되니 막연한 욕심의 최종결과는 비명소
리가 된다. 조상령(祖上靈)은 반드시 명당에 묻히기를 바라지 않고 그
저 후손들과 땅이라도 통해서 조상의 힘과 복(福)이 이어지도록 마음이
라도 소통될 수 있는 그런 조용한 자리 하나 정도 바라고 있음도 알아야
한다. 그러므로 복을 받기 위해 조상을 천도시키고 명당자리 쓴다고 반
드시 기대하는 복이 오지 않는다. 오로지 근본적으로 그 마음이 천지자

연의 대도(大道) 차원에서 조상령들과 잘 이어져야 원만하게 되는 법이다. 그 마음 가운데 하나가 지극한 효심(孝心)이다.

경건한 터와 번잡한 터의 혜택은 근본적으로는 내 마음과 영혼의 존재상태에 따라 결정된다. 아무리 좋은 자리에 오래 머물러 있어도 마음이 여기 저기 왔다 갔다 하는 수행자에게는 좋은 터가 큰 의미가 없게 된다. 마음이 고요한 사람은 좋은 자리의 덕을 크게 입는다. 마음을 고요하게 만드는 터에 머물고 있다면 더욱 정진해야만 자기도 모르게 고요함에 매이고 나태해지는 것을 예방할 수 있다. 명당(明堂)은 반드시 청정한 마음으로 살아야 그 덕을 크게 입는다. 그리고 명당에 살면 반드시 타인에게 늘 양보하면서 넉넉한 마음을 발휘하고 살아야만 명당이 복(福)을 끌어다준다. 명당에 살아도 집착하거나 이기적으로 살면 명당도 끝내 살기(殺氣)를 뿜게 되니 흉지가 되고 만다. 순리에 따라 명당도 타인에게 양보하는 큰마음을 가지면 더 큰 명당이 주어진다. 그 명당은 바로 안으로는 밝아진 마음자리요, 밖으로는 사람들이 만들어주는 명당이니 곧 천지자연의 신(神)이 감응하게 된다. 만년(萬年) 명당은 천지자연의 도(道)가 만들지만 백년(百年) 명당은 인간이 만든다.

47. 覺卽了不施功　一切有爲法不同

각즉료불시공 일체유위법부동

깨친 즉 마친 것이요 공 베풀지 않나니

모든 유위법과 같지 않도다

인간세상의 일을 영원히 마치고 뭔가 해야 되는 굴레를 근본적으로 벗어나는 것은 곧 나 자신이 진정으로 불변(不變)의 존재가 되는 것이다. 그 때 상락아정(常樂我淨)이요, 그 무엇에도 걸림이 없는 자유혼(自由魂)이 된다. 그러려면 영원히 해탈열반을 이루고 있는 나 자신을 드러내도록 도(道)를 깨치는 것 외엔 다른 방도란 일체 없다. 고통이 영원히 끝날 것이라는 믿음을 가지고 종교를 찾아봐야 진정으로 마치지 못한다. 종교라는 형식에 걸려들어 신앙하는 내 자신이 또 하나 생겨나 망념과 수고로움과 복잡함만 더해질 뿐이다. 종교 속에서 참회가 아니라 만족을 구하기 때문이다.

깨달으면 더 이상 공을 베풀지 않는다. 해야 할 일도 없고 얻으려고 애쓰지 않아도 되니 굳이 인연을 맺을 필요가 없게 되어 나 자신에게나 타인에게나 더 이상 요구할 것도 없고 그럴 필요가 없다. 이른 바 무소유(無所有)가 완성된 것이다. 구하는 마음이 더 이상 생기지 않으니 남이 없어 곧 무생(無生)이고 움직임이 더 이상 없게 되니 곧 부동(不動)인지라 인연으로부터 해방되어 독존(獨存)이다. 또한 나 자신을 더 향상시키려는 것도 필요없게 되니 일체의 행(行)이 완벽하게 자연스럽게 되어 무위(無爲)다. 아무리 위대한 것이라도 개별적인 마음이 있는 상태에서의 행(行)이면 법에 걸려 업과 인과를 이루는 유위법이 되고 마니 삶과 죽음을 반복하여 어쩔 수 없이 여전히 공을 들일 수밖에 없게 되어 깨친 것에 전혀 필적하지 못한다. 깨달으면 피곤함이 진정코 끝나는 것이다. 존재하되 존재하지 않는 것이고 존재하지 않되 존재하는 것이다.

48. 住相布施生天福　猶如仰箭射虛空

주상보시생천복 유여앙전사허공

모양에 머무는 보시는 하늘에 나는 복이나

마치 허공에 화살을 쏘는 것과 같도다

　타인에 대한 보시는 당연한 일이고 자연스러운 일이고 은밀한 일이다. 그러므로 더 없이 아름답지만 특별할 것도 없고 드러낼 것도 없으며 마음에 남을 것도 없다. 그래서 아름다움이 사라지지 않고 영원하게 되니 나 자신도 그렇게 된다. 보시의 진실은 내가 나 자신에게 보시를 하는 것이고 그 공덕을 나 자신에게 주는 것이라서 그렇다. 그러므로 보시하는 나 자신과 보시물과 보시대상자의 경계를 벗어나 대우주 차원에서의 존엄성과 품격높은 주체성을 스스로 세우게 되는 것이다. 인연의 의존으로부터 독립되기 때문이다.

　보시의 공덕이 오는 경로는 여러 가지가 된다. 하늘(神)과 조상이 주기도 하고 덕본 상대방이 주기도 하고 생기(生氣)가 생겨나 복을 저절로 끌어당기는 것도 있으며 보시의 습관이 복에 복을 부르기도 한다. 공덕의 내용물은 인연(人緣)과 우연한 기회와 자리(위치)를 통해 오게 된다. 이 모두는 대도(大道)의 선물로 근본적으로 법(法)과 마음에 따라 공덕의 크기와 받는 시기가 결정된다.

무주상보시는 망념이 아니라 진여(眞如)에 의해 이루어지는 선행(善行)이니 보시하는 마음까지 상대에게 내줘버리므로 나는 텅 비어 곧 그 복덕이 불가사량(不可思量)이다. 이는 곧 여래장(如來藏)을 드러내는 것이기 때문이다. 본래 족(足)함을 모르는 망념에 의한 보시는 법에 의해 복덕이 한정된다. 착한 행(行)이 망념에 의하면 복은 받으나 망념은 더욱 두터워지게 되니 곧 사(邪)라, 지혜를 가리고 분별심이 강해져 구속은 오히려 심해진다. 그러므로 모양에 머무는 보시는 애씀이 있어 나 자신을 피곤하게 만들고 부자유스럽지만 무주상보시는 조금도 힘들지 않고 편안하며 자유롭다. 당연히 모양에 머무는 보시는 대우주의 법(法)이 상응하여 천상의 복(福)을 누리고 무주상보시는 대우주의 공(空)이 상응하여 자성(自性)의 광명을 누린다. 그래서 똑같은 보시로도 부처와 중생의 경계가 갈라지게 된다. 모양에 머무는 보시는 선(善)이지만 무극상 보시는 정(正)이기 때문이다. 그런데 무주상보시를 해야겠다고 마음먹고 하는 것은 모양에 머무는 보시가 되고 만다. 무주상(無住相)이란 보시를 한다거나 또는 하지 않는다는 양변에 매이지 않는 의식이다. 공덕을 짓고 쌓으려고 하는 것은 곧 공덕을 거스르는 것이 되니 보시라는 용어를 잊어버리고 그냥 열심히 보시하면 된다.

49. 勢力盡箭還墜 招得來生不如意

세력진전환추 초득래생불여의

세력이 다하면 화살은 다시 떨어지나니

내생에 뜻과 같지 않은 과보를 부르리로다

화살은 바로 모양에 머무는 보시를, 허공은 복과 복을 받는 내 마음을, 허공에 화살이 머무는 동안은 복을 받는 기간을, 세력이란 복의 양을, 다시 떨어진다 함은 복이 다함을 의미한다. 모양에 머무는 보시는 복을 누리는 기간이 한정되어 있는데, 그 이유는 자기존재가 보시 전후와 별반 크게 달라지지 않고 보시의 공덕은 망념이 지은 경계로 인해 다함이 있기 때문이다. 착한 일과 더불어 내면을 공(空)으로 채우면서 힘과 지혜를 키우는 노력을 병행해야 되는 법이다.

복을 얻으려면 화살을 쏴야 하니 지금 힘들고 화살이 포물선 꼭지점을 그리며 하강할 때는 누리고 있던 것들이 점차 변하며 줄어든다. 그리고 땅에 떨어진 이후 내가 쏜 화살이니 결국은 내가 다시 거두어들이게 되어 있다. 누리던 복이 남겨주는 모든 찌꺼기를 감당해야만 하는 것이다. 그러므로 복이 다한 후의 절벽을 감당할 용기를 갖고 있지 않다면 복을 누리는 것에 신중해야만 한다. 더구나 복을 혼자만 누리는 것은 도(道)에 어긋난 것이 된다. 왜냐하면 복은 타인으로부터 오는 것이기 때문이고 우리 모두 모여서 창출하는 가치이기 때문이다. 그리고 복진타락(福盡墮落) 후에는 절벽에서 끌어올려줄 귀인을 없도록 만들기 때문에 복이 다한 후 힘든 상태를 오랫동안 이어가게 되는 것이니 어리석음이다. 그러므로 부자일수록 복이 이어지도록 보시를 바르게 늘 해야 되는 법이다.

무엇보다도 내생에 뜻과 같지 않은 과보가 주어진다고 하니 이것이 가장 문제다. 화살이 허공에 있을 때 그것을 즐기느라 자기존재는 정작 퇴보한다. 고행인욕이 없으니 힘이 퇴보하고 덕이 줄어들고 지혜가 정체되니 단순히 모양에 따라 복을 누리는 보시는 대우주 차원에서 보면 큰 위험과 독(毒)을 가지고 있는 것이다. 복을 받아 누리며 정작 자기존재가 온실 속의 화초처럼 약해져 그 후에는 희망과 달리 이런저런 고생을 겪는다. 그래서 출격장부(出格丈夫)는 보시로 주어지는 복조차 몽땅 보시해버린다. 한마디로 복을 부지런히 짓되, 부처가 될 때까지는 그 공덕을 누릴 생각은 눈꼽만치도 하지 말라는 것이다. 단순히 공덕을 짓고 누리는 것은 선(善)이지만 정(正)에는 어긋나므로 여기서 사(邪)가 파생되니 호사다마(好事多魔)가 되고 만다. 정(正)은 반드시 존재의 변화까지 선(善)에 뒤따라 이루어지는 것이기도 하다. 〈나〉와 〈복〉이라는 주객(主客)의 분별에 머무르지 않는 것이다. 이것이 곧 덕(德)이고 원만하다고 하니 이렇게 이루어지는 복은 다른 복을 감소시키거나 화(禍)를 동반하지 않고 순수하게 세세생생 이어진다.

50. 爭似無爲實相門　一超直入如來地

쟁사무위실상문 일초직입여래지

어찌 함이 없는 실상문에 한 번 뛰어

여래지에 바로 들어감과 같으리오

보시로 인한 진정한 복력(福力)의 혜택을 가장 크게 얻는 것은 복을 누리는 것이 아니라 복의 힘을 세속적 행복으로만 전부 바꾸지 말고 내가 향상일로(向上一路)를 가는 데 있어서 큰 덕이 되도록 지혜롭게 활용하는 것이다. 복이 없는 사람은 복력이 약해 목적지까지 가는데 기름이 중도에 떨어진 차와 같은 신세가 된다. 그래서 대선사들이 복을 짓는데 전념하지는 말되 복은 지어야 한다는, 어찌보면 이율배반적인 가르침을 주는 것이다. 복 자체가 어떻다기보다는 복을 잘 활용하는 지혜도 복과 함께 동시에 키워가야 하겠다.

무위(無爲)가 곧 실상(實相)이니 이른바 망심이 사라진 자연스러운 행(行)이다. 그러므로 여기서 여래의 지위를 단번에 얻게 되는 법이다. 여래지에 들어가고 난 뒤에 다시 스스로 생(生)을 취하니 곧 중생과 평등하여 상(相)과 비상(非相)에 걸쳐 진정한 여래가 된다. 무주상보시로 육도만행을 통해 무위실상문으로 들어가려면 반드시 두 가지가 더 갖추어져야 한다. 하나는 무주상보시로 얻게 되는 일체의 복덕을 대우주로 회향(回向)해야 된다. 다른 하나는 반드시 참회(懺悔)해야 한다. 즉, 무주상보시로 복덕을 얻는 자기실체를 진정한 참회를 통해 대우주를 향해 럭비공처럼 던져버려야 된다는 것이다. 그러면 복도 자기 자신도 남지 않게 되고 일체공(一切空)이 되는 것이다. 복이든 살(煞)이든 그 무엇이든 품고 가면 무겁고 짐만 된다. 영혼 속에 색성향미촉법을 잔뜩 품고 수행하면 몸이 너무 무거워서 중력에 의해 하늘로 올라가지 못하게 된다.

무주상보시가 참회와 회향과 같이 동반되면 시간은 다소 걸리고 고달프지만 결국은 무위실상문에 들어가게 되는데, 이미 그 문 속에 들어가 있는 선사(禪師)들은 이렇게 하는 것이 별로 마음에 들지는 않아한다. 왜냐하면 우선 시간도 많이 걸린다. 또 하나는 그 많은 고생을 과연

꿋꿋하게 모두 제대로 감당하면서 무위실상문까지 도달할 수 있을까 하는 의문 때문이다. 아직 지혜와 법에 온전히 깨어나지 못한지라 보시나 참회나 회향이나 아무래도 부족한 면이 생길 가능성이 큰 것은 사실이다. 그래서 선(禪)에서는 일초직입으로 무위해탈문인 여래지로 들어가도록 안내하고 있는 중이다. 한 번 뛰어 여래지에 들어간다는 표현은 참 멋있지만 실제로는 한 번 뛰어 들어갈만큼 힘이 엄청나야 한다는 데 관건이 있다.

51. 但得本莫愁末 如淨琉璃含寶月

단득본막수말 여정유리함보월

근본만 얻을 뿐 끝은 근심치 말지니

마치 깨끗한 유리가 보배달을 머금음과 같도다

무아(無我)란 내가 더 이상 빛과 어둠의 경계 내지 장벽이 되지 않는 상태일 때의 〈나〉로서 내가 내면의 대광명(大光明)을 가두는 장벽이 되고 밖의 대광명(大光明)에게는 경계를 짓고 튕겨내고 있는 아상(我相), 즉 망심이 소멸된 〈나〉다. 아상으로서 존재하고 있으니 나를 인식할 때 항상 어둠과 그늘이 느껴지게 된다. 무위실상문의 여래지는 바로 이런 상이 사라져 안팎이 대광명으로 환하게 밝아지고 빛을 발하고 빛을 그대로 받아들일 때의 마음자리인 것이다. 이것을 능엄경(楞嚴經)에서 '깨끗한 유리가 보배달을 머금었다'고 표현했다.

안팎의 대광명을 가로막고 있는 나 자신이 장벽이자 경계가 되는 것인데, 이것을 단 한 번에 뛰어넘어야 된다. 자기를 크게 죽이고 다시 크게 살아나야 한다. 다시 크게 살아날 때는 안팎이 대광명만 여여명명(如如明明)한 존재상태다. 그 장벽의 정체는 애욕을 뿌리로 삼고 있는 일체의 욕망덩어리이고 이로부터 달콤한 열매를 늘 기대하고 있는 희망이기도 하다. 욕망은 분별에 따른 소득심(所得心)으로서 이것은 양단을 나누어 별개로 보고 항상 취사하는 마음 때문에 생기는 것이다.

깨달음을 얻어 성불한다는 것은 그늘을 만들고 있는 나 자신을 처리해나가는 최종결과다. 그러니 어디 다른 데서 부처나 도(道)를 구하거나 지금의 나를 제쳐두고 따로 내가 상상하는 부처가 되고자 하는 생각 자체가 외도(外道) 내지 사도(邪道)가 된다. 이렇게 자기라는 장벽을 쉼 없이 부숴가면 되는 것이 바로 근본이고 근본만 제대로 해나가면 그 최종결과나 나머지에 대해서는 이런저런 걱정을 할 필요가 없다. 자기라는 모든 장벽이 허물어지고 나면 더 이상 내면의 소리가 없어지므로 고요하고 또 고요하며 밝고 또 밝다.

52. 旣能解此如意珠 自利利他終不竭
기능해차여의주 자리이타종불갈
이미 이 여의주를 알았으니 나와 남을 이롭게 하여 다함이 없노라

여의주를 알았다는 것은 나(我)라는 망심의 장벽이 사라져 대광명이 안팎으로 통하여 그 어느 것에도 걸림이 없는 자유자재한 상태가 된 것이고 여기에 무한한 능력을 드러냈다는 사실을 의미한다. 내가 있고 여의주를 얻은 것이 아니라 내 존재 자체가 본래 여의주다. 또한 여의주를 본 것뿐만 아니라 그것을 자유자재로 활용할 수 있는 힘과 지혜와 자비와 복덕이 완성되어 있다. 이제 알았으니 밖으로 무엇을 얻으려는 마음이 근원적으로 사라지는 것은 물론 오히려 남을 위하여 여의주를 굴릴 수 있게 되고 그런 무위행이 미래겁이 다하도록 다함이 없다. 다함이 없다는 의미는 더 이상 내가 밖으로부터 동력과 에너지를 구하지 않아도 되는 상태라는 뜻이니 스스로 일체를 구족한 신령(神靈)이라는 것이다. 그러니 영원히 자리이타를 행할 수 있게 된다.

이미 여의주를 얻은 사람이므로 이익을 얻을 자기가 이미 없다는데 왜 자리(自利)를 말하는가? 이것은 인위적으로 나 자신을 이롭게 한다는 의미에서의 자리가 아니다. 무위실상문—해탈문—에 들어가 여래지에 앉은 이는 이미 안팎의 분별과 경계가 사라졌으므로 남도 없고 가깝거나 먼 사람도 없다. 불이(不二)니 남을 위하는 것 자체가 저절로 나에게 이롭게 되는 것이니 이런 의미에서의 자리이타이다. 보살은 불수복덕(不受福德)이라고 했다. 남을 구제하면서 그로부터 복덕을 받을 생각을 할 필요가 없는 존재가 곧 보살이다. 일체가 나로부터 나와 인연따라 자유롭게 흘러다니다가 나에게로 다시 저절로 돌아오니 곧 도(道)가 행해지는 것이며 자연(自然) 그대로다. 나와 남을 아직 분별하는 차원에서 볼 때 내가 필요해서 하면 곧 중생의 일이 되고 나는 중생이며 상대가 필요해서 하면 곧 보살의 일이 되고 나는 보살이다. 중생은 마음이 따로 있으므로 원하든 원하지 않든간에 법의 움직임에 의해 무조건 따로 복덕을 얻게 된다.

53. 江月照松風吹　永夜淸宵何所爲

강월조송풍취 영야청소하소위

강에는 달 비치고 소나무에는 바람이 부니

긴긴 밤 맑은 하늘 무슨 하릴 있을건가

　도(道)의 세계에서 자연(自然)이라고 하면 물리적인 자연 뿐만 아니라 보이지 않는 자연, 즉 신령세계와 그 법(이치)까지 포함하고 있다. 중생은 자연을 접해도 내면에 쉼없는 번뇌망상들이 재잘거리므로 마음이 없어지기는커녕 별로 쉬어지지도 않는다. 나 자신과 자연을 주관과 객관으로 나누어놓는 안목과 습성으로 인해, 있는 그대로의 자연은 물론 나 자신도 온전하게 즐길 수 없게 된다.

　자타불이(自他不二)를 증득한 조사들은 많은 경우 자연의 풍광을 읊는데, 이것은 단순히 시인처럼 아름다운 경치를 감상적으로 표현하는 것이 아니라 자기모습을 그대로 드러내는 데 쓰이는 묘사다. 자연에 밝은 마음이 두루 차 있어 개체로서 가지는 상념(想念)이 근본적으로 없다. 그러므로 자연의 풍광도 아니고 감상도 아니며 본래의 마음자리의 풍광인 본지풍광(本地風光)이다. 자연의 풍광을 가지고 표현하는 이유는 이 지구상에 무위(無爲)는 천지자연의 도(道) 외에는 없기 때문이다. 모든 생명은 자기의지를 별도로 가지고 살아가니 일체가 유위행(有爲

行)이 된다.

'비치고', '불고', '맑고' 하는 것들은 불변의 본체가 아니라 변화를
이룬다. 깨달았다고 그대로 있는 것이 아니라 이와 같이 아름다운 풍광
을 이루는 데 필요한 용(用)을 한다. 즉, 도의 본체를 갖고만 있는 것이
아니라 여의주를 굴리듯이 도를 적재적소에 쓴다. 자기존재는 천지자
연과 지극하게 조화를 이루어 더 이상 덧붙일 것도 없고 뺄 것도 없이
되어 있으며 또한 조화(원만함)가 부족한 모든 곳에 완벽한 조화를 이
루기 위해 저절로 자기 존재가 도를 알맞게 드러낸다. 한마디로 말하면
우리 중생의 부족한 곳을 잘 메꿔주는 용(用)이다. 물은 가장 낮은 곳과
비어 있는 곳을 저절로 채우듯이 도(道)는 넘치는 것은 덜어내고 모자
라는 것은 채워준다.

54. 佛性戒珠心地印　霧露雲霞體上衣
불성계주심지인 무로운하체상의
불성계주는 마음의 인이요
안개와 이슬, 구름과 노을은 몸 위의 옷이로다

계주(戒珠)는 수정주(水精珠)를 말하는데, 수정주는 더러운 물을 맑
게 하는 영묘한 구슬이다. 감로정(甘露精)이 탁해진 공기를 맑게 하듯
죄와 악을 계(戒)를 통해 스스로 자정(自淨)할 수 있는 착한 본성을 비
유한 것으로 불성(佛性)을 상징한다. 마니주나 여의주, 심주(心珠) 등과

같은 말이다.

불성계주가 마음의 인이란 뜻은 확철대오하여 마니주를 얻으면 이 불성계의 구슬은 마음 땅의 도장이라는 것이다. 마음 땅의 도장은 불성인 자성(自性)이다. 내 마음자리를 확철히 깨친 데서 마니주 대광명이 시방세계를 일체 비추어 지저분한 사바세계든 청정한 불국토든간에 불문하고 진여광명이 아님이 하나도 없게 되는 것이다. 그러므로 사바세계를 애착할 것도 없고 미워할 것이 없이 이 세계 역시 불구부정(不垢不淨) 차원에서 본래 밝은 정토(淨土)임을 볼 수 있어야 되겠다. 그러려면 내가 망심을 소멸시켜 영혼혁명을 일으켜야만 한다.

무로운하는 몸 위의 옷이라고 했는데, 대광명의 장벽을 말끔하게 없애버리고 안팎으로 걸림이 없는 존재가 몸이 따로 있고 그 몸을 걸칠 옷이 또 따로 있겠는가? 오로지 법신(法身) 또는 불성계주 하나일 뿐이다. 여기서의 몸은 법신으로서의 본체(本體)를 뜻하고 안개와 이슬, 구름, 노을은 법신에 걸쳐 있으니 법신이 때와 장소에 꼭 알맞게 입었다 벗었다 하는 옷처럼 자유자재하게 본체를 대용(大用)하는 것을 의미한다. 옷을 필요한 중생에게 주었다가 필요없게 되면 걷어갔다가 하는 정도로 생각하면 된다. 그런데 마음대로 그렇게 주었다 뺐었다 하는 것이 아니라 자연과 법을 따라 대자대비심으로 행하는 것이다. 무로운하 이들은 모두 자연스럽게 나타나고 자연스럽게 사라진다. 이렇게 하는 도(道)의 용(用)을 진여대용(眞如大用)이라고 표현한다. 우리는 진리 비슷한 것을 활용하더라도 대용이 아니라 자기 이익 기준으로의 이용(利用)에 그치고 욕망따라 하니 소용(小用)이 되고 욕망이 물거품이듯이 결국은 부작용만 일으키고 허무하게 사라지니 소용(小用)은 결국 소용 없게 되고 만다. 그래서 생로병사 등 생멸의 변화가 있게 되는 것이다. 진여대용(眞如大用)은 반드시 위없는 지혜와 신불의 위엄이 동시에 갖추어진 대자대비라야 붙일 수 있는 용(用)이다.

　무로운하는 본체의 옷이듯이 밖으로 일체만물이 진여본체, 마니주의 발현이 아닌 것이 없다. 당연히 강에 달 비치고 소나무엔 바람이 부니 삼라만상이 내 몸이고 내 마음이다. 개별적인 일체망념이 근원적으로 소멸되어버리면 이렇게 된다. 이 때 일체생명의 목숨을 내 목숨과 똑같이 대하게 된다. 많은 생명이 희생당하는 대형사고의 와중에 나 홀로 기적같이 살아났다고 해서 신(神)이 나를 도왔다는 황당한 망상이 없게 된다. 대우주신은 그런 상황에서 한 사람을 살릴 때는 모두를 같이 살려 준다.

55. 降龍鉢解虎錫 兩鈷金環鳴歷歷
항룡발해호석 양고금환명역력
용을 항복받은 발우와 범 싸움 말린 석장이요
양쪽 쇠고리는 역력히 울리는도다

　용을 항복받은 발우라는 것은 6조가 절 앞의 용소에 사는 독룡이 수풀에서 출몰하여 사람들이 놀라고 겁내므로 용의 몸을 작게 바꾸도록 유도해서 발우에 담아 법당에 데리고 가서 설법하여 몸을 벗겨 제도했다는 이야기다. 이 구절에서의 용이라는 것과 설화에서 싸우거나 해를 끼치는 용 등으로 표현되는 짐승은 용이 아니라 실제로 이무기 또는 오래묵은 뱀 등이다. 이들은 실제로 자연계의 영물(靈物)이지만 조화를 부리며 인간과 자연에 큰 피해를 끼치는 악(惡)—인간 입장에서 보면 악이고 자연의 입장에서 봐도 조화를 깨뜨리고 악심으로 생명을 해치니 악이라고 한다—에 해당된다. 크고 길다란 몸이 용 비슷하니 그냥 용으로 간주하여 용조차도 물리치는 큰스님의 위대한 법력을 내세우고자 하는 의도를 가지고 용으로 바꾸어 말하는 것이다.

범 싸움 말린 석장이란 것은 어느 스님이 길을 가다가 범 두 마리가 싸우고 있는 것을 보고 육환장으로 둘 사이를 떼어놓으며 서로 잘 지내라고 말하면서 범 대가리를 몇 번 툭툭 치니 서로 헤어져 가더라는 일화다. 수월스님이 만주에서 집채만큼 크고 무서운 동네의 개들을 혼내며 조용히 시켰다는 일화도 전해온다.

인간이 성불하면 짐승도 자유자재로 다루고 지배할 수 있다는 사실은 맞다. 왜냐하면 성불한 존재의 영력(靈力)이 월등하게 더 강하니까 그 앞에서는 아무리 힘센 짐승이라도 그 영혼이 저절로 위축된다. 또 평범한 사람이라도 '호랑이에게 물려가도 정신만 차리면 산다'는 속담이 있듯이 정신을 하나로 완전히 모으면 웬만한 짐승은 기를 못 펴고 굴복된다. 하늘에서 보면 피할 수 있는 일을 가지고 승부를 일부러 겨루어 자존심을 세우는 것은 너무나 유치한 짓이다. 그냥 서로 존중하고 사이좋게 지내면 된다. 또 피하지 못해 어쩔 수 없이 겨룬다 하더라도 안타까운 마음이 지배적일 뿐, 상대에 대한 분노나 적개심은 전혀 없다. 상대의 업장과 악심을 미워할 뿐, 상대 존재 자체는 무조건 내게 부처님이다.

발우는 걸림없이 대광명이 된 본체를 뜻한다. 발우에는 생명을 유지시켜주고 키워주는 밥을 담듯이 본체 속에는 그 어떤 존재도 담아서 큰 혜택을 누리게 하고, 독룡의 몸을 벗겨 제도하듯이 중생의 몸을 부처의 몸으로 화(化)하게 해준다는 상징으로 발우를 예로 든 것이다. 독룡의 몸이 작아졌다는 것은 대광명이라는 본체의 발우 앞에서는 이 세상에서 그보다 더 큰 존재가 있을 수 없다는 사실을 알려준다. 수미산같이 큰 몸을 갖고 있는 존재라도 발우에 쏙 들어가면 콩알만큼 작아진다.

육환장(六環杖)은 지장보살님이 들고 계시는 지팡이다. 육환장은 두 개의 걸이를 갖고 있고 한 걸이에 고리 3개씩 있다. 양쪽 걸이는 진(眞)과 속(俗), 중생과 부처 등 양변을 뜻하고, 지팡이는 이 양변을 원융무애하게 구족하고 있는 본체이기도 하다. 즉, 중도를 상징한다. 고리 6개는 6바라밀과 윤회하는 6도(度)를 상징한다. 몸을 바꾸면서 쉬지 않고 고통에 시달리는 6도를 다니면서 중생을 구제하시는 의미도 있고 또 우리가 6바라밀을 잘 실천궁행하면 중도를 성취하여 부처가 된다는 의미도 들어가 있다. 이런 양쪽 쇠고리들이 울린다는 표현은 사자후(獅子吼)를 뜻한다.

56. 不是標形虛事持 如來寶杖親蹤跡

불시표형허사지 여래보장친종적

이는 폼을 잡으려고 허사로 지님이 아니요

부처님 보배지팡이를 몸소 본받음이로다

각 종교마다 나름대로의 의상과 외형을 갖추고 있다. 그리고 모두 상징적인 의미나 실질적인 효과를 가지는 경우가 많다. 불교의 용구들은 한마디로 삼천대천세계가 각각 별개의 세계로 나뉘어 떨어져 있는 것처럼 보이지만 실제로는 원융무애하게 하나로 이어져 있음을 상시 잊지 않도록 해준다. 주로 흑과 백, 자기(주관)과 타인(객관), 속세와 극락, 중생과 부처라는 양변을 초월하고 천지자연의 대도(大道)를 온 우주에 울려퍼지게 하며 영혼을 천도시키는 데 필요한 힘을 얻고 자기영혼의 업장을 깨부수는 실제적 역할을 해준다.

육환장으로 대변되는 주장자 역시 자기 외형을 멋있게 꾸미기 위해 가지고 있는 것이 아니다. 실제로 어떤 값나가는 상징물을 갖고 있더라도 그것이 자기에게 큰 의미가 되려면 그 상징이 나에게 체화(體化)되어야만 한다. 즉, 자기의 영혼이 상징물에 들어가야 된다. 그렇지 않으면 그 상징물은 단지 자기의 장식물에 지나지 않는 객체가 되고 만다. 그럼 어떻게 되느냐? 무소유(無所有)와 무소득(無所得)이 되지 않으므로 자기의 대광명, 즉 불성이 드러나지 않는다. 그러면 그 상징물은 별 의미가 없을 뿐만 아니라 오히려 자기존재를 구속하게 되고 자유를 상실하게 된다. 이른 바 객체에 의해 주체가 소외되는 현상이니 자기존재가 왜소해지게 된다. 없는 것보다 더 못하게 된다. 여의주를 갖고 있어도 마찬가지다. 자기존재 자체가 여의주가 되지 않으면 용왕신이 여의주를 주더라도 그 여의주에 의해 자기존재가 끌려다니게 된다. 그래서 허사가 된다. 무소유에는 갖고 있는 모든 대상물의 본질적 가치를 잘 통찰하여 진정으로 잘 받아들여 내면에서 그것을 살려야 한다는 의미도 있다. 그렇게 되고 나면 그 대상물이 눈앞에서 사라져도 자기는 아무런 손실도 이득도 없이 부동(不動)이 되는 것이다. 또한 이것은 그 소유물의 가치를 극대화시켜주니까 진정으로 소유한 것이기도 하다. 그래서 무소유란 겉으로는 개별체를 소유하는 것이지만 내용적으로는 대우주를 소유하는 것과 동일한 의미다. 모든 것을 버리고 눈감아버리고 없는 듯이 무시하고 그러면 소유물의 가치를 저하시킴으로서 업장만 두터워진다. 도(道)를 잘못 이해하는 사람은 겉으로 아무 것도 가지고 있지 않은 사실만 가지고 무소유라고 자랑스러워하는데, 대도(大道)가 어디 물질의 소유여부 같은 얄팍한 사실에 매이는가? 또한 그와는 반대로 많은 돈을 가지고 있으면서 자기 마음이 돈에 매여 있지 않다고 큰소리치기도 한다. 그런데 도의 용(用), 즉 도의 활용 내지 쓰임은 어디로 가버렸나? 도는 본체이고 자기의 안팎으로 있는 것 없는 것 모두 잘 활용하는 것이 용(用)인데 그 용(用)이 없다. 돈의 올바른 활용이 없다. 용(用)이 없는 도는 자기 밖의 모든 존재들에게 아무런 득도 되지 않으므로 인간 세상에서 가치가 뚝 떨어지고 만다. 용(用)이 없는 도(道)는 머리와 몸통만 있고 팔다리가 없는 것과 똑같아서 아직도 여전히 중증장애인이지, 정상인이 아니다. 돈이 많이 있는데, 진정으로 내면이 무소유가 되면 그 돈은 많은 생명들의 기운을 북돋우는 데 저절로 쓰게 된다. 참된 도(道)는 용(用)을 저절로 발현시키기 때문이다. 본체(本體)와 용(用)은 본래 하나이기 때문에 쓰임, 활용이 없는 도(用)란 있을 수 없게 되어 있다. 안팎이 진정으로 일치하기 때문이다. 돈을 잔뜩 쌓아두고 도를 닦아 깨달으려는 어리석은 부자도인 내지 부자수행자들이 또한 넘쳐나고 있다. 물질이 풍요로워진 지금 시대에 더욱 그렇다. 도의 차원에서 위선을 행하는 것이다. 자기를 돈 뿐만 아니라 정신적, 영적 차원까지 더욱 돋보이게 하기 위해서 무의식 차원에서 그런 것인데, 죽은 도(道)를 붙들고 있으니 자기도 죽게 되는 것은 법이다.

일체유심조(一切唯心造)란 이와 같이 자기 밖의 일체 대상을 자기내면에서 포용하여 자타불이의 경지에 이르렀을 때 모든 것이 비로소 자기 마음가는대로 된다는 사실이다. 밖으로 막히고 걸리는 것이 없다. 이미 밖의 모든 것은 자기 안으로 받아들여 없애버렸으니 그렇다. 일체유심조라고 했는데 자기 마음대로 이루어지지 않는 이유는 업장이 두터워서 그런 것도 아니고 운명 때문에 그런 것도 아니고 근본적으로는 자기가 타인을 비롯한 대상과 늘 경계짓고 있기 때문이다. 업장과 운명은 단지 이 경계를 더욱 두텁게 만들어줄 뿐이니 경계가 없다면 운명도 업장도 없다. 그러니 마음을 내면 상대경계에 부딪쳐 막혀버리거나 튕겨나가버리는 것이다. 그래서 육환장을 지니는 것은 부처님의 보배지팡이, 즉 중도를 몸소 받아 지녀 체득하기 위한 것임을 말하고 있다. 그래야 육환장이 자기 소유물이 되지 않고 자기존재를 근본적으로 풍요롭게 해주게 된다. 이 때는 육환장이 있건 없건 근본적으로는 아무 관계없다. 혜능이 부처님의 가사장삼을 없애버린 것도 이런 까닭이다. 이 구절에서는 '몸소(親)'라는 말이 가장 중요하다. 외형적인 소유여부가 아니라 그 상징을 체득해버리는 것을 뜻한다. 그러면 낡은 옷 한 벌, 목탁 하나도 염주 하나도 부처님이 된다. 이 세상에 귀중하거나 하찮은 소유물은 단 하나도 없다. 자기의 그런 마음이 늘 문제가 되는 것이다. 여의주도 독화살로 변하게 만드는 것이 중생이다. 도인은 독화살도 여의주로 활용되도록 한다. 그래서 도(道)의 쓰임이 다함이 없는 것이다. 종교 역시 세상에 널리 퍼져 있으니까 도(道)와 무소유 차원에서 우리 모두 올바른 지혜를 얻고 잘 살고자 조금 활용하는 것일 뿐이다. 종교의 최종목적은 한마디로 종교가 필요 없는 사람이 되는 것이다. 부처님의 바램은 우리 모두 부처님과 똑같은 힘과 지혜와 자비심을 가진 사람, 부처님을 따로 찾지 않아도 되는 그런 사람이 되는 것이다.

57. 不求眞不斷妄　了知二法空無相
불구진부단망 요지이법공무상

참됨도 구하지 않고 망념도 끊지 않나니
두 법이 공하여 모양없음을 분명히 알겠도다

도를 간다는 것은 양변(兩邊)의식으로부터 점차로 벗어나는 것이다. 전체와 자기의 텅텅 빈 알맹이가 완전히 하나가 되어 있는 곳까지 도달해야 여정을 마칠 수 있다. 그런데 생각이란 것이 항상 취사분별심으로 어느 쪽으로든 치우치게 된다. 그래서 생각을 해서는 도를 깨칠 수가 없는 것이 당연하다.

분별취사의 망념으로 인해 끊임없이 유(有)와 무(無)를 양대 축(軸)

146

으로 하는 수레바퀴 속에서 늘 돌고 도니 언어문자로는 참됨을 구하지 않는다고 어쩔 수 없이 표현한다. '도가도비상도(道可道非常道)' 라고 표현할 수밖에 없다. 번뇌즉보리(煩惱卽菩提)라는 말도 번뇌나 보리 양변에 치우치지 말라는 의미가 들어가 있다. 번뇌나 보리 그 자체가 문제라기보다도 분별하여 어느 한 쪽에 치우친 자기존재 자체가 더 큰 문제이기 때문이다. 참됨을 구하지 않는다는 것은 배부른 사람이 더 이상 밥을 찾지 않듯이 이미 궁극에 도달한 무위진인(無爲眞人)이 된 상태에서 하는 말이다. 참되고 거짓되고 구하고 구하지 않고 하는 등등에서 일체 자유로워진 것이다. 또한 참된 것이 따로 있다는 망상을 가지지 말라는 것이다. 그렇다고 지금 이대로가 참된 것이라는 의미도 아니다. 그리고 밖으로 구하지 말라는 것도 의미한다. 그렇다고 자기 안으로 구하라는 것도 아니다.

망념을 끊지 않는다는 것은 망념에 더 이상 구애되지 않는 것이다. 망념을 없애기 위해 참선하지 말아야 한다. 그것은 망념을 더욱 억지로 붙들고 있는 꼴이 되어 망념이 점점 더 강해지기 때문이다. 해탈한 존재도 망념이 있는데, 도(道)를 현실에 펼치는 데 있어서 그렇다. 그러나 해탈자들의 망념은 일체가 타인을 위한 망념이지, 자기를 위한 망념은 근본적으로 없다. 또한 해탈자는 망념에 의해 존재가 손상되거나 변형되지 않는다. 중생은 망념의 뿌리가 아주 단단하게 자리잡고 있어 쉬지 않고 이런저런 망념이 지속되며 내 존재가 끌려다닌다. 그러나 해탈자는 망념의 뿌리가 뽑혀나갔기 때문에 그야말로 망념이 뜬 구름처럼 잠깐 나타났다 사라질 뿐이다. 그러므로 망념에 끌려다니지 않는다. 그러므로 해탈자는 굳이 망념을 끊으려고 애쓸 필요가 실제로 없다. 또한 해탈자는 절대 망념으로 행(行)을 하지 않는다. 무위행이므로 저절로 천지 자연의 이치와 내면깊은 양심에 거스르지 않게 되니까 그렇다.

참됨과 망념을 따로 나누어 보는 생각 그 자체가 근본적인 망념(妄念)이니 양변에 머무르고 있는 이 진정한 망념을 망념으로 알고 보는 것이 수행이고, 이 진정한 망념이 사라진 그 자리가 진정한 참됨이고, 진정한 참됨은 이 진정한 망념에 무심(無心)—도(道)의 무심이지, 세속심으로서의 무심이 아니다—해지는 것이다. 망념을 버리고서 참됨을 얻을 수 없는 이치가 여기에 있다. 어디서 참됨을 구하겠는가? 또한 망념을 어떻게 버리겠는가? 오로지 그 자리에서 양변의 뿌리를 처치할 뿐이다.

두 법이라는 것은 양변(兩邊)의 모습이다. 양변이 서로 의지하여 연기(緣起)로 존재하며 또한 양변이 생겨났다 사라지니 육근(六根)에 부딪치는 현상을 뜻한다. 또한 참됨을 구하고 망념을 끊으려는 나(我) 자신을 가리키기도 한다. 그러므로 두 법이 공(空)하다는 것은 양변이란 본래 없는 것이고 당연히 모양이 없다. 곧 나 자신이 공(空)의 모습이라는 것이다.

성불한다는 것은 중생과 부처라는 양쪽을 모두 없애는 것이지, 단지 부처나 중생 가운데 어느 한 쪽만을 없애는 것이 아니다. 그러므로 중생만을 없애려는 것은 불가능하지만 조금 없애봐야 고상한 중생이 될 뿐, 부처는 그 반대편으로 더욱 멀리 사라져버린다. 그래서 깨달은 이는 중생도 아니고 부처도 아니다. 속인도 아니고 성인(聖人)도 아니다. 사실상 그 어떤 이름도 붙일 수가 없다. 그냥 편의상 지칭하기 위해 부처라는 임시로 붙은 이름일 뿐이다. 뭐라고 이름붙여도 맞고 뭐라고 이름붙여도 틀린다. 중생이 참됨을 구하니 부처가 생기고 부처가 대자대비를 베푸니 중생이 생긴다. 중생이 참됨을 구하지 않으니 부처가 사라지고 부처가 망념을 끊지 않으니 중생이 사라진다. 중생과 부처가 모두 사라지니 그 자리 텅 비어 서로 기대고 있는 모양이 없다. 중생과 부처가 동시에 사라지지만 또한 동시에 중생과 부처가 뚜렷하게 드러난다.

연기(緣起)에 의지하여 존재하는 모습만 알고 있다가 드디어 독립된 각자의 본체를 보았으니 연기의 모양이 없는 것은 당연하다. 이것을 깨달은 것을 두고 중도를 분명히 알았다고 하는 것이다. 알았다고 하는 것은 중도를 깨달아 증득했다는 의미다. 증득해보면 부처는 부처이고 중생은 중생이니 참으로 묘하다. 각자에게 상대적으로 의지하여 존재하지 않고 부처든 중생이든 모두 처음부터 천상천하유아독존으로 있음을 알게 된다. 연기(緣起)라는 것 또한 일시적인 착각이다. 우리 모두 주체성을 세워가자.

58. 無相無空無不空 卽是如來眞實相

무상무공무불공 즉시여래진실상

모양도 없고 공도 없고 공 아님도 없음이여

이것이 곧 여래의 진실한 모습이로다

무상(無相)인지라 양변(兩邊)과 연기(緣起)와 화복길흉과 인생과 움직임의 모양이 없고 무공(無空)인지라 티끌만큼의 텅 빈 자리도 없이 일체가 또렷이 조화롭게 드러나 걸림없이 활달하게 자유롭고 무불공(無不空)인지라 일체가 여여하여 평등하게 영원불변이다. 이것이 비로소 여래의 진실한 모습이며 부처님의 보배지팡이를 들고 우뚝 홀로 서 있는 모습이며 그 어느 누구도 볼 수 없는 모습이다. 대도(大道)의 본체와 중도를 바르고 평등하게 깨달아있는 존재의 모습에 대한 총평이다. 여기서 진실하다는 것은 거짓된다는 것의 상대로서 한 말이 아니라 궁극적인 모습이란 의미다. 나와 일체존재와 부처의 본래면목이다. 진여법계이며 마하반야바라밀다인 신(神)의 세계에 해당하는 모습이니 진실이다.

망념으로 인해 상(相)과 공(空)과 불공(不空)으로 나뉘어져 있는 나 자신을 진정으로 사랑하면 이렇게 될 수 있으니, 도를 닦는다는 것은 곧 내가 나 자신에게 더할 수 없이 크나큰 덕목들을 베풀어주고 전부를 동시에 다 해주는 일이기도 하기 때문이다. 여래의 진실한 모습 속에서 나 자신을 비롯한 일체가 다시 살아나니 그 모두가 여래 아님이 없다. 여래의 진실한 모습을 보는 것이 곧 나 자신을 영원히 살리는 것이다. 분별심으로 인한 유(有)와 무(無)의 엄격했던 경계가 마침내 무너지고 숨어 있던 나 자신과 일체의 모습이 온전(穩全)하게 드러나니 영원히 자타(自他)에 걸림없이 자유롭게 움직이며 존재한다. 이 속에서는 상(相)과 무상(無相)이 서로 다르지 않고 즉(卽)해 있다. 무공(無空)과 무불공(無不空) 역시 그렇다.

150

59. 心境明鑑無碍 廓然瑩徹周沙界

심경명감무애 확연영철주사계

마음의 거울 밝아서 비침이 걸림 없으니

확연히 비치어 항사세계에 두루 사무치도다

마음의 거울이란 무상무공무불공(無相無空無不空)으로서 본체를 말한 것이고 나머지 글귀는 본체의 용(用)에 대한 것이다. 당연한 것이 체와 용(用)은 변함없이 하나이기 때문이다. 작은 것은 작은 것대로 작용이 있고 큰 것은 큰 것대로 작용이 있지만 이미 크고 작은 상대를 초월해버린 상태의 차별없는 작용을 대용(大用)이라고 하고 본체와 용(用)을 더불어서 함께 표현할 때는 진여대용(眞如大用)이라고도 하니 진여가 본체인 것이다. 또한 진여는 대용의 성격을 표현한 것이기도 하니 진여의 작용인 대용은 망념이 없다. 항사묘용(恒沙妙用)은 대용이 삼천대천세계에 두루하면서 항하사 모래알같이 헤아릴 수 없이 많은 작용이고 동시에 그것은 눈에 드러나지 않게 작용하니 참으로 묘하다고 해서 쓰는 표현이다. 변함없는 무욕(無欲)이라야 그 묘(妙)함을 볼 수 있으니 늘 바램이 있으면 겉만 보며 제자리를 빙빙 돈다.

믿기 어렵지만 일체가 직설적으로 표현된 사실이다. 비유나 은유가 아니다. 도(道)는 가만히 있는 것 같지만 잠시도 쉬지 않고 작용하니 부처님이 불국토에 가만히 앉아 있는 것 같지만 순간순간 우리와 함께 움직이고 있다. 실상은 부처 따로 법 따로 마음 따로 각자 알아서 움직이는 것이 아니라 셋이 하나로 작용하고 있다. 부처가 자동차라면 법은 길이고 운전대를 잡고 있는 것이 바로 마음이다. 또한 대용(大用)은 잠깐의 끊김도 없으니 과거세와 현세, 미래세가 다하도록 작용하고 있으며 작용이 없는 곳이 없으니 지옥과 천당도 모두 도(道)의 용(用)이 일어난 것이다. 분별취사심의 어리석음을 스스로 씻어내지 못하여 나 자신의 본래면목을 두텁게 가리고 나를 어둠으로 밀어넣으며 지배하는 망념의 찌꺼기들을 한꺼번에 강제로 불태워 소멸시켜 내가 마귀가 되는 것을 막아주며 다시 한 번 밝은 세상에 드러나도록 해주니 지옥도 크나큰 자비다. 다만 망념을 내 존재로 삼아 나와 일체화되어있기 때문에 그만큼 고통은 이루 말할 수 없이 크다는 애로사항은 어쩔 수 없이 있게 된다. 그러므로 지옥과 천당의 분별취사심을 없애버리면 언제 어디서나 어떤 모습으로나 도를 깨달을 수 있고 시간과 공간의 굴레가 만든 의식의 한계를 넘어설 수가 있는 것이다.

　　도의 용(用)이 이러하건만 용(用) 역시 모든 용(用)을 발현하는 가장 첫 번째이고 근본적인 용(用)이 있으니, 그것은 삼천대천세계에 밝음으로 두루 비추어 사무치게 하는 것이다. 이것은 마치 지구의 탄생은 물론 일체생명들이 태양과 그 광명에 의지하여 나고 삶이 영위되는 것과 같다. 도를 깨달은 존재의 눈에 일체가 비치고 또 그 존재의 대광명이 걸림없이 일체를 비춘다. 여기서 마음의 거울이라는 것은 깨끗한 거울을 갖고 있다거나 마음이 깨끗해진 상태라는 의미가 아니고 일체의 모습이 명명백백하게 드러나는 것이다. 일체가 이 대우주에서 밝은 광명 안에 있으니 그 모습이 있는 그대로 적나라하게 드러나지 않을 수가 없다. 분별상념의 주관이 아직 남아 있다면 일체가 있는 모습 그대로 비치지 않는다. 그러므로 부처님이나 신에게 기도하는데 소원을 들어주지 않는다고 투덜대는 것은 참으로 어리석은 짓이다. 우선 자기생명을 밝혀주면서 묘하게 영원히 유지하도록 해 주고 있는데 더 이상 바랄 수 있는 것이 어디 있겠는가? 마음이 커야 대도의 대용(大用)에 따른 혜택이 그만큼 큰 법이고 풍요로워진다. 그래서 마음이 중요한 것이다. 그런데 우리의 망념(妄念)으로 인해 대도의 대용이 현상계에서 너무나 많은 슬픔과 안타까움을 낳으므로 그 누구나 대도의 대용으로부터 선한 혜택을 받아 기쁨과 넉넉함이 넘치게 되도록 바른 행(行)을 해나가야 되는 것이 주된 과제가 된다. 바른 행(行)의 기준은 역으로 대도의 대용이 된다.

대도의 작용은 평등하지만 획일적이지 않고 너무나 친절하게도 각자의 마음에 따라 일일이 응해준다. 참 묘하지만 그렇다고 귀찮아하지도 않고 이렇게 해라 저렇게 해라 간섭도 않으니 더 묘하다. 도대체 있는 듯 없는 듯하다. 대도의 대용은 절대평등한 동시에 각각에 완벽하게 계합하여 상응하므로 상(相)의 다양성과 차이에 따라 자연스럽게 차이를 두게 된다. 그러므로 무조건적인 평등은 도(道)에 어긋난다. 독재와 사회주의, 민주주의도 모두 도(道)에 어긋나므로 결국 변하거나 사라진다. 획일적인 교육도 도(道)에 어긋나므로 결국 개개인에게 해롭게 된다. 부자와 가난한 이에게 동일하게 경제적 혜택을 주는 것도 도(道)에 어긋나므로 가난한 이와 약자에게 많은 지원이 이루어지도록 나아가야

도에 들어맞게 된다. 또한 대도의 대용은 개개인에게 평등하므로 차별을 가속화시키는 신자유주의도 도(道)에 어긋난다. 그러므로 개개인의 능력에만 일체를 맡겨놓는 사회는 도(道)에 어긋난 집단이 된다. 그 결과가 다양한 테러집단의 발현이고 무차별 살상이 생겨난다. 신(神)의 도움 또한 절대평등으로 각각에게 모두 주어지지만 동시에 자비심으로 차이를 두므로 개개인에게 완벽하게 계합하여 주어지게 된다. 그러므로 기도만 열심히 한다고 되는 것이 아니고 많이 바랄수록 그만큼 자기 존재에게 큰 도움이 올 수 있도록 상(相)이 재조정되어야 하는 법이다. 그래서 절대평등이니 그 누구의 신도 아니지만 동시에 차별상에 계합하므로 오로지 나만의 신이 된다. 그래서 부처님이 법신불(法身佛) 하나이지만 동시에 천백억화신불(千百億化身佛)이 되는 것이다. 일체의 이런 실상은 대도의 대용이 그러하기 때문이다. 그래서 도(道)와 신(神)과 나 자신을 분리하여 생각할 수 없는 법이다.

대도의 용(用)은 바로 나(我)로부터도 나온다. 절대로 아닌 것 같지만 절대로 사실이다. 절대로 그러하니 상대분별의식을 넘어서야 비로소 사실임을 보게 된다. 그런데 그것을 모른다고 대도가 나를 외면하지도 않고 나 안의 대도의 용(用)이 없어지지도 않으니 안심하자. 단지 몰라서 대도의 혜택이 줄어들 수는 있고 또 혜택을 많이 주어도 모르니 갖다버리거나 쏟아버리거나 할 수도 있지만 그렇다고 그런 것을 누구를 탓하겠는가? 그래서 자기 자신을 미워하면 대도를 미워하는 것이 되니 대도 역시 그런 당사자가 저절로 미워지게 되어 벌(罰)만 더 가중될 뿐이다. 자기에게 애착을 많이 가지면 자기 안의 대도에 대한 집착이 큰 것이니 잘 돌아가고 있는 선풍기 날개를 손으로 붙잡는 꼴이 되어 오히려 다치게 된다. 의식이 여여(如如)할수록 대도는 신나게 마음껏 작용한다. 그러면서 점차 불변의 것이 드러나게 해준다. 우리가 살면서 힘들어도 희망과 기쁨과 밝은 마음을 가질 수 있는 원천이 바로 부처님의 대광명(大光明)과 대도의 대용(大用) 덕분이다.

60. 萬象森羅影現中 一顆圓明非內外

만상삼라영현중 일과원명비내외

삼라만상 그림자 그 가운데 나타나고

한 덩이 뚜렷이 밝음은 안과 밖이 아니로다

대도의 본체(本體)와 용(用)을 통해 신(神)을 본데 이어서 용(用)을 통하여 다시 체(體)를 반조(返照)하여 신(神)을 본다. 즉, 〈체 → 용 → 체〉가 되는 것이다. 그렇게 해서 체(體)와 용(用)이 드디어 둥근 원(圓)을 이룬다. 그래서 체(體)와 용(用)이 둘이 없는 불이(不二)가 드러나고 시작과 끝이 없는 대우주의 영원성(永遠性)이 완성된다. 그 속에서 나 자신도 신(神)으로서 영원불변하게 되는 것이다.

삼라만상은 체(體)와 용(用)을 연결하는 매개체가 된다. 그리고 체(體)의 용(用)을 현상적으로 드러내는 주체이기도 하면서 동시에 그 용(用)을 받는 객체이기도 하다. 그러므로 대도의 용(用)은 본체를 구족한 나(我)로부터 나오고 상(相)을 통해 나 자신에게 상응한다. 그래서 〈체 → 상 → 용 → 상 → 체 → …〉로 원을 이루어 원만하게 되는 것이다.

이래서 내가 바로 이 대우주에서 가장 주체적인 존재가 된다. 부처로서 주체가 되면, 즉 도의 체(體)를 포용하여 법(法)에 따라 도를 용(用)하면 한 마음도 나지 않는 무념(無念)이 되어 움직여도 그쳐도 늘 무위(無爲)가 되는지라, 이는 곧 무아(無我)로서 천상천하유아독존이 되는 것이다. 그러면 대용(大用)의 덕은 항상 자리이타(自利利他)가 되고 나 자신을 포함한 삼라만상 일체가 지극히 안락하게 되니 이것이 중생구제요, 대자대비가 된다.

반면 도(道)를 무시하고 상(相), 즉 개별적인 욕망으로만 존재하며 움직이면(用) 그 움직임의 모습—이것을 업(業)이라고 한다—이 있게 되어 마음이 머무르게 되니 그에 맞게 법(法)이 움직여 나 자신의 모습인 상(相)과 밖이 자연히 충돌하게 되어 고통이 생겨나고 인연을 타고서 삼라만상을 가득 채우며 불이 붙으니 화택삼계(火宅三界)가 이루어지고 이는 곧 공업(共業)이다. 법의 구조를 보면 체(體)와 동떨어져 홀로 움직이면 내(相)가 짓고(小用) 내(相)가 받는 것(果)을 피할 수 없게 되어 있으니 〈상 → 용 → 업(業) → 상 → 용 → 업 → …〉의 인과(因果)구조를 이룬다. 이것은 진여법계와 동떨어진 분별망상으로 이루어진 현상계인지라 여기에만 몸담고 살면 점점 악순환에 빠져들어 마침내 내(相)가 아주 열악한 존재가 되고 죄업이 수미산을 능가하여 점차 지옥으로 향한다. 죄업(罪業)의 근본은 악한 행위 여부가 아니라 본체를 잃어버린 데 있다. 본체의 역할은 삼라만상의 움직임이 필연적으로 생기게 하는 찌꺼기, 즉 업(業)이 남지 않도록 해주는 것이기 때문이다. 당연히 현상계에서 항상 외롭고 움직일 때마다 힘들며 잠시도 벗어날 길이 없다. 그러다가 드디어 상(相)이 체(體)를 향해 간절한 마음을 내니 이른 바 초발심(初發心)이라, 도의 본체가 상(相)의 고통을 영원히 소멸시키는 유일한 인(因)이 됨을 비로소 알게 된다. 그리고 참회와 회향을 통해 용(用)의 덕(德)을 얻으려고 함이 없이 오로지 도(道)의 체(體)로 돌리고 무심(無心)으로 24시간 참선이 되니 마침내 업(業)이 소멸되고 상(相) 가운데 은밀하게 가려져 있던 내 마음의 본체가 밝게 드러나 본체의 원만함을 완성시키니 곧 변정각(便正覺)이다.

상(相)이 형광등이라고 하면, 체(體)는 형광등에 불이 켜지도록 되어 있는 자연이고, 용(用)은 주위를 밝히는 것이고, 마음은 전기스위치를 넣는 것이다. 그러니 개인적으로는 마음이 가장 중요하다. 문제는 상(相)에 개체의 분별심과 얻으려는 욕망이 달라붙으면 아상, 인상, 중생상, 수자상, 아수라상, 법상 등 온갖 상을 갖게 되고 이는 대도의 덕(德)을 훼손시키게 된다. 그러나 이 상에 대도가 체화(體化)되면 그야말로 중생구제를 위해 방편으로 드러내는 모든 몸—화신, 보신 등—이 되며 그 근본은 법신(法身)이 된다. 그러므로 중생구제란 어떤 소원을 이루어주고 고통에서 벗어나게 해주는 것이라기보다 크게 보면 한 가지 뿐인데, 바로 이 상(相)에 붙은 욕망을 떨쳐내주고 천지자연의 대도를 구족시켜주는 것이 된다.

삼라만상의 그림자 그 가운데 나타나므로 분별취사의 욕망이 달라붙은 상(相)으로 이루어진 존재와 그 세계 한가운데에도 대도의 본체와 대용이 여여(如如)하다. 그림자란 곧 망심으로 인한 업(業)이다. 그러므로 삼라만상은 그림자가 있지만 근본적으로는 이 대도의 대광명 속에 있으므로 삼라만상 또한 대도가 현현한 여래진실상이고 또한 이 세계도 역시 진리의 세계다. 여기서 성(聖)과 속(俗)이 비로소 근본적으로 통일된다. 물론 본래부터 하나이다. 당연히 중생의 모습 이대로가 곧 부처니 다른 곳에서 부처를 구하지 말고 자기 자신 아닌 부처를 생각지도 말아야 하는 법이다. 일체평등이니 단지 상에 붙어 있는 자기의 욕망을 내려놓기만 하면 되는 것이고 이 작업이 완성된 존재를 부처라고 하며 이 때 이미 있던 대광명이 자연히 중립이 된 상(相)을 통해 밝고 또 밝게(明之又明) 빛을 발한다. 이 때의 광명을 진여광명(眞如光明)이라 하고 삼라만상 일체가 진여광명이 아님이 없다. 이 세계를 상대성의 모순과 시공간이 사라진 일진법계(一眞法界) 또는 유한성을 극복한 무진법계(無盡法界)라고 부르기도 한다. 만상삼라 전체가 다 중도실상과 진여광명, 진여대용 가운데 건립되어 있는 것이지, 진여광명 내놓고는 만상삼라가 따로 없다. 따라서 만상삼라가 진여대용 가운데 있는 것이며 그 밖에서는 찾아볼 수 없으니 대도(大道)는 없는 곳이 없게 되고 귀한 것도 하찮은 것도 역시 없게 된다. 오로지 대광명만 있으니 안팎이 어디 따로 있어 밝음과 그늘짐이 나뉘어지는 자리가 있을 수 있겠는가? 중생도 부처도 찾아볼래야 찾아볼 수 없다.

61. 豁達空撥因果　茫茫蕩蕩招殃禍
활달공발인과 망망탕탕초앙화

활달히 공하다고 인과를 없다하면

아득하고 끝없이 앙화를 부르리로다

인과(운명/업業)가 본래 공(空)한 가운데 실(實)이 있으니 이른 바 묘

158

(妙)다. 신묘(神妙)를 모르고 공(空)함만 알고 생각하니 아직 무명(無明) 한가운데 빠져 있다. 공(空)함을 알게 되어 함부로 날뛰니 활달하다고 한다. 공(空)한 도리와 실(實)한 도리를 원융무애하게 만들어야 도(道)의 용(用)인 신묘(神妙)를 알게 되어 비로소 착오를 범하지 않게 된다. 실(實)한 도리만 알아 인과(운명/업業)에 사로잡혀 있거나 반대로 공(空)한 도리만 알아 인과(운명/업業)를 없다고 무시하는 것은 양변에 치우친 오류로서 중도(中道)에 어긋나 삶에 파멸적인 결과를 가져오게 된다.

공(空)에 집착하는 마음이 생겨나니 이 공(空)은 진공(眞空)이 아니라 가공(假空)에 지나지 않는다. 양변을 벗어나 중도에 든 것이 아니라 여전히 다른 한 변에 머물게 되는 것이니 여전히 인과(因果)의 지배를 받게 된다. 고상한 것에 머무르면 그 어느 것도 자기를 훼방놓거나 구속할 수 없다는 망념은 참으로 구제되기 어렵다. 신(神)을 열심히 믿으면 쉽게 가지게 되는 망념이기도 하다.

진정한 공(空)이라는 것은 눈앞에 있는 것을 없다고 하는 것이 아니고 없는 것을 있다고 하는 것이 아니다. 자기 밖의 대상을 가지고 따지는 개념이 아니라 자기존재 그 자체가 일체를 포용하게 되면서 자기영혼의 틀이 깨질 때를 일컫는 실제적 용어다. 그러므로 이 때는 있음(有)과 없음(無)의 분별심이 진정코 사라지면서 있거나 없는 것에 매이지 않고 자기를 중심으로 하는 선(善)과 악(惡)의 상대성이 내면에서 소멸하면서 영원한 절대선(絕對善)으로 자기존재가 화(化)한다. 당연히 일체 외부조건에 의한 자기마음의 움직임이 근원적으로 사라지면서 자기 안팎으로 천상천하에 오로지 자비심으로만 꽉 차는 것이다. 이른 바 진정한 공(空)이라는 것은 인과를 부정하는 것이 아니라 인과를 밝게 보고 인과법이 신(神)의 감시로 엄격하고도 한 치의 빈틈도 없는 작용을 낱낱이 아는 것이다. 동시에 인과 이전의 일체존재 차원을 밝게 보고 아는 것이다. 이렇게 되려면 시방삼세(十方三世)와 신령(神靈)을 모두 보고 아는 차원에 도달해야 된다. 그러니 인과가 없다고 떠벌리는 사람은 더욱 어리석은 중생이 되면서 처음부터 모르는 것보다 더 큰 앙화를 스스로 초래한다.

인과가 있다고 인정해도 인과의 구속을 받고 인정하지 않거나 몰라도 구속을 받는 것은 똑같은데 인과를 없다고 부정하면 왜 아득하고 끝없는 앙화를 부르는 것일까? 그것은 신(神)의 존재 때문이다. 인과법을 도(道)에 따라 운용하는 주체가 바로 신인데, 인과를 부정한다는 것은 곧 신을 부정한다는 것과 같다. 신을 부정한다는 것은 곧 자기존재 자체를 부정하는 것과 완벽하게 일치한다. 왜냐하면 자기의 본성이 곧 신성(神性)이기 때문이다. 그러므로 자기가 자기 자신을 부정하는 셈이 되므로 자기 자신을 스스로 소외시키는 것이 되고 이는 곧 주체성을 스스로 포기하는 것이 된다. 주체성(主體性)은 일체평등의 실상을 보는 바탕 위에서 스스로를 우뚝 세우는 것인데, 자기 스스로를 주체가 아니라 객체로, 목적이 아니라 수단으로, 주인이 아니라 종으로 만드는 것이 된다. 이렇게 된 존재가 어찌 그 무엇을 올바로 하면서 살아갈 수 있으리? 이는 마치 술에 만취한 사람이 비틀거리며 그 무엇도 제대로 하지 못하는 것과 같다. 그러므로 움직일 때마다 그 앙화가 아득하고 끝이 없다고 말하는 것이다. 또한 선과 악이 모두 공(空)했다고 하니 악(惡)을 지어도 걸림이 없고 아무렇지도 않다는 망상을 가지게 되기 쉬우므로 정신이 해이해져 악을 지을 가능성이 높아지며 인간성과 양심도 점차 마비되어간다. 그렇게 되면 하는 짓마다 자연히 고통스러운 과보를 부르는 행(行)이 되니 앙화가 끝없게 된다. 육신이 있어 이 세계에 머물고 있는 한 자기 상태가 어떻게 되었든 인과는 여전히 엄중하다. 이 구절을 가지고서 인과를 부정하니 신이나 하늘이 분노하여 끝도 없이 형벌과 재앙을 내린다는 의미로 해석하면 안된다. 그래서 앙화를 받는다고 표현하지 않고 '부른다' 고 표현한 것이다. 자기가 부르고 자기가 받는 법이므로 앙화가 오는 곳은 모든 곳이 된다. 그 주된 경로는 하늘(神)의 분노, 피해 당사자(사람&귀신)의 저주, 살기(殺氣), 악습(惡習)의 4가지다. 복합적으로 오는 경우도 흔하다.

62. 棄有著空病亦然　還如避溺而投火

기유착공병역연　환여피익이투화

있음을 버리고 공에 집착하면 병이기는 같으니
물을 피하다가 오히려 불에 뛰어드는 것과 같도다.

사람을 버리고 신(神)에 집착하면 더 큰 위험을 안게 된다. 중도(中道)는 분별심이 없는 상태이니 그 무엇이든 버리고 비우는 것도 아니고 얻고 취하는 것도 아니다. 공부를 해나가다 보면 인과가 없다고 하면서 있음을 버리고 공(空)에 집착하거나 자기가 깨달아 과보를 받지 않는 존재가 되었다는 망상경계에 부딪친다. 깨달음이란 일체의 상념이 영구적으로 소멸된 채 오로지 대광명으로 안팎이 가득 차 있는 상태가 되어 다시 한번 일체존재를 비추며 되돌아보고 삼라만상의 본래면목이 근원까지 다 드러날 때 쓰는 말이다. 이 때는 시방삼세는 물론 유(有)와 무(無), 색(色)과 공(空), 부처와 중생, 정신과 물질의 본체가 같음을 실제로 보게 된다. 그래서 절대평등심이 저절로 갖추어지고 일체를 존중하게 되니 허망한 감각은 영원히 사라진다. 실상을 추측해서 이해하면 반드시 공병(空病)에 걸리고 만다.

병(病)에 걸리면 힘과 지혜를 제대로 발휘할 수 없듯이 있음을 버리고 공(空)에 빠지면 자기존재의 본체를 찾아 바르게 발휘할 수 없게 되니 이는 가장 무서운 도병(道病)이다. 깨달음은 몸의 병과 마음(정신)의 병, 영혼의 병이 근원적으로 사라지는 순간이기도 하다. 병을 일으키게 되는 인자(因子) 내지 병이 일어나는 뿌리가 사라지기 때문이다. 물론 몸의 병은 언제든지 걸릴 수가 있지만 깨달은 이에게는 이 또한 한시적이고 열반에 들고 나면 영원히 몸을 받지 않게 되니 몸의 병도 영원히 사라진다. 중생은 몸을 잃고 나서도 영혼을 통하여 그 병을 다시 이어가고 태어나니 몸의 병을 다시 얻게 된다. 몸의 병에 비해 마음의 병이 무겁고 마음의 병에 비해 영혼의 병이 더욱 중하다. 자기존재 전체를 통틀어 더 깊이 뿌리내리고 있고 지속되는 기간 또한 생(生)을 넘어서기 때문이다. 몸의 병이 영혼의 병으로 되는 매개체가 바로 마음이니 마음은 성(城)과 같기 때문이다. 당연히 몸이 큰 병에 걸렸더라도 마음을 잘 쓰면 영혼까지는 병들지 않아 사후세계와 내생(來生)은 좋다. 그래서 생명체에게는 마음이 일차적으로 아주 중요한 법이다. 성이 허물어지면 그 안의 생명은 죽고 손상되기 때문이다. 실제로 똑같이 암에 걸려 고생하며 죽어도 마음에서 이 고통이 깊이 침투하는 것을 막아낸 이들은 영혼이 건강하고 내생에는 암이나 그 고통이 이어지지 않는다. 반면 마음에 맺힌 것은 이미 영혼까지 침투하여 영혼이 병든 것이라서 사후 고통스러운 귀신으로 살다가 다시 태어날 때 그 고통을 가지게 되므로 생(生)을 넘어 이어진다. 그래서 화병(火病)이나 한(恨)은 큰 문제가 되고 살아생전 반드시 해소하고 죽어야 한다. 그런데 강한 충격을 동반하는 급사(急死)는 마음이 경계하며 대비하지 못하기 때문에 죽음의 모습이 영혼에 찍혀 영병(靈病)이 되므로 사후와 내생에도 쉽게 이어지게 된다. 그러므로 분노사회, 위험사회, 차별사회가 될수록 범죄와 사고가 늘어나므로 이렇게 되는 희생자가 많아진다. 또한 마음이 약하면 몸의 병이 영혼의 병으로 쉽게 금방 전이되므로 자기마음을 강하게 만들며 살아가는 것은 삶에서 가장 기본적이고 우선인 필수노력이라고 하겠다. 이래저래 불법(佛法)은 생명과 영혼의 구원자로서 미래의 궁극적인 종착지가 되게 되어 있다.

공(空) 또는 무(無)에 빠지는 것은 실제로 영혼의 병을 얻는 것인지라 쉽게 빨리 낫지는 않고 더구나 영병(靈病)이 오래되어 굳어버리면 완치에 오랜 시간이 걸리거나 치료불가능이 되어 사실상 속수무책이다. 도를 닦는다는 것은 근본에서 보면 몸이나 마음이 아니라 영혼(靈魂)을 직접 상대하는 일이다. 선(禪)과 밀교(密敎)가 특히 그렇다. 그래서 생각으로는 알기가 한계가 있다. 현교(顯敎)는 마음을 일단 거쳐 영혼으로 들어가므로 시간과 노력이 많이 걸리고 여러 생(生)을 요하게 된다. 그러나 선이든 밀교든 현교든 마음에 하자가 있으면 제대로 되지 않으니 일단은 도를 갈 수 있는 마음이 되도록 철저하게 교정하고 단련시켜야 한다. 그렇지 않고 무작정 자기영혼을 향해 들어가면 수많은 마(魔)와 다양한 장애물들이 덮쳐 크게 왜곡되고 만다. 석가모니부처님도 처음에 방편상 제자들의 마음부터 일단 성인(聖人)급으로 만들어주고 나서 이후 영적(靈的)인 차원에서 선(禪)과 밀교를 보여주며 깨닫게 했다. 선과 밀교와 현교를 잘 소통시켜 병행하여 최대한 상승효과를 일으키도록 하면 크게 이롭다.

수행이 조급하다거나 욕심내면 자칫 무방비로 영혼의 병을 얻을 위험이 그만큼 큰 법이니 절대 금물이다. 그런데 예나 지금이나 공부의 효과에 대해서만 잔뜩 환상을 품고 그 무서운 위험성에 대해서는 경시하니 참 심각하다. 어느 한쪽으로든 옆으로 약간만 기울어지거나 조그만 순간의 빈틈만 생겨도 중심을 잃고 떨어진다. 그래서 절대적으로 대범하면서도 신중하고 동시에 겸손해야 되는 법이다. 그리고 끝없는 길인지라 끝을 기대하고 가다가는 중간에 지쳐 떨어지고 마니 영원히 길을 간다는 마음가짐이 현명하다. 물론 균형을 잡을 수 있는 큰 힘을 길러놓고 올바른 지도를 얻은 후에 줄을 타기 시작해야 되는 것은 물론이다. 물을 피해서 불로 뛰어든다고 했는데, 여기서 물과 불은 여전히 상대적이고 변견(邊見)이다. 공부한다고 물과 불을 아무리 왔다갔다 해봐야 싸늘한 얼음이 되거나 뜨거운 불덩어리가 되어 자기와 남을 해치고 마니 진공(眞空)은 남의 일이 되고 만다.

63. 捨妄心取眞理 取捨之心成巧僞

사망심취진리 취사지심성교위

망심을 버리고 진리를 취함이여

취사하는 마음이 교묘한 거짓을 이루도다

망심이 속임수를 쓰는지라, 망심을 버리고 진리를 취하려는 마음 자체가 가장 큰 망심이다. 이것은 세속의 일로서 진여법계에서 벗어나게 된다. 신(神)을 취하여 자기가 무엇이든 자신감이 넘치고 지혜로워진 것 같은 생각이 들면 스스로를 경계해야 된다. 그러나 워낙 교묘하고 미묘한 의식인지라 그냥 속아넘어가고 만다. 심각한 도병(道病)에 걸리는 것이다. 문제는 진리냐 망상이냐가 아니라 분별하여 어느 것이든 취하여 얻으려는 그 마음 자체다. 이 취사심 자체를 없애가는 것이 진리를 얻어가는 과정이다. 이것을 취하고 저것을 버리는 과정이 아니다. 대도(大道) 속에는 그 어떤 것도 얻을 것이 없고 그 어떤 것도 버릴 것이 없는 법이다. 당연히 자기 자신에 대해 불만을 가질 까닭이 전혀 없다. 불만은 도(道)를 어기는 짓이다. 참된 자기는 지금의 자기 모습과 따로 분리되어 있는 것이 아니라 지금의 모습에서 이것 저것을 쫓아다니는 망심이 떨어진 모습이다. 그러니 지금의 자기 자신을 따로 제쳐놓고 부정하면 어디서 자기의 참된 모습을 볼 수 있겠는가? 그리고 지금의 때묻은 모습으로 자기의 다른 멋있는 모습을 아무리 상상해봐야 그 모습이 되지도 않고 기분좋은 꿈에 지나지 않는다.

첫걸음은 망심으로라도 진리를 한 번 찾아봐야 하는 것이다. 하지만 이전의 자기모습과 진리를 추구하고 있는 현재의 자기모습이 근본적으로는 조금의 차이도 없이 똑같은 모습임을 알아야 한다. 현재의 모습과 간절히 되기를 바라고 있는 미래의 모습 또한 현재의 모습과 근본적으로 똑같은 모습이라는 것을 알아야 한다. 이 때 과거의 모습과는 다르다거나 미래는 다른 모습일 거라는 착각이 조금이라도 생기면 도(道)는 점점 더 멀어지고 만다. 물론 현재의 내가 몸담고 있는 사바세계와 도를 닦아서 미래에 몸담게 될 극락같은 곳이 다를 것이라는 생각도 역시 일체 망심이다.

64. 學人不了用修行　真成認賊將爲子
학인불료용수행 진성인적장위자
배우는 사람이 잘 알지 못하고 수행하나니
참으로 도적을 아들로 삼는 짓이로다.

　신(神)을 구하고 나서 오히려 모든 것을 잃고 마니 신을 도적으로 만든다. 미혹(迷惑)한 마음으로 도를 닦는 것은 오직 무명(無明)만 도와준다고 했다. 그리고 미혹하여 들으면 여러 겁(劫)이 걸린다고도 했다. 신을 믿거나 수행하면 만사가 다 저절로 잘 될 것이라는 생각은 예외없이 스스로 파멸을 재촉하는 길이 된다. 이런 생각 자체가 자기의 상(相)에서 나온 탐욕이고 어리석음으로서 망념이고 환상이며 분별취사심을 더욱 강화시키는 것이기 때문이다. 마음은 일시적으로 편할지 몰라도 업장이 더욱 크게 발동되니 전후(前後) 순서가 바뀌면 전(前)과 후(後)의 모든 것이 망가진다. 신을 믿거나 수행함은 오히려 이런 생각의 마음자리를 벗어나는 일이다.

모든 일이 그렇듯이 기본적인 사항은 제대로 잘 알고 시작해야 된다. 일단은 생각을 도에 맞게 철저하게 올바로 갖추는 것이 가장 중요하다. 도를 가는 데 있어서 너무나 많은 지뢰와 함정이 도사리고 있고 도적과 산적이 곳곳에서 노리고 있는 만큼 그것을 미리 인식하여 잘 살펴서 길을 가야 무사한 법이기 때문이다. 흔히 '잘 모르고서 도를 공부한다' 는 말은 미리 살펴 알고 가야 할 사항들을 무시하는 태도를 경책하는 말이다. 눈이 없으면서 눈으로서 앞을 보려고 하면 망념만 생기니 오히려 해롭다. 그래서 선(禪)이나 밀교에 무작정 입문하는 것은 피해야 된다. 간절한 마음만으로 되는 것이 아니다. 이 과정은 절대적으로 자연스럽기 때문이다.

도적은 내 것이 아닌데 몰래 내 것으로 삼고 내 것인양 행세하는 사람이다. 도(道)가 어찌 자기의 것인가? 천하의 그 누구의 것도 아닌데 도를 내 것으로 여기니 법이 칼을 내민다. 도적을 아들로 삼는다는 것은 결국 모든 것을 다 뺏기고 큰 충격으로 영혼의 병에 걸리고 죽을 때까지 그 병을 벗어날 수 없게 된다는 의미다. 도적은 바로 아들이고 아들은 나의 DNA를 물려받았으니 곧 나 자신이다. 나 자신과 아들과 도적은 곧 분별망상 덩어리이니 취사심(取捨心) 그 자체를 말한다. 분별취사심이 곧 나의 모든 것을 훔쳐가버린다. 자기 생각대로 한 변을 추구하고 다른 쪽을 버리려고 애쓰다가 그만 중심을 잃고 기울어져 넘어지고 불구가 되고 마니 결국 현재도 미래에도 아무 것도 얻지 못하고 허망하게 된다. 문제는 자기가 그렇게 하면 진리든 뭐든 가치있는 것을 얻어 자기 존재가 뭔가 큰사람이 되는 것 같은 착각과 환상이다. 그래서 선지식은 너무나 평범한 일상을 나타내는 것이다. '미래심 불가득(未來心 不可得)'이라고 했다. 지금의 취사심을 가지고 미래를 생각하면 아무 것도 얻을 수 없다. 진리를 추구한다고 해서 미래에 온전한 부처를 이룰 수가 없다.

65. 損法財滅功德　莫不由斯心意識
손법재멸공덕 막불유사심의식

법의 재물을 덜고 공덕을 없앰은

심. 의. 식으로 말미암지 않음이 없음이라

신(神)은 내 욕망을 이루기 위해 있는 존재가 아니므로 신에게 욕심을 내면 오히려 공덕을 잃게 되고 마장(魔障)만 발동하게 된다. 마음을 심/의/식으로 구분해서 따질 때의 마음(心)이란 구체적으로 윤회의 주체이자 자기의 근본무명인 제8아뢰야, 즉 영혼의식이다. 태어날 때 이미 결정되어 자기의 가장 깊은 내부에서 쉼없이 움직이고 있는 일체의 식—주로 욕망에 대한 고정관념과 선입견으로 사물을 보는 관점을 결정하는 근본이 된다—이다. 태어날 때의 천성(天性)과 사고방식과 타고난 욕망이 된다. 살면서 밖으로부터 들어오는 강한 내용물이 심(心)으로 인해 머물고 기억하게 되니 업(業) 그 자체이기도 하면서 망념의 뿌리가 된다. 심(心)은 일종의 컴퓨터의 소프트웨어가 된다. 식(識)이란 제6식으로서 밖으로부터 받아들이는 정보(色聲香未觸法)를 분별하여 심(心)에 전달되고 심(心)의 내용을 포착하여 밖으로 표출하니 표면의 식이며 두뇌가 위주가 된다. 의(意)란 제7 말나식으로 전체적으로 영혼과 두뇌가 상호작용을 하면서 형성되는 정신을 뜻한다. 식(識)과 심(心)의 그침이 없는 상호작용으로 인해 형성되는 주관으로서 두뇌를 통해 주로 〈나〉와 〈내 것〉이라는 망념을 갖는다. 그러므로 의(意)를 통하여 자기존재에 대한 일체를 인식하게 되면서 상(相)의 주관을 갖고 드러내게 된다. 그래서 주관과 객관의 상대성에 빠지게 되고 중도와 천상천하유아독존을 잃고 마는 것이다. 이 심(心)의(意)식(識)은 한덩어리가 되어 일체가 바깥 경계에 대해 주관(主觀)으로서 분별취사심을 일으키고 자기만의 세상을 만들어 그 속에 안주한다. 이것은 신령세계에서 볼 때는 망념이다.

이것이 중생으로서의 생명작용인데, 이 과정을 통하여 그만 법의 재물을 덜고 공덕을 없애게 된다. 보시와 기도와 고생과 인욕으로 쌓은 공덕과 재물을 망념이 보이지 않게 갉아 먹는다. 공덕을 쌓아가면서 반대편에서는 공덕을 무너뜨리고 있으니 삶이 늘 고만고만하게 된다. 그러므로 자기가 스스로 일체를 손해보고 스스로 모든 것을 잃는 것이니 그 누구를 탓할 수 없다. 근본적으로는 일체가 자기책임이고 자기 자신의 문제인 것이기 때문이다. 자기를 똑바로 보지 못하는 것이 당연한데, 이는 심(心)에 대해서는 무지하고 의(意)에 대해서는 집착하고 식(識)에 대해서는 주관이 앞서며 생각이 제멋대로인 까닭이다. 도무지 있는 그대로 볼 수 없다. 눈에 비치는 그대로가 실은 객관적 주관일 수밖에 없다.

법의 재물을 덜어낸다고 함은 본체(本體)의 대용(大用)에 흠집이 생기게 되는 현상을 뜻한다. 재물은 대도를 현실에서 실제 도움이 되는 용도로 활용하는 방편이고 지혜이며 중생에게 주는 큰 이득이다. 이것을 덜어내는 것은 도에 어긋난 행(行)으로서 가진 복을 제 발로 걷어차는 것이며 곧 도를 올바로 가지 못함을 뜻한다. 법의 재물을 풍부하게 가지는 것은 주관과 객관의 상대성을 벗어날수록 자연스럽게 저절로 되는 법이다. 그러므로 심/의/식을 단단하게 가지고 있으면 업으로 인한 고통은 점점 커지고 불법과 인연이 멀어져 대도를 못 가게 되니 근본적으로는 자기 심/의/식을 어떻게 다스리고 없애가는가에 도를 가는 바와 법의 재물을 얻는 바가 달려 있게 된다. 특히 믿음(信)이라는 것은 주관(主觀)의 엑기스인 만큼 극도로 조심해서 섬세하게 잘 살피지 못하면 지극한 믿음 때문에 오히려 신(神)과 도(道)와 법(法)의 재물과 공덕으로부터 점점 더 멀어진다. 그래서 믿음이 그렇게 어렵고 도(道)에서의 믿음은 곧 주관의 소멸과 깨달음으로서 광명과 지혜가 된다.

공덕을 없앤다 함은 심/의/식 덩어리가 단단하고 커지는 것으로서 그만큼 대광명 속에서 그늘과 어둠을 크고 넓게 만드는 것이다. 그러면 이 속에 사기(邪氣)가 증식하고 어둠을 좋아하는 무리가 모여든다. 그래서 공부가 제대로 되지 않고 업장이 발동되며 고통이 생겨나게 되니 심/의/식이 원수다. 자기가 곧 자기의 근본원수가 되니 밖의 원수는 새발의 피에 지나지 않아 집착할 것이 도무지 없다. 그리고 자기원수가 피곤하게도 밖의 원수를 계속 만들어낸다. 자기를 사랑한다는 것은 곧 심

170

/의/식이라는 자기 원수를 직접 없애가는 것, 이것이 진정한 불변의 공덕이 쌓이고 완성되는 것이다. 자기가 자기를 사랑해야지, 남도 우주도 부처님도 하나님도 알라신도 자기를 사랑해준다. 그런데 심/의/식을 나쁜 것으로만 생각하여 무조건 제거대상으로만 따지면 또 한 쪽에 치우치는 것이 되어 심/의/식의 더 깊은 노예가 되니 잘 살펴야 한다.

66. 是以禪門了却心 頓入無生知見力

시이선문료각심 돈입무생지견력

그러므로 선문에선 마음을 물리치고

남이 없는 지견의 힘에 단박에 들어가도다

심(心)은 그 본래성품이 불성(佛性)이지만 또한 그 욕망이 심(心)의 본래성품을 가리고 있다. 해탈열반이라는 것은 바로 이 심(心)의 욕망으로부터 근원적으로 벗어남을 의미한다. 그 때 대광명이 드러나 전체로 작용하니 대용(大用)이다. 대선사들이 심(心)을 근본적으로 뿌리뽑아야 되는 것으로 지도하니 이를 선문(禪門)이라고 한다.

선(禪)은 제7식인 의(意)와 제6식인 식(識)을 직접 대상으로 하지 않고 생사윤회를 일으키며 모든 고통의 근본을 이루는 제8식인 심(心)을 직접 대상으로 하여 곧바로 쳐들어가 박살내는 길이다. 그래서 한 생(生)에 성불을 이룬다. 선을 하는 방편의 우열을 가리는 것은 어리석음이고 선의 근본취지를 이루는 일체의 행(行)이 바로 참선이다. 마조(馬

祖)가 참선한다고 앉아 있다가 백장(百丈)에게 망신을 당한 것은 당연하다. 참선이냐 아니냐는 화두니 뭐니 하는 수단이나 방편에 있는 것이 아니라 모든 행(行)과 방편들이 오로지 제8아뢰야를 직접 대상으로 행해지고 있느냐 아니냐에 따라 근본적으로 구분된다. 당연히 제8아뢰야가 참선이 되고 있는가에 달려 있다. 그래서 참선이 끊임없다. 하루 24시간 일체의 행(行)이 자연스럽게 참선하는 것이 되도록 하는 것이다. 그래서 잠을 자면서도 할 수 있는 것이다. 특별한 생각이나 동작이나 방법이라면 불가능하다. 그러므로 염불을 해도 아뢰야와 함께 아뢰야를 대상으로 행해지고 있다면 곧 참선이다. 고성염불(高聲念佛)은 참선으로서의 염불―영혼에 작용하는 염불―이 되도록 하는 염불이다. 그래서 10종 공덕이 생겨나면서 성불하게 된다. 목탁과 요령과 같이 염불하면 더욱 참선에 가깝게 된다. 기도를 해도 아뢰야로부터 행해지고 있다면 곧 참선이 된다. 차원높은 기도는 기도 중에 처음의 기도내용이 싹 사라지고 무념무상의 차원에서 자기영혼이 신불(神佛)과 교류되는 것이다. 그래서 신불의 가피로 영혼의 밝은 변화가 오니 소원성취는 물론 기도가 곧 참선이 된다. 참회를 해도 제8아뢰야로부터 되면 참회 역시 진(眞)참회로서 죄망심멸(罪妄心滅)이 되니 곧 참선이다. 죄망심멸(罪妄心滅)은 깨달음이고 해탈열반이니 참회가 곧 화두참선과 같은 최종 결과다. 분별취사심과 그 뿌리인 심(心)이 사라지니 곧 죄업도 저절로 사그라든다.

선문은 마음의 평화를 추구하는 그런 유치한 것이 아니다. 마음 그 자체를 물리치며 그 뿌리인 제8아뢰야를 직접 대상으로 하니 엄청난 정신력과 지혜가 요구된다. 그러므로 참선이 되려면 선지식을 만나 큰 힘과 지혜를 실제로 먼저 좀 기르고 선지식의 대광명을 보태야 된다. 그래서 수행과정에서도 이심전심(以心傳心)이다. 그렇지 않고 처음부터 제8아뢰야로 들어가면 반드시 지고 만다. 6바라밀과 8정도는 바로 아뢰야를 상대하는 준비를 완벽하게 갖추는 과정이기도 하다. 그렇게 스승의 존재를 보태고 자기의 모든 힘과 지혜를 모아 좌우를 돌아보지 않고 총력을 기울여 단박에 아뢰야를 없애니 곧 돈오(頓悟)다. 돈오하여 불성인 구경각에 이르게 되고 일체 일을 마치며 동시에 남이 없게 됨을 보고 아는 힘을 얻으니 영원(永遠)을 얻게 된다. 무생지견력은 6신통(神通)을 갖추고 있다.

67. 大丈夫秉慧劍 般若鋒兮金剛焰
대장부병혜검 반야봉혜금강염

대장부가 지혜의 칼을 잡으니

반야의 칼날이요 금강의 불꽃이로다

대장부란 바로 자기 실체의 뿌리인 제8아뢰야, 즉 망념인 심(心)을 향해 직접 들어가 분별취사심을 굴복시키는 사람이다. 엄청난 힘과 용기와 깨어 있는 안목이 필요하니 대장부라야 된다. 반면에 범인(凡人)은 뿌리까지 닿지 못하고 겨우 자기의 의(意)와 식(識)을 좀 어떻게 해서 현재의 고통을 조금 벗어나 평안과 행복을 찾으려는 사람이다. 대장부는 이런 욕망의 뿌리조차 싹둑 잘라버려 다시는 바라는 것이 없고 얻는 것이 없는 존재가 되려는 사람이다. 범인은 마음의 평화를 훼방놓고 불행을 일으키는 뿌리를 그대로 두고 있으니 영원히 그런 욕망이 충족되지 못한다. 잠깐 평화로웠다가 이내 다시 흔들리는 것을 반복한다. 그러니 어리석다. 잡초뿌리를 그대로 두고 잎을 잘라내면서 잡초가 영원히 다시 자라지 않기를 바라는 것과 같기 때문이다. 대장부는 잡초 뿌리까지 잘라없애는 것은 물론 잡초가 뿌리내리는 땅조차도 없애버리는 사람이다. 이것이 궁극적인 업장소멸이다. 범인이 하는 일은 업장소멸이 아니라 업장을 이발하듯이 다듬는 일에 지나지 않는다.

　대장부는 지혜의 검을 손에 잡고 있다. 자기를 베어 죽여야 하는 이유를 너무나 잘 보고 알고 있으며 그것도 단번에 그렇게 해야 함을 깨닫고 있고 또한 뿌리를 잘라버려야 됨을 잘 알고 있으니 반야검이 되는 것이다. 이 반야는 완성된 불지혜(佛智慧)다. 서슬이 시퍼렇게 무서운 그 반야의 칼날 끝에는 천지(天地)의 정기(精氣)와 모든 정신이 한 점으로 모여있다. 당연히 다른 것들이 일체 눈에 들어오지 않는다. 자기 자신조차도 의식되지 않으니 당연히 부처도 눈에 들어오지 않는다. 그러니 태초 이전부터 아무리 오랜 생(生)을 끈질기게 영위해온 제8아뢰야라고 할지라도 단 한 번 휘두르면 찰나에 번쩍하며 목이 날아가버린다. 그때 찬란한 대광명의 피가 분수처럼 순간 솟아올라 온 우주를 빛으로 가득 채우게 된다. 반야검에 실제로 죽어보면 누구나 저절로 안다. 여기서는 찰나에 자기를 죽이면서 동시에 자기와의 일체 인연 또한 저절로 떨어져나가며 자연스럽게 공(空)이 된다.

　자기와 인연을 모두 단번에 죽이고 나면 일체가 시체가 되어 있으니 또 화장(火葬)해야 된다. 금강은 여기서 불꽃으로 화(化)하니 영원히 꺼지지 않고 그 누구도 꺼뜨리지 못하는 불꽃이다. 한꺼번에 삼천대천세계를 덮어 반야검에 의해 일체 죽어버린 심/의/식을 남김없이 불태운다. 그렇게 허공을 다시 청정하게 얻도록 하고 재가 다시 기름이 되듯이 허공 속에서 그 일체존재가 다시 대광명을 발하는 모습이 된다. 죽어 불 탔던 자기 역시 다시 태어나니 곧 천상천하유아독존인지라, 창조주이기도 하다. 자기로 인해 허공도 생명도 일체가 다시 태어났다. 그래서 금강의 불꽃은 재생의 불꽃이요, 부활의 불꽃이며 창조의 불꽃이다. 예수님이 재림하지 않는 이유는 모든 것을 그 때 새로 태어나게 했으니까 그 다음부터는 우리 자유이기 때문이다. 그것을 부활이라고 부른다. 우리들은 재창조된—실은 창조 이전의 모습이다—본래모습을 다시 증득하면 된다. 그걸로 끝이다. 그 때 이 지상이 천국이요 극락이다. 마음속에 이미 천국과 극락이 있음을 예수님도 누차 알려주었다. 그렇다고 그것을 붙잡으려고 하면 허망하게 되니 부활이란 없다.

　대장부가 가진 금강의 칼과 금강의 불꽃은 바로 시간을 두거나 자타를 분별하여 가리지 않고 찰나에 일체처가 동시에 처음부터 없었던 것과 똑같게 되도록 깨끗하게 없애는 것이니 돈오돈수로서 선문(禪門)의 표현이다. 그리고 참선은 바로 대장부가 하는 일이라는 사실을 우회적으로 은근히 암시하고 있다. 빨리 대장부가 먼저 되자. 그러면 그 뒤는 자연스럽게 된다.

68. 非但催能催外道心 早曾落却天魔膽

비단능최외도심 조승락각천마담

외도의 마음만 꺾을 뿐 아니요

일찍이 천마의 간담을 떨어뜨렸도다

불법, 특히 선(禪)에서 외도나 마(魔)라고 함은 근본적으로는 망념을 가져 중도실상에 어긋나 있고 중도실상을 벗어나 길을 가는 일체존재다. 그러므로 상(相)을 위주로 해서 현상계에 머물고 있는 우리 모두가 외도요, 천마가 된다. 대장부가 아닌 존재 일체라고나 할까. 그리고 자기마음에 대해 강한 애착을 가지고 있으니 일체의 분별취사심이 곧 외도천마의 마음이 되고 그 핵심은 제8아뢰야가 된다. 외도는 차별심과 더불어 중간에 머물면서 목적지에 도달했다는 착각을 갖고 있다. 천마는 천상의 마구니로서 생명을 부처로 보지 못하고 가볍게 여겨 기분좋게 피해를 끼치는 마음이 주(主)가 되어 있다. 온 힘을 모아 자기를 스스로 죽여버리는 대장부의 정신 앞에 천상의 마구니인들 감히 할 수 없는 일을 하는 것이니 어찌 이들이 두렵지 않겠는가? 대장부가 반야검과 금강화(火)를 휘두르니 외도의 마음이 꺾이고 천마의 간담을 떨어뜨리게 된다. 여기서는 부처도 손을 내밀지 못하니 외도는 비로소 믿음이 바로 서게 되고, 천마는 비로소 자비심을 갖추게 된다. 대장부로 인해 천지(天地)의 외도와 천마가 중도(中道)로 다시 들어오게 된다.

육신을 가진 외도나 마구니는 죽어도 의(意)와 식(識)만 죽을 뿐, 정작 제8아뢰야인 심(心)은 여전히 남아 있으니 귀신이 되어서나 환생했어도 못되게 날뛰게 된다. 죽어도 죽은 것이 아니라 실은 더 악화되는 것이다. 그래서 사형보다는 가석방 없는 무기징역이 개인이나 사회적으로 더 큰 덕이 된다. 그 동안 죄에 대한 두려움을 갖도록 하고 참회라도 조금 시켜야 하니까 그렇다. 도를 잘 가면 외도와 천마도 고꾸라지고 도를 제대로 못 가면 외도와 천마가 기를 쓰며 날뛰게 되니 도를 닦는다는 것은 어찌 보면 크나큰 일이고 또한 나 개인의 일인 것만 아니라 공익적인 측면도 아주 강하다고 봐야 한다. 그러므로 사명감이 없이 오로지 개인인 자기만을 위해 도를 닦는 것은 뭔가 다소 부족하게 느껴진다. 선종(禪宗)은 자기 개인만을 끌어안고 중생구제에 너무 무기력하니 부처님의 뜻을 완성하기 위해서는 내생에 다시 와서 전생에 닦은 바의 덕을 입어 널리 한 몸을 세상에 바치는 것이 시주를 받은 자의 마땅한 도리이기도 하다. 혼자 폼잡고 있어봐야 되지 않는다. 일체중생을 구제해야만 마음을 항복받아 진정한 부처가 될 수 있는 법이다.

대장부가 반야의 칼을 휘두르고 금강의 불꽃을 태운다고 하니 마치 외도를 상대로 무엇을 하는 것 같은 착각이 생기게 되는데, 실은 하릴없이 그냥 노닐 뿐이다. 지혜로운 대장부는 실상이 자비무적(慈悲無敵)임을 알고 있다. 자비심은 심/의/식을 근원적으로 소멸시켜야 원만하게 이루어진다.

69. 震法雷擊法鼓 布慈雲兮灑甘露

진법뢰격법고 포자운혜쇄감로

법의 우레 진동하고 법고를 두드림이여

자비의 구름을 펴고 감로수를 뿌리는도다

선지식이 대도를 대용(大用)하는 방편을 통칭하고 있다. 대용은 우리 존재의 주(主)를 이루고 있는 소리와 형상에 따라 자연히 이루어진다. 또 하나의 중요한 점은 일체평등이다. 누구나 들을 수 있도록 법고를 두드리고 누구나 마실 수 있도록 감로우를 내리니 대장부에게는 분별심의 정(情)에 따른 친소(親疎)가 없어 부처와 같음을 알 수 있다. 사자후는 일체처소에 일체존재에게 두루하니 곧 신(神)의 소리다. 그러므로 천마외도가 선지식을 살짝 두려워한다. 가만히 있어도 쉬지 않고 움직이며 쉬지 않고 움직여도 가만히 있는 사람이 선지식이다. 정(靜)과 동(動)이 쌍차쌍조가 되어 있으니 당연하다.

대용의 소리는 법의 우뢰가 진동하고 법고를 두드려 시방에 가득 채우는 것인데, 이 소리로 인해 심/의/식에서 쉬지않고 재잘거리는 번뇌망상의 잡된 소리들이 싹 놀라 달아나게 되고 영혼 속에 대우주의 큰소리가 가득 들어차게 된다. 자비의 구름을 펴고 감로수를 뿌리는 것은 대용의 형상(形象)인데, 감로우는 내리다가 중간에 그치는 것이 아니라 항상 내리고 있는 중으로 늘 현재상황이고 실제상황이다.

문제는 사람들이 그 형상을 보지 못하고 그 소리를 듣지 못한다는 데 있다. 그래서 다소 헛짓이기도 하다. 형상과 소리를 좀 더 현실에 즉 (卽)하여 개개인에게 구체적으로 펼쳐야 되겠다. 대장부의 이런 형상과 소리를 다 받아들여 부처로 화(化)하려면 마음을 활짝 열고 귀도 열고 눈도 떠서 점차 대도(大道)에 계합(契合)해나가야 한다. 자기 심/의/식의 교묘한 장난에 속아넘어가지 않아야 된다. 소리가 들리는 대로 비가 내리는 대로 다 받아들이면 금방 부처가 된다. 자기의 심/의/식만 사라진다면 그렇다. 비어 있는 만큼 담기는 것이 자연이고 자연은 도(道)인지라 거짓이 없으므로 이런 진정한 대장부, 선지식을 만났으면 텅 빈 그릇이 되어야 한다. 나아가 그 그릇마저 내팽개쳐버릴 때 비로소 자기도 대장부로 거듭 태어난다. 그래야 현실의 삶과 사후와 내생이 크게 달라지게 된다.

70. 龍象蹴踏潤無邊 三乘五性皆惺悟
용상축답윤무변 삼승오성개성오
용상이 차고 밟음에 윤택함이 그지없으니
삼승(三乘)과 오성(五性)이 모두 깨치는도다

용과 코끼리는 하늘과 땅에서 가장 신령한 짐승으로 외도/천마와 대비된다. 그래서인지 중생 가운데 비교적 수승한 사람을 종종 용과 코끼리에 비유한다. 이런 용과 코끼리가 감로수를 마시고 법고의 소리를 들어 무명(無明), 즉 심/의/식이 다 끊어져 도를 이루고 열반의 길에서 노니는 것을 표현하고 있다. 용상이 차고 밟는다는 것은 열반의 길이 차고 밝힐 정도로 붐비며 서로서로 내왕하며 활동한다는 것이다. 윤택함이 그지없다는 것은 부족함이 없이 모든 것이 갖추어져 있고 하고 싶은대로 마음껏 다 하니 그만큼 자유자재하다는 의미다.

삼승과 오성이 다 깨쳤다는 것은 일체 중생이 예외없이 다 성불했다는 것이다. 불교를 믿든 믿지 않든 모두가 다 포함된다. 삼승은 성문승(聲聞乘), 연각승(緣覺乘), 보살승(菩薩乘)을 말한다. 이들은 도가 높기는 하지만 아직 실제로 깨치지는 못한 부류들이다. 이른 바 예비부처이다. 성문은 법을 많이 들어서, 연각은 스스로 지혜를 키워서, 보살은 타인을 위해 애씀으로써 도가 높아져가고 제8아뢰야에 접하면서 깨달음의 길을 향해 나아간다.

오성은 범부의 성품, 성문연각의 성품, 보살의 성품, 외도의 성품, 이외의 모든 성품으로서 이 오성의 사람들이 모두 예외없이 성불한다는 것이다. 단, 감로수를 한 방울만이라도 마시거나 법고의 소리를 스치듯 듣기만 해도 그렇다. 그런데도 깨닫지 못한 사람들은 깨닫지 못한 것이 아니라 이미 깨달은 자기의 성품을 단지 보지 못했을 뿐이다. 보지 못한다고 없는 것은 아니다. 깨달아 법을 이은 전등조사들은 자기의 깨달은 모습을 본 것이다. 단지 이 차이밖에 없다. 삼승과 오성이 실제로 모두 깨치지만 자기의 이 모습을 아는 사람과 알지 못하는 사람의 차이밖에 없다. 아직 알지 못했지만 언젠가는 보고 알게 될테니 그것이 과거든 현재든 미래든 시간은 별 의미가 없다. 왜 보지도 알지도 못하느냐 하면 망념의 뿌리인 제8아뢰야가 아직 남아 있기 때문이다. 그것을 말끔하게 걷어내는 순간 선지식의 감로수가 자기 안에 있었다는 것을 알게 된다.

71. 雪山肥膩更無雜 純出醍醐我常納

설산비니갱무잡 순출제호아상납

설산의 비니초는 다시 잡됨이 없어

순수한 제호를 버니 나 항상 받는도다

설산은 히말라야산으로서 비니는 그 산에 나는 풀인데, 세상에서 가
장 곱고 부드럽고 맛이 있다고 한다. 또한 백우(白牛)가 있어서 이 비니
초만 먹고 산다는데 이 젖을 짜서 만든 최고의 영양가 있고 맛 좋은 치
즈를 제호라고 한다. 설산의 비니초가 있는 자리에는 다른 풀이 하나도
없어서 잡됨이 없다고 하는 것이다.

백우는 우리의 청정한 자성(自性)을, 비니초는 청정한 자성의 진여대
용(眞如大用)을, 제호는 백우가 비니초를 먹고 내놓는 것이니 이것 역
시 진여자성(眞如自性)을 비유한 것이다. 설산은 만년설이 늘 덮여 있
는 신비한 산으로서 이 지구의 지기(地氣)에 있어서 중심이 된다. 깨끗
한 청정국토를 상징한다. 흰 눈 위의 흰 소이니 밝고 또 밝은 대광명(大
光明)일 수밖에 없다. 이 속에는 흰 소조차 보이지 않는다. 주관과 객관
이 완전히 소멸된 것이니 청정하다는 이름조차도 떨어져나간 청정함인
것이다. 한마디로 이 사바세계를 포함한 대우주에는 오로지 불국토와
진여와 대용 외에는 없다는 것이다. 이런 더없이 이상적인 상황은 내가

만드니 참으로 신묘하다. 산봉우리가 하얀 설산(雪山)은 실제로 생명체들이 육신이 아니라 신령(神靈)이 위주가 되어 살도록 신기(神氣)를 형성하는 힘을 갖고 있다. 그래서 더욱 신령스럽게 우리 마음에 다가오는 것이다.

사바국토는 먹구름으로 덮인 시커먼 산 위에 흑우(黑牛)가 온갖 오염된 풀을 뜯어먹고 중금속이 잔뜩 들어간 치즈를 내니 한마디로 암흑 속의 암흑이라, 어둡고 또 어두워 어둠 속에서 서로 부딪치고 우왕좌왕하며 아무리 많이 먹고 잘 먹어도 병에 걸리고 상처만 입고 있을 수밖에 없다. 눈이 있어도 아무 것도 보이지 않고 오로지 자기존재만 인식될 뿐이다. 그리고 자기만 살 길을 찾겠다고 무조건 부딪치는 상대를 밀쳐내면서 어디론가 어지러이 왔다갔다한다. 그러다가 힘이 다하면 그 자리에 쓰러져 밟혀죽게 된다. 주관(자기)과 객관(상대)이 엉망진창으로 마구 뒤섞여 무질서 그 자체다. 그런데 이런 사바국토는 태초 이전부터 본래 있는 것이 아니고 단지 우리의 망념과 욕심이 만들어낸 일시적으로 것일 뿐이니 실체가 없는 환영(幻影)같은 것이다. 그러므로 사바국토도 알고 보면 본래 텅 비어 있는 공간으로서 불국토다. 뭘 장엄하고 꾸미고 할 것도 없이 지금 이대로 근본이 불국토다. 스님은 망심과 욕망이 사라져 꿈을 깬 사람인지라 오로지 설산에 백우와 비니초와 제호와 더불어 있다. 당연히 나 자신도 근본적으로는 백우고 제호다. 도를 깨닫는다는 것은 바로 이 사실을 스스로 온몸으로 확인하여 증명하는 것이다.

어둠을 벗어나려고 어디 가서 광명을 찾아봐야 따로 광명이 없으니 자기가 광명체라는 사실을 스스로 증득하면 끝나는 것이다. 그 어둠이 애초에 자기가 직접 만들어서 달고 다닌 것이기 때문이다. 그러므로 세상이 종말이 온다고 해도 무너지지 않고 죽지도 않고 사라지지도 않으니 두려워할 것이 무엇이 있겠는가? 알든 모르든 자기 자신은 대광명 속의 대광명으로 영원히 존재하고 있으니 희망을 가지고 살자. 항상 받는다고 했으니 오로지 영원함만 있을 뿐이다. 다만 아직 내 자신이 망념 속에 살고 있다는 사실을 살아 생전에 깨닫지 못할까 하는 두려움만 살짝 스쳐지나간다.

72. 一性圓通一切性　一法偏含一切法

일성원통일체성 일법변함일체법

한 성품이 두렷하게 모든 성품에 통하고

한 법이 두루하여 모든 법을 포함하나니

우리는 성품이 하나가 되어 있지 않다. 그야말로 총천연색의 다양한 성품을 갖고 있으면서 모두 제8아뢰야에 스며들어 있다. 그러면서 새로 태어날 때마다 그 가운데 한 두 가지 주된 성품을 갖고 나오니 그것이 곧 천성(天性)인데, 제8아뢰야의 부분성향이다. 그런데 이 성품에 지배되어 그것이 자기의 본래성품인 줄 알고 한평생 살아가고 있으며 뿌리가 깊어 타고난 천성은 참으로 고치기 어렵다. 양변(兩邊)이란 바로 이 제8아뢰야의 성품을 크게 두 가지로 나누어 평가하며 그것이 안팎으로 나타난 것인데, 여기에 집착하여 살아가고 있음을 지적한다. 선과 악, 옳고 그름, 얻고 잃음, 주관과 객관, 등 양변은 모두 어디 다른 곳에 있는 것이 아니라 바로 제8아뢰야의 모순되는 성품이다. 그러므로 표면으로 드러난 성품의 양단에만 집착하면 영영 바깥으로 도는 수밖에 없다. 마치 파도물결에 머물러 따라 흘러다니면서 바다 깊은 속에는 들어가지 못하는 것과 같다. 그래서 양변을 모두 놓아버리려는 것이다. 그리고는 제8아뢰야로 쳐들어가 모두 부숴서 텅 비워버리려는 것이다. 파도물결을 잠재우는 것이 아니라 바닷물 전체를 퍼내버리는 것이다. 선(禪)은 마음, 즉 제8아뢰야 자체를 통째로 없애버리는 것이다.

깨달으면 오로지 하나의 단일한 성품으로만 자기존재가 이루어진다. 그래서 순수(純粹)하다. 그것을 다양한 측면에서 불성(佛性), 신성(神性), 대광명, 진여, 자성, 청정심, 부동심, 금강심, 원만심, 대자유, 무변신, 진여법계, 중도, 천백억화신 등등의 이름으로 부른다. 이 한 성품은 모든 성품에 통한다. 경계가 사라졌기 때문이다. 한마디로 만능의 성품이니 굳이 다른 성품을 애써 만들 이유가 없게 된다. 이것은 현실에서 몸을 통하여 한없이 마음이 넓고 자비롭고 위엄있는 그런 성품으로 일부 나타내기도 한다. 어떻게 통하느냐 하면 원만하게 통한다. 원만하다는 것은 조금의 빈 부분이나 흠결있는 곳이 없이 완전하게 일체처(一切處)에 일체존재에 꽉 차 있는 것이다. 이렇게 모든 생명의 성품에 통한다. 관세음보살님을 원통교주(圓通敎主)라고 부르는데, 바로 이런 의미다. 나 자신의 안팎으로 관세음보살님이 꽉 들어차 있다. 그래서 나 자신은 중생심이라고는 눈꼽만큼도 찾아볼 수 없게 된다. 그래서 관세음보살을 반복하여 정근하는 것은 나의 원만한 한 성품을 불러내는 일이기도 하다. 그렇다고 밖의 관세음보살님을 무시하는 것은 또 경계를 짓는 것이니 이는 곧 안으로 치우치는 것이 되어 나 안의 것도 같이 망가진다. 안팎이 경계가 없으니 밖의 관세음보살님을 열심히 부르면서 동시에 나 안의 그 성품도 인식해야 되는 법이다. 그리고 일체생명의 성품도 그러함을 알고 있어야 한다. 밖으로만 불러도 어긋나고 안으로만 불러도 어긋난다. 중생은 습관적으로 다양한 경계를 만들어 부딪치므로 그 경계와의 관계에서 각각 알맞은 성품들을 만들 수밖에 없는 딱한 처지다. 쉬지도 못하고 마음이 늘 불편하다. 그러나 진여실상에서 보면 스스로 포기하지만 않아도 한 성품이 나를 지탱할 수 있게 해준다. 도(道)를 가는 것은 우선 다양하게 분화된 성품으로 인한 충돌과 갈등을 거두어들이는 것으로부터 시작한다.

한 법이 두루하여 모든 법을 포함한다는 것은 바로 한 성품의 진여대용(眞如大用)이다. 한 성품이 모든 성품에 원만하게 통해 있으니 한 성품의 움직임 역시 모든 성품의 움직임이 된다. 당연히 한 성품의 한 법이 모든 성품의 모든 법을 두루하여 포함하게 된다. 원만하니 물이 그릇 모양에 꼭 맞게 들어차는 것처럼 모양 따라 두루한 것은 당연하다. 자기의 한 성품을 보지 못하면 모든 법의 지배를 받게 된다. 왜냐하면 모든 잡다한 성품을 드러내니 모든 법의 지배를 받는 것은 당연하다. 일대일(一對一), 다대다(多對多) 상응이다. 그러다가 자기 자신의 한 성품을 증득하면 비로소 만법의 주인공이 된다. 이른 바 모든 법의 지배를 받던 평민 신분에서 모든 법을 만들고 운용하는 왕의 신분이 되는 것과 같다. 모든 성품이 있으므로 모든 법이 있게 되고 그 모든 법은 한 법에서 나왔고 그 한 법은 한 성품에서 나왔다. 근본을 얻으면 내가 일체에 대해 주인공이 된다.

73. 一月普現一切水　一切水月一月攝

일월보현일체수 일체수월일월섭

한 달이 모든 물에 두루 나타나고

모든 물의 달을 한 달이 포섭하도다

　달을 올바로 가리키고 또 가리키는 그 손가락을 보고 다음에 고개를 돌려 가리키던 달을 직접 봐야 비로소 온전하게 된다. 일시무시일(一始無始一) 석삼극(析三極) 무진본(無盡本)이고 삼생만물(三生萬物)인지라, 뭐든지 무(無)의 자리에 하나(一)를 두고 그 하나를 기본적으로 세(三) 측면 정도까지는 바르게 보고 원만하게 얻어야 삼라만상의 근본과 전개상을 이해하고 온전하게 보게 되며 역시 그 하나도 온전하게 얻게 된다. 그렇지 않으면 얻은 그 하나에 결함이 있게 되므로 해로움이 생겨난다. 역으로 삼라만상에서 공통되는 세 측면을 찾아보고 그것을 하나로 포섭하여 그 하나를 무(無)로 돌려야 일체실상을 온전하게 보게 된다. 여기서 둘(二)는 하나를 셋으로 탄생시키는 매개체가 되고 그 때 일체존재 안팎의 양대 세력이 된다. 진짜 달을 가리키는 손가락은 구지(具指)선사로부터 손가락을 잘려버리고 그 손가락이 붙어 있던 자리다.

　앞의 성품과 법을 달과 물로 다시 한 번 비유하여 강조하고 있다. 한 달은 한 성품을 의미하고 모든 물은 모든 성품을 의미하고 뒷 구절의 모든 물은 모든 법을 의미하고 한 달은 한 법을 의미한다. 달도 밝고 물도 깨끗해야 서로 비추며 나타나고 걸림없이 포섭하게 된다. 결국 달도 물

186

도 물에 비친 달도 일체가 청정하다는 것이다. 먼지와 티끌이 전혀 없이 오로지 자타불이(自他不二)가 되어 있다. 달도 물도 물속의 달도 모두 나 자신이 아님이 없다. 여기서 달과 물을 따로 보고 서로 비추며 나타나고 포섭한다고 생각하면 본래의 자기 모습으로부터 영영 멀어지고 만다. 일체풍광이 대광명이요, 영원히 아름다운 풍광이니 이는 하나로서의 풍광이고 이것이 나의 진정 아름다운 모습이다.

74. 諸佛法身入我性 我性還共如來合

제불법신입아성 아성환공여래합

모든 부처님 법신이 나의 성품에 들어오고

나의 성품이 다시 함께 여래와 합치하도다

깨닫는다는 것은 나 자신 뿐만 아니라 일체존재 역시 나와 동시에 주체가 되니 이 때가 천상천하유아독존이다. 앞 구절은 부처님이 주체가 되고 뒷 구절은 나 자신이 주체가 되는 것을 표현하였으니 앞은 번뇌가 일어나지 않는 열반이고 뒤는 경계를 초월하여 자유로운 해탈에 해당된다. 천상천하에서 일체평등 이외는 아무 차별도 없게 된다. 사해일가(四海一家)다. 안팎이 완전히 열려버리는 순간의 노래다.

깨달음의 실제 순간을 적나라하게 드러내놓는다. 앞 구절은 열반(涅槃)인데, 일체 번뇌망상이 사라지면서 일체 잡다한 성품들이 사라지고 오로지 순수한 한 성품으로만 남게 되니 대우주와 상응하게 되어 모든 부처님이 당연히 내게로 들어오게 된다. 왜냐하면 한 성품은 대우주를 포함하고 있기 때문에 그렇지 않은 일은 없다. 그러므로 부처님을 따로 부르지 않아도 어느 한 부처님도 빠짐없이 일체 나에게로 들어오게 된다. 이것은 스스로 그러하니 까닭이 없다. 이 때는 나 자신이 물론 주체이지만 부처님으로 인해 순간 객체의 상황이 된다. 그러나 모든 부처님이 오게 만든 장본인이 나 자신이니 또 본래주체이기도 하다.

뒷 구절은 바로 해탈(解脫)이다. 나의 한 성품으로 부처님이 들어오고 다시 내가 부처님과 합하도록 한다. 이 때는 내가 주체가 되고 부처님이 객체가 되는 상황이다. 부처님이나 나 자신이나 본래주체인데, 들어오고 합치는 것은 바로 주체의 움직임인 대용(大用)을 말한다. 대용의 관점에서 주체를 다시 한 번 되돌려 반조(返照)하는 것이다. 그래야 완전한 대용이 된다. 대용에서는 주체와 객체라는 입장이 모두 그 순간의 방편에 지나지 않는다.

나와 부처님, 그리고 움직임의 이 셋으로 비로소 내 존재가 원만하게 하나로 완성되는데, 실제로는 시차를 두고 일어나는 것이 아니라 동시 상황이다. 따로 들어오고 합치는 행위를 생각하면 전혀 오류가 된다. 그래서 석가모니부처님이 깨달음을 해탈열반이라고 표현하셨다. 석가모니부처님이 남겨주신 밀교(密敎)도 사실 이 구절을 그대로 실천하는 것이다. 우리는 부처님께 간다거나 부처님이 온다거나 하는 등 한 쪽으로만 치우쳐 있다. 그래서 반쪽부처이기도 하다.

75. 一地具足一切地 非色非心非行業

일지구족일체지 비색비심비행업

한 지위에 모든 지위 구족하니 색도 아니요

마음도 아니요 행업도 아니로다

이 세계는 차별적인 지위체계를 정해두고 그 속에 개개인이 각각 속하여 하나의 지위를 가지고 살아간다. 그러나 대도의 세계에 들어가면 일체 그런 것은 사라진다. 내가 주인인 동시에 손님이고 선생님인 동시에 학생이고 신입사원인 동시에 사장이며 대통령인 동시에 평민이다. 이 대우주의 모든 지위를 동시에 품고 있는 지위가 바로 한 지위라는 것인데, 이 지위는 한 성품이 가진 지위다. 모든 지위를 구족하고 있으니 대자유가 되는 것이다. 그렇지 않으면 다른 지위에 의해 구속당하게 된다. 부처가 되기도 하고 중생이 되기도 하고 옥황상제가 되기도 하고 천상녀가 되기도 하고 마음대로다. 색(色)의 차원에서만 따로 보면 꿈같은 이야기지만 사실이다.

모든 지위를 구족한 한 지위는 형상(形象)이 있는 것이 아니다. 그리고 한 지위를 얻기 위해 애쓴 것도 없다. 내 마음이 한 지위를 만든 것도 아니다. 또 선업을 쌓아 그 과보로 한 지위가 주어져 그 자리에 앉는 것도 아니다. 한 지위는 색(色)도 마음도 행업도 아니고 일체 이름(名)과 모양(相)과 식(識)을 벗어난 자리니까 그렇다. 부처라는 것은 높고 낮은 것을 따지는 지위가 아니다. 많은 신들을 거느리고 다스리며 우리를 규율하며 상도 주고 벌도 주는 그런 존재가 아니다. 오히려 정해진 지위가 없는 자리다. 그래서 그 어떤 존재도 건드릴 수 없고 뺏을 수도 없고 훼손시킬 수도 없는 지위며 존재상태이니 인간세상에서와 같은 그런 지위를 생각하며 도를 닦으면 마귀의 밥이 되고 만다. 이 구절은 한 성품의 대자유(大自由)와 위없는 위엄을 표현하고 있다.

76. 彈指圓成八萬門 刹那滅却三祇劫

탄지원성팔만문 찰나멸각삼지겁

손가락 퉁기는 사이에 팔만법문 원만하게 이루고

찰나에 삼아승지겁을 없애버리도다

아미타불이 손가락을 퉁기니 극락의 문이 열리고 문수보살이 손가락을 퉁기니 해탈의 문이 드디어 열린다. 그리고 그 문 안에는 시간과 공간이 없으니 들어서는 순간 당연히 시간이 사라지고 삼아승지겁이라는 그 기나긴 시간 동안 쌓인 업(業)도 찰나에 사라지고 만다. 그리고 나 자신이 두루하게 된다. 극락과 해탈의 문을 여는 것이 손가락이니 이것을 바라는 우리들을 위해 다양한 손가락의 형상을 수인(手印, mudra)으로 나타내 보여주셨다. 손가락을 퉁긴다는 것은 한가로운 모습—삼매(三昧)에 들어가 있는 모습—으로 짧은 시간과 힘들이지 않는다는 것을 의미한다. 힘이 모여 있지만 실제로 힘을 쓸 때는 전혀 힘들이지 않고 찰나에 쓰는 것이니 체화된 대도(大道)의 자연스러운 용(用)이고 무위(無爲)다. 힘을 잔뜩 들어서 내보내면 그 힘은 충돌을 일으키므로 온전하게 자리이타가 되지 않는다. 즉 업(業)을 남기게 되는 법이다. 손바닥에 있는 무드라(mudra) 차크라가 힘을 내보내어 대용(大用)하는 방편이 손가락이니 부처님과 해탈조사들의 일체 무위행(無爲行)을 손가락 퉁기는 것으로 표현한다. 손가락을 퉁기는 것이 이와 같으니 그 어떤 존재도 그 힘을 이겨낼 수 없고 그 힘을 받는 존재도 어떤 타격을 받지 않고 큰 덕을 입게 된다. 그야말로 공(空)의 힘, 신(神)의 힘이라고나 할까. 그러므로 손가락을 퉁기는 사이에 팔만법문이 모두 드러나고 열리며 이루어지니 여기에는 시간도 공간도 존재할 수가 없다. 팔만법문이 원만하게 이루어진다는 것은 일체가 비워진 곳에 일체가 채워진다는 것과 통하니 여기에는 색(色)도 있고 마음도 있고 중생도 있고 부처도 있으며 천당도 있고 지옥도 있게 됨은 당연하다. 그리고 있는 그대로 완연하게 명명백백하게 현전한다. 이것을 무장애부사의법계(無障碍不思議法界)라고 한다. 일시에 모든 것이 다 드러나버리니 자기가 분별취사하는 것들이 얼마나 하잘 것 없는 것임을 깨닫고 집착과 한(恨)이 일순간 떨어져 나간다.

77. 一切數句非數句　與吾靈覺何交涉

일체수구비수구 여오영각하교섭

일체의 수구와 수구 아님이여

나의 신령한 깨침과 무슨 상관 있을손가

수구비수구는 능가경에 나오는 말로 부처님이 중생의 일체 차별상에 따라 자비를 베풀어 차별법상(法相)을 수없이 말씀하신 것들을 일컫는다. 즉, 법에 대한 일체의 방편설법을 일컫는 것으로 팔만대장경이 그렇다. 그래서 팔만대장경 안에는 부처가 없다. 당연히 깨달음과 아무 상관이 없다고 하는 것이다. 그러나 이것은 부처님과 그 법문에 내가 더 이상 의지하고 의존하는 존재가 아님을 말하고 있기도 하다. 그래서 팔만대장경 안에는 팔만부처가 있게 된다.

신령한 깨침이란 깨친 경계가 신령하다는 의미니 신령세계 전체를 본 것이다. 영(靈)이란 영혼 또는 신령이란 의미다. 영각(靈覺)은 문자 그대로 신령한 깨침이 아니고 실제로는 대우주인 신령세계와 물질세계를 모두 보고 아는 것을 말한다. 또 깨치는 주체는 영혼이라는 의미도 들어있다. 부처님을 비롯한 신의 신령함을 깨쳤다는 의미도 들어 있다. 신령세계를 깨쳤다고 얘기해도 된다. 두뇌는 별 차이가 없어도 영혼은 신으로부터 악마까지 이 우주의 생명들이 천차만별이다. 온갖 신통한 작용은 영혼에게서 비롯된다. 그러므로 성인들은 모두 위대한 영물(靈物)이다.

78. 不可毁不可讚 體若虛空勿涯岸
불가훼불가찬 체약허공물애안

훼방도 할 수 없고 칭찬도 할 수 없음이여

본체는 허공과 같아서 한계가 없도다

위대한 성인(聖人)은 살아서는 비난과 훼방을 받고 죽고 나서야 추앙받는 사람이다. 그런 고통을 무릅쓰고 우리를 위하니 자비심과 사랑이 남다른 바가 있는 것은 틀림없다. 훼방은 인간을 비롯하여 천마 등 마구니들이 하는 일이고 칭찬은 시방삼세 제불보살님들이 하는 것이다. 그런데 어느 쪽도 의미가 없다. 인간들이 훼방하는 성인은 인간들이 자기 안에서 만들어낸 성인의 이미지일 뿐 실제 성인과는 아무런 관계가 없다. 또한 시방삼세 제불보살님들이 칭찬을 해도 모자란다는 것이다. 사실 칭찬 같은 것은 없다. 이제 겨우 새로 태어난 아기일 뿐이니 뭐 잘한 것이 있다고 칭찬하겠는가? 마땅히 해야 할 일을 한 것뿐이다. 그런데 칭찬도 훼방도 무의미한 이유가 본체가 허공과 같아서 한계가 없기 때문이라고 말한다. 텅 비어 있으니 그 무엇도 훼방놓을 수 없고 한계가 없으니 영원히 칭찬해도 모자라게 되어 칭찬할 수가 없는 것이다. 그리고 훼방받아 화나거나 손상되거나 하는 실체도 없고 칭찬받아 좋아하고 부풀어오를 실체도 없다.

이것을 보면 성인을 대할 때는 욕하느냐 칭찬하느냐가 의미가 있는 것이 아니다. 오로지 소득심(所得心)이 있느냐 없느냐로 진정성이 결정되고 자기마음이 자기 자신에게 솔직하냐 아니냐로 얼마나 큰 덕을 입게 되는지가 결정된다. 그러므로 성인을 비난해도 복(福)이 올 수가 있고 성인을 칭찬해도 화(禍)가 올 수도 있는 법이다. 스스로 복과 화를 부르는 것이다. 성인의 복덕은 마치 바다와 같아서 각자 자기가 가진 바가지 용량만큼 퍼가는 것이고 자기 마음에 따라 복이 오고 가는 것이다. 전체적으로 성인은 인간들이나 인간세상과는 근본에서는 아무런 관계가 없는 존재임을 알려주고 있다.

79. 不離當處常湛然 覓則知君不可見

불리당처상담연 멱즉지군불가견

당처를 떠나지 않고 항상 담연하니

찾은 즉 그대를 아나 볼 수는 없도다

당처(當處)란 말 그대로 '나' 라는 존재가 항상 있고 또 있어야만 되는 근본자리로서 진리의 광명을 뜻한다. 일체존재는 본질적으로는 항상 당처에 머물러 있지만 명(名)과 상(相)을 만들어 망심(妄心)을 위주로 하기 때문에 당처의 상상할 수 없는 혜택을 보지 못하고 있다. 당처는 유정(有情)/무정(無情)의 일체가 머물고 있는 진여자성(眞如自性)이자 반야바라밀(般若波羅密)이다.

당처를 떠나지 않아야만 항상 담연할 수 있게 된다. 담연하다는 것은 물이 깊고 고요한 것을 이름이니 시끄러운 소리가 없다. 그리고 억지로 그렇게 만드는 것이 아니라 자연스럽게 저절로 그렇다. 이것은 내면이 고요하여 움직이는 모양과 재잘거림이 근원적으로 사라진 것이다. 그러니 당연히 내면이 청정한 것이고 때가 없는 것이 된다. 청정하다는 것은 반야심경에서 '무안이비설신의 ~ 무지 역 무득' 에 말한 것처럼 그야말로 일체가 사라진 것으로 나와 밖의 경계에서 일컫는 모든 것들이 없는 것이다. 그러니 담연하게 된다. 뭔가 티끌만큼이라도 있으면 그 티끌이 모양을 갖고 소리를 내고 있으니 담연하다는 것은 불가능하게 된다. 움직임과 그침의 양변이 생겨나기 때문이다.

194

진여대용이 항상 있으니 밝고 밝게 분명히 알 수 있다. 그러나 일체 모양과 이름이 다 떨어져 나갔으니 찾으려고 해도 찾을 수 없고 보려고 해도 볼 수 없는 법이다. 당연히 찾고 보려는 모양을 만들면 크게 어긋난다. 주관과 객관이 동시에 사라지니 찾는 것과 찾지 않는 것, 보는 이와 보이는 대상이 없어져 중도가 된다.

80. 取不得捨不得 不可得中只麽得

취부득사부득 불가득중지마득

취할 수도 없고 버릴 수도 없나니

얻을 수 없는 가운데 이렇게 얻을 뿐이로다

진정으로 아는 이는 집착하지 않음이 아니라 집착할 수 없다는 것을 안다. 그래서 망념(妄念)이 없으니 망념을 애써 버릴 것도 없어 늘 도(道)에서 벗어나지 않게 된다. 취할 수도 없으니 버릴 수도 없고 버릴 수도 없으니 취할 수도 없다. 그것은 내가 있고 대상이 있어 나와 분리되었을 때는 성립되지 않는 말이다. 대상이 나 자신일 때 외에는 될 수 없는 법이다. 그리고 변하지도 않고 생기거나 없어지지도 않고 보태거나 뺄 수도 없어야 하니 나 자신 가운데서도 바로 나의 본체인 대광명으로 모든 명상(名相)이 떨어진 진여자성(眞如自性)이다. 작은 것은 큰 것을 소유할 수 없고 짧은 것은 긴 것을 소유할 수 없고 약한 것은 강한 것을 소유할 수 없고 변화는 불변(不變)을 소유할 수 없고 보이는 것은 보이지 않는 것을 소유할 수 없고 있는 것은 없는 것을 소유할 수 없으니 나는 대광명 속에 있고 영혼 속에 있고 허공 속에 있고 마음 속에 있다. 더구나 나와 일체가 되어 있으며 내 몸은 이것이 한 점(點)으로 드러난 물건일 뿐이다. 이미 영원한 생명과 무한한 능력을 가지고 있는 나 자신인데 여기에 무엇을 더 취하고 버릴 수 있겠는가? 석가모니부처님은 욕망으로 아무리 노력해도 가질 수 없는 복(福), 이 하나를 주려고 오신 것이다. 그것은 바로 일시적인 몸을 버리고 영원히 사는 것이다. 이것은 아무리 선업을 많이 지어도 주어지지 않는 복이다. 왜냐하면 이미 자기가 가지고 있으니까 그렇다.

'얻을 수 없다'는 의미는 취할 수도 없고 버릴 수도 없으니 도무지 어찌해볼 도리가 없다는 의미다. 신(神)에게 도대체 무엇을 어떻게 하겠는가? 다행히도 이것은 영원한 자유와 행복으로만 꽉 차 있다. 그러니 우리는 항상 행복하고 자유스러운 존재일 수밖에 없다. 아득한 옛날에도 지금도 앞으로도 영원히 그렇다. 단지 이 사실을 모를 뿐이다. 그러므로 나 자신의 존재를 그대로 두고서 밖에서 그 어떤 것을 취하고 버리더라도 자기존재에 괜히 때만 묻히는 짓에 지나지 않는다. 신(神)조차도 내 본체를 향해서는 더 보태고 덜어낼 수 없게 되어 있다. 원만하다. 그래서 일체 무소유(無所有)를 말한다. 무소유는 몸의 차원에서는 욕망의 충족이 아니라 필요의 충족이라는 전제조건이 붙게 된다. 그래서 무소유는 100% 실용성을 가지고 있다. 자본주의는 철저하게 필요의 충족이라는 범주를 넘어서 욕망을 창출하고 키우며 충족시키려는 경향 때문에 결국 스스로 고통을 초래하게 된다. 또한 얻으려고 하면 얻어지지 않고 얻을 수 없다는 것은 길이 없다는 것이다. 그런데 이렇게 얻을 수 있는 방법이 따로 없는 가운데 얻게 되니 참으로 신묘하고 희한하고 신령하다는 것이다. 그래서 길 없는 길이니 마침내 저절로 얻어진다.

81. 黙時説説時黙　大施門開無壅塞

묵시설설시묵 대시문개무옹색

말 없을 때 말하고 말할 때 말 없음이여

크게 베푸는 문을 여니 옹색함이 없도다

크게 베푸는 것은 성불(成佛)이고 작게 베푸는 것은 곧 현세이익이다. 우리는 작게 베푸는 것에 너무 목말라하고 큰 것은 보이지도 않고 있는데 선사들은 크게 베푸는 것만을 말하고 있으니 행(行)이 모자라 선종(禪宗)의 가치가 인간세상에서는 크게 쪼그라드니 안타깝다. 부처님은 지극히 작게 베풀어 지극히 큰 베풂을 연다. 도가 진정 높거나 실제로 깨달은 승려들은 말로만 근사하게 베푸는 짓을 하지 말고 부처님을 진정으로 좀 본받아야 할 것이다. 대도(大道)는 생명에게 작은 베풂도 충족시켜준다. 원효대사는 어두컴컴한 모퉁이구석마다 직접 다니면서 밝혀주고 가장 아랫자리의 사람들을 평등하게 만나서 한마음으로 위로하고 기쁨을 주며 업장을 해소해주고 하늘로 들어가도록 인도했으니 작게 베푸는 문과 크게 베푸는 문을 근기에 맞게 동시에 열었다.

크게 베푸는 문을 연다는 것은 바로 말 없을 때 말하고 말할 때 말없는 법문을 일컫는다.

말 없을 때 말하고 말할 때 말 없다고 할 때의 그 말은 상대적인 말과 침묵이 아니라 '말과 생각이 근본적으로 끊어진' 그 자리에서 나오는 말이다. 마음이 사라져 무심(無心)이 드러난 말이나 침묵이다. 그래서 통칭하여 '말 없는 말', '침묵 없는 침묵' 이란 표현을 쓴다. 말 없을 때는 체(體)가 되고 말하는 것은 용(用)이 된다. 그러므로 말과 말 없음은 체와 용으로 하나가 되어 항상 드러나고 있으니 항상 말하고 있으면서 동시에 항상 말없고 항상 말 없으면서 동시에 항상 말한다.

'말 없다' 는 것은 상대적인 말과 침묵을 있게 하는 그 실체가 사라진 그 자리, 즉 대광명(大光明)의 자리를 뜻한다. 말과 침묵은 번뇌망상의 표현인지라 제8아뢰야(근본무명)가 있는 한 말 없는 자리가 드러나지 않는다. 말과 생각을 끊임없이 만들어내는 공장에 해당되는 제8아뢰야가 사라지면 여래장(如來藏) 또는 자성(自性)이라 불리는 대광명이 드러나는데, 이것을 나의 본체(本體)로 삼는 것이다. 그러므로 말 없을 때 '말한다' 는 것은 내 본체의 대용(大用)인데, 특히 대광명이 제8아뢰야나 제7식, 제6식을 거치지 않고 곧바로 말하는 것을 일컫는다. 즉, 해탈조사들이 대광명의 법(法)을 입을 통하여 드러내는 말이다. 이것을 반야심경에서 '즉설주(卽說呪)' 라고 표현했다. 그러므로 이런 즉설(卽說)은 곧 주문(呪文)이 되는 것이다. 주문은 천지인(天地人)의 전체의 힘을 동원하는 주술(呪術)로서의 말이니 이는 곧 진언(眞言)이다. 그러므로 즉설주는 항상 대우주의 힘이요, 진리요, 지혜요, 자비가 되는 것이다. 자성을 보지 못한 채 영혼에서 나오는 말은 아무리 고상하고 그럴 듯해도 단지 업식망정(業識妄情)에 지나지 않는다.

'즉설주'는 말을 하더라도 그 뿌리가 진여(眞如) 대광명이 되므로 항상 부동(不動)이다. 그래서 말할 때 말 없다. 말없는 자리에 즉(卽)해있는 말이므로 부동(不動)을 근본으로 하는 말과 침묵이다. 그러므로 이 말에는 순수하고 대우주의 힘이 실려 있게 된다. 귀신을 천도시킬 때에 말하는 것은 이와 같이 말없는 상태다. 이렇게 말 없을 때 말하고 말할 때 말 없으니 해탈조사의 말과 침묵은 서로 부동(不動)의 동(動)이요, 동(動)의 부동(動)이니 서로 쌍차쌍조하고 있어 양변의 모순이 해소되며 중도가 된다. 그리고 원융무애하게 이사무애, 사사무애가 된다.

82. 有人問我解何宗　報道摩訶般若力
유인문아해하종 보도마하반야력

누가 내게 무슨 종취를 아느냐고 물으면

마하반야의 힘이라고 대답해 주어라

마하반야란 대지혜이고 대지혜는 일체종지(一切種智)이니 일체종지에서 나오는 힘을 안다는 것이다. 마하반야의 힘은 곧 대도(大道)의 힘이고 부처와 신(神)의 힘이면서 중생구제의 힘이다. 또한 종취를 아는 근원이 바로 마하반야의 힘 덕분이라는 사실이다. 또한 참된 도인(道人)이 되면 마하반야의 힘을 얻게 됨을 알려준다. 안다는 것은 곧 얻는다는 의미도 포함하고 있다. 왜냐하면 있는 그대로 얻지 못하고 바라보기만 해서는 절대로 온전하게 알 수 없는 법이기 때문이다. 안팎이 본래 없지만 형상을 가지게 되면 자타의 경계가 생기므로 마하반야의 힘이

도와주지 않으면 종취를 알지 못하게 되어 그 누구도 깨닫고 해탈할 수 없다. 마하반야는 곧 신(神)의 지혜이고 부처님의 지혜니 이 분들의 힘이고 그 도움으로 비로소 이루게 된다. '겸손하라' 또는 '하심하라' 는 말은 곧 마하반야의 힘을 잘 청하여 도움을 얻어야 됨을 말함이다. 물론 신과 부처님은 대도, 즉 순리(順理)로 대용(大用)을 쉼없이 하고 계시지만 그 근본 위에서 그 작용을 좀 더 적극적으로 받아들이는 것은 내가 할 일이고 이것은 비록 인위지만 대용을 따르는 것이므로 대용에는 어긋나지 않는다. 그리고는 대용을 따르므로 결국은 자연스럽게 되어간다. 바람이 가는 길을 따라 노를 젓는 것이기 때문이다. 오히려 신불의 대용을 더욱 빛나고 가치있게 해주는 것이니만큼 도움을 잘 청하면 크게 가피를 주어 인도해주신다. 일초직입여래지(一超直入如來地)라고 했듯이 죽기 전에 너무 돌아가지 말고 최대한 빨리 진여법계로 들어가면 좋은 것이고 그 목적이 바로 선(禪)이 아닌가? 신불(神佛)의 등에 업혀가든 자기 힘으로 달려가든 그런 것은 전혀 중요하지 않다. 신불의 등에 올라타는 것도 곧 자기가 하는 것이고 신불은 원래 진여법계로 내달리니 그 후는 자연스러운 것이 되어 대도를 어기지 않는다. 실상이 이러한 법인데, 신불과 나를 나누어 따지는 것 자체가 곧 중도에 어긋난 것이 되니 헤매게 된다. 어떻든 자기 힘에다가 여기저기서 바른 힘을 크게 얻는 사항이 가장 중요하다.

마하반야의 정체는 바로 대우주의 불성(佛性)이다. 그 불성의 다양한 성격 가운데 대광명이 바로 여기서 말하는 마하반야의 핵심을 이룬다. 대지혜는 곧 대광명이니 당연히 대지혜 속에는 법력(法力)이 포함된다. 그래서 대광명과 대지혜와 법력은 항상 하나의 덩어리로 작용하게 되니 대용(大用)이라고 부른다. 불법에서 지혜라고 하면 단순히 보고 안다는 것이 아니라 그 속에는 항상 대우주의 힘과 광명을 실제 일체로 갖고 있는 지혜다. 그러므로 대지혜는 아는 즉시 대우주를 향하도록 하는 변화를 가져오는 힘을 갖고 있어서 또한 '대(大)'를 갖다 붙인다. 굳이 상대에게 무엇을 해준다거나 안해준다거나 하는 군더더기 말이 필요없다. 이 변화의 본질은 대도, 곧 자연(순리)에 어긋나 있는 것을 바르게 맞춰주는 것이 된다. 또한 마하반야는 대우주의 신불(神佛)과 이어진 데서 얻고 가지는 힘과 지혜이니 해탈조사의 법력인지 신불의 법력인지 엄격한 구분이 되지 않는다. 그냥 한 덩어리로 뭉쳐진 힘이다. 또한 대지혜도 마찬가지다. 그래서 내가 한다거나 신불이 한다거나 하는 말을 할 수 없는 법이다. 다만 모든 일에 자기 자신을 제일 앞에 내세우지는 않는다. 이것만 철저하게 지키면 큰 착오가 생길 일은 없다.

이와 같이 해탈조사들이 '안다(解,知)'고 하는 말은 마하반야의 힘을 안다고 하는 것이며 이는 곧 광명과 힘을 동시에 갖추고 있다는 사실이다. 그래서 올바로 알면서 바른 마음—주관의 분별심이 없는 마음—을 갖추어가는 것이 곧 힘을 키우는 것이고 이것이 최상에 이르면 비로소 대지혜와 대광명과 법력이 되는 것이다. 그런데 바르게 알지도 못하고 망념으로 수행을 통해 힘만 키우면 자신이 마귀가 되어가거나 마귀의 밥이 되고 만다. 왜냐하면 망상이 힘의 성격을 오염시키기 때문이다. 그래서 수행자들이 욕심만 앞서 힘만 무작정 키우려고 덤벼드는 것은 광명과 지혜를 더욱 어둠 속으로 밀어넣는 꼴이 되며 이는 곧 스스로 무덤을 파고 있는 꼴이 된다.

83. 或是或非人不識 逆行順行天莫測

혹시혹비인불식 역행순행천막측

혹은 옳고 혹은 그릇됨을 사람이 알지 못하고

역행, 순행은 하늘도 헤아리지 못하도다

　망념 속에서의 옳고 그름과 진여(眞如) 속에서의 옳고 그름은 하늘과 땅 차이다. 색(色)과 공(空)을 두루한 대우주 차원에서 옳은(是) 것과 착한(善) 것을 바르다(正)고 한다. 정(正)은 바라밀에 속한 가치로서 곧 실상에 맞는 것이며 분별취사심이 사라진 것이고 큰 복덕과 업장소멸과 자유를 이룬다. 대우주 차원에서 그릇된(非) 것과 악한(惡) 것을 삿됨(邪)이라고 한다. 사(邪)는 실상에 어긋난 것은 물론이고 선악시비의 주관적 분별에 따른 상대적 가치이므로 선(善)일지라도 복(福)과 더불어 동시에 업(業)과 구속을 이룬다. 그러므로 현상계에서의 선(善)과 시(是)가 사(邪)일 수도 있고 현상계에서의 악(惡)과 비(非)가 정(正)일 수도 있다. 양자가 항상 일치하지 않는다. 참된 선(善)은 정(正)이 모여 이루어지고 진정한 악(惡)은 사(邪)가 모여서 이루어진다. 악(惡)은 자기가 마(魔)를 향해서 가는 것이고 사(邪)는 자기가 마(魔)를 불러오는 것이다. 그러므로 시비분별심이 너무 강하거나 선(善)에 집착하거나 혹은 엄격하게 고정시켜 놓는 것 자체도 모두 사(邪)가 된다. 정(正)이 아닌 것은 반드시 일체 사(邪)가 된다. 그리고 상대적 선(善)이 정(正)을 넘어서면 안된다. 상대적 선(善)에서는 반드시 부작용이 파생되어 악(惡)을 낳아 고통이 생겨나니 윤회를 면치 못한다. 정(正)에서는 다툼이 없다.

대도(大道)와 그 대용(大用)은 항상 정(正)의 차원에서 이루어지고 있다. 그래서 선(善)한 것은 언제나 승리하지 못하고 항상 악(惡)과 대립하여 시절인심에 따라 승패를 반복하지만 바른(正) 것은 도(道)의 힘에 의해 궁극적으로 승리하게 되어 있는 법이다. 결국은 사필귀정(事必歸正)인 것이니 정(正)에 어긋난 것은 곧 자연(自然)에 어긋난 것으로서 무조건 소멸되고 만다.

대우주 차원에서 옳게 되면, 즉 정(正)이 되면 무조건 일이 술술 자연스럽게 잘 풀려나가게 되고 기적도 일어난다. 전화위복이나 새옹지마는 생긴 재앙이 악(惡)이나 사(邪)가 아니라 실은 선(善)이었던 것이다. 이런 현상은 그 이전의 행(行)이 정(正)에 들어 맞았을 때 도(道)에 따라 자연스럽게 주어지는 현상이다. 현상계에서만 옳고 대우주 차원에서 그른 것이면 도(道)에 어긋나므로 시간이 지날수록 일이 자꾸 꼬이게 되거나 일시적으로 일이 풀렸다고 하더라도 또 풀린 일이 꼬여가기 시작한다. 왜냐하면 현상계 역시 대우주 법(法)의 지배하에 놓여 있기 때문이다. 크게 어길수록 크게 어긋나니 우리들이 나름대로 옳고 그르다고 따지고 더구나 그런 생각에 강하게 집착할수록 결국 허망한 일이 되고 만다. 운명을 따지기도 하고 업장타령을 하기도 하고 심지어는 종교나 신이나 조상의 탓을 해봐야 아무 소용없다. 그래서 현상계에서의 옳고 그름에 매이지 말라고 하는 것이다. 또한 대우주의 옳고 그름을 모르고 있고 거기에 따르지도 못하면서 현상계에서 시비선악의 분별을 버리는 것은 역시 단멸에 빠진 것으로 바름(正)과 도(道)에 어긋난다. 무조건 '내 탓이오'는 바른 것에 눈을 감는 또 다른 어리석음일 뿐이다.

신(神)의 가피는 도(道)의 차원에서 보면 실상 신이 있고 내가 있어 따로 주고 받는 것이 아니다. 늘 신의 가피가 닿아 있지만 내가 분별주관에 따른 경계를 강하게 이루어 그 가피가 나에게서 드러나지 않고 있는 것이다. 이것 자체가 근원적인 삿됨(邪)이다. 이 속에서 정(正)에는 어긋나지만 현상계에서는 착한 행(行)을 늘 하면 인과법에 의해 복(福)이 당연히 쌓이지만 신의 가피는 부분적으로 드러난다. 매일 신의 은총을 청해봐야 희망일 뿐이다. 그런데 정(正)에 들어맞는 선(善)을 늘 행하면 신의 가피가 항상 전면적으로 드러나 있게 되어 신과 따로 있지 않게 되니 신의 은총을 따로 청할 필요가 없어진다. 운이 나빠도 오히려 좋은 일이 생기는 법이다. 그러므로 신의 항상적인 가피를 바라거들랑 반드시 자기의식과 행(行)이 정(正)의 차원에 자연스럽게 머물러있어야 되는 법이다.

죽고 나서 저승의 십대명왕(十大明王)에게 가서 심판을 받을 때도 인간적인 선악시비의 기준을 조금 참작하기는 하지만 기본적으로는 바름(正), 즉 하늘의 기준이 적용되어 상벌이 내리고 갈 세계가 정해지고 있다. 그러므로 살아서 하늘의 기준에 따른 시비(是非)를 좀 알고 거기에 조금이라도 맞추어 살아야 할 필요성이 있게 된다. 금생은 고사하고라도 사후와 내생과 후손을 봐서라도 그렇다.

부처님을 비롯한 성인(聖人)들이 선(善)이나 시(是)라고 말하는 것은 절대선(絶對善)과 절대시(絶對是)로서 언제나 정(正)을 뜻하고 정(正)을 가르치기 위해 우리에게 오셨다. 정(正)은 대우주의 가치로서 곧 지혜다. 또한 신심(信心)이고 중도(中道)이며 바라밀(波羅蜜)이고 무주상

(無住相)이기도 하다. 그러므로 길을 바르게 간다는 것은 곧 분별취사심과 상대적 선악시비심(善惡是非心) 등 일체의 사(邪)를 없애가는 것이다. 이는 곧 자기의 주관적 가치와 유위행(有爲行)에 대한 집착을 벗어나는 것이다. 성인들은 정(正)의 차원에서 완벽하고 철저하게 조금의 어김도 없이 무섭게 따진다. 무아(無我)기 때문에 독단이나 독선, 두려움이란 것도 없이 중도정견(中道正見)을 가지고 항상 바르다. 현상계의 상대분별의식에 머물고 있는 우리 기준으로 옳다, 그르다 따질 수도 없는 것이고 또한 세상 사람들의 욕망에 영합하지도 않는다. 그래서 진짜는 살아서는 오해를 사는 것이 숙명이 된다. 죽고 나서야 비로소 존경받게 된다.

역행이든 순행이든 하늘도 알지 못한다는 것은 해탈조사의 행(行)은 항상 있지만 따로 찾아볼 수 없고 그러니 당연하게 그 누구도 알지 못하며 자기 자신만 안다는 의미다. 하늘과 내가 빈틈이 있어 따로 있는 것이 아니라 그 본체가 하나이고 쓰임도 대용이라는 사실을 말하기 위해 하늘도 알지 못하고 하는 것이지, 하늘이 진짜로 모른다는 의미가 아니다. 또한 무위자연행이므로 대도와 저절로 합치되는 행이 항상 이루어지고 있으니 우리처럼 순행, 역행의 분별없이 대행(大行) 그 자체이다. 역행하면서 순행하고 순행하면서 역행한다. 죽이면서 살리고 살리면서 죽인다. 어느 쪽이든 오로지 대우주 기준에서 중생을 위함일 뿐이다. 진리의 체(體)로부터 나오는 행은 자유자재하고 어느 틀에 매이거나 특정 기준에 따르는 것이 아니므로 사실 우리는 옳고 그르다는 판단조차 할 수 없다. 해탈조사의 드러난 행(行)도 겉으로 하면 하고 안 하면 안 할 뿐, 잘못하거나 거짓된 행은 없게 되어 있다. 옳다, 그르다 하는 양변을 떠난 차원에서 나오는 중도행(中道行), 불이행(不二行)은 이치로 따져도 다 알 수 없는 한계가 있다. 그리고 완전히 창조적인 행만 있게 된다. 해탈조사의 행은 평범하지도 않고 특별하지도 않고 옳지도 않고 그르지도 않다. 근본적으로 자연스러운 것인만큼 그보다 마음편하고 좋은 것이 없다. 호흡 역시 의식되지 않는 자연스러운 호흡이 최상이다.

84. 吾早曾經多劫修 不是等閑相誑惑
오조증경다겁수 불시등한상광혹

나는 일찍이 많은 겁 지나며 수행하였으니

예사롭게 서로 속여 미혹케 함이 아니로다

오랜 수행세월을 자랑하는 것도 아니고 그렇게 오랫동안 수행해야만 도를 깨닫는다는 것을 말하려는 것도 아니다. 괜히 서로 속여 미혹하게 되려고 그렇게 오랜 세월을 수행하는 데 바쳤겠느냐 하는 사실이다. 그만큼 세세생생 한없는 세월 동안 그대가 하는 온갖 수행을 모두 다 해보고 많은 공을 들여 단박에 깨달을 바이니 당장은 믿기 어렵더라도 일단은 의심하지 말고 그대로 받아들여달라는 간절한 마음이다. 그러나 길거리의 꽃은 감상하는 사람이 주인이고 하늘에서 떨어지는 빗물은 받는 사람이 임자일 수밖에 없다. 순수하게 사람들을 위해서 내 말을 믿어달라고 말하는 순간 더욱 답답해지기 시작하니 성인(聖人)은 늘 답답하게 살다가 가는 것이고 죽어서도 편히 눈을 감지 못하니 이는 팔자에도 없는 팔자다. 그래서 진짜 성인에게는 살아서나 죽어서나 천국이 없다. 본래 천국을 버려서 성(聖)스러움을 이루는 법이기 때문이기도 하다.

밀교에서는 일생성불(一生成佛)을 말하고 선가(禪家)에서는 돈오(頓悟)를 얘기하고 기타 다른 분파에서는 점오(漸悟)를 얘기한다. 그런데 일생성불이든 돈오든 점오든 공통점은 깨닫기 위해 엄청난 노력을 들여야 한다는 사실이다. 돈오는 한 번만에 크게 깨달아 그 뒤로는 더 이상 닦을 것이 없다는 주장인데, 사실이다. 점오는 깨달은 뒤에도 닦고 또 점차적으로 깨달아간다는 것이니 작은 깨달음이 이어지다가 마침내 큰 깨달음이 온다는 의미로 이해하면 된다. 그런데 선(禪)에서는 작은 깨달음은 깨달음으로 인정하지 않는다. 작은 깨달음이란 깨달음의 본래개념에 해당되지 않으므로 인정하지 않는 입장이다. 인정한다면 길을 가는 궁극적인 목표점에 착각이 일어나므로 모두 도중에 머무르게 되고 외도가 되며 선(禪)이 사라져버리기 때문이다. 그래서 오로지 구경(究竟)까지 깨달았느냐 아니냐만 있을 뿐이고 도가 높아도 깨닫지 못한 한 아직 망심과 어둠이 남아 있고 언제든지 다시 타락의 여지가 있어서 큰 의미가 없다. 또한 이런 저런 공부를 하면서 사는 것 자체가 곧 도(道)를 가고 있는 것이기도 하다. 단지 너무나 천천히 느리게, 그것도 빙빙 돌고 돌아서 온갖 고초를 다 겪으면서 천년만년 기약없이 가는 길이라서 문제될 뿐이다. 선근(善根)이 천차만별인지라 어쩔 수 없이 길을 가는 방식이 다양하게 되지만 역시 근본은 항상 상근기자(上根機者)가 가는 길에 두어야만 한다. 그렇지 않으면 대승(大乘)이 사라지고 다툼만 난무하게 되니 중생이 영영 길을 잃고 헤매게 된다.

85. 建法幢立宗旨 明明佛勅曹溪是

건법당입종지 명명불칙조계시

법의 깃발을 세우고 종지를 일으킴이여

밝고 밝은 부처님 법 조계에서 이었도다

해탈조사는 불령(佛靈)과 하나가 된 후에는 사실 스스로는 하릴없는 존재가 되어 자기는 한없이 영원히 편하지만 우리들을 위해 딱 한 가지 조금은 마음쓰는 것이 있으니 바로 부처님의 혜명(慧明)을 잇는 것이 된다. 이 흐름을 법맥(法脈)이라고 하고 전등(傳燈)이라고도 한다. 인간 영혼은 보편적으로 그 품격이 신(神)을 지향하는 정도이기 때문에 그 어떤 물질적인 충족도 편리함도 과학기술도 윤리도덕도 이 품격을 대체할 수 없다. 그래서 큰 부자들도 내면이 늘 허(虛)한 것은 가난한 이와 별반 다르지 않다. 해탈조사가 부처님의 밝고 밝은 법을 열어주고 이어주지 않는다면 인류는 비참한 신세에 처하게 된다. 평생 방황 밖에 없다. 그래서 이 세계에서 해탈조사가 부처님의 은혜를 갚는 길은 법의 등불이 꺼지지 않도록 하는 것이 된다. 당연히 사람들이 보고 들어 모여들도록 깃발을 세워 알리고 가르침을 일으킨다. 그렇다고 이것을 일부러 꾸며하는 것이 아니라 자연스럽게 도(道)의 용(用)을 따르는 것이다. 해탈조사가 법을 펴는 것은 인류 전체의 축복이고 몸을 폐(蔽)하는 것은 인류 전체의 불행이 되는 것이다.

'밝고 밝은' 부처님 법이라고 말한 것은 물질의 밝음을 포함한 영혼의 밝음을 의미한다. 즉, 영광(靈光)으로서 대광명이다. 그리고 번뇌망상의 어둠 속에 덮여 가려져 있던 밝음을 밝혀주는 광명이다. 그러므로 물질을 소외시키면 반쪽의 밝음만 되고 그것도 온전하지 못하게 된다. 중생은 물질과 영혼이 마음을 매개로 하나가 되어 있기 때문이다. 그러므로 현실에서 물질의 혜택을 얻도록 선지식이 기도를 열심히 해주어야 한다. 가난과 고통은 그대로 내버려두고 영혼만 밝히려고 해봐야 현상계의 힘을 넘어서지 못한다. 법의 깃발을 세우고 종지를 일으킴에도 해탈조사들마다의 다양한 개성이 멋있게 발현된다. 각자의 역할과 성격에 따라 양변에 걸림이 없고 활달자재한 모습을 드러낸다. 고정된 모습이 없다.

86. 第一迦葉首傳燈 二十八代西天記
제일가섭수전등 이십팔대서천기

첫번째로 가섭이 맨 먼저 등불을 전하니

이십팔대는 서천의 기록이로다

분별경계의 번뇌망상에 덮여 자기가 자기 자신도 보지 못하던 상태에서 찰나에 안팎으로 환하게 비춰지니 자기도 사라지고 눈앞의 부처님도 사라지고 꽃도 사라지면서 실제로 일체 광명뿐이다. 석가모니부처님이 영산회상에 모인 일체의 대중에게 꽃을 들어 보이시는 그 순간 제자들의 마음이 찰나에 사라지니 일체의문도 사라지고 진실로 석가모니부처님의 비로자나불을 뵌 것이다. 이 때 마하가섭이 대표로 미소로 화답하여 그 당시 수많은 해탈자들의 공식적인 대표가 되었다. 이심전심(以心傳心)의 선(禪)이 이 지구상에 드러난 순간이다. 망심이 찰나에 사라진 그 자리에 여여불변한 진심(眞心)이 아름답게 빛을 발하고 있다.

부처님 이래로 새로운 것은 없어졌다. 그래서 전등과 법맥(法脈)을 확실하게 못 박아 일사불란하도록 깃발을 세우고 근본종취를 드러내 후대에 도움을 주는 것이다. 법이 흐려질 때마다 해탈조사들은 환생하여 법(法)을 다시 세우며 불법의 맥을 분명하게 밝혀 이어간다. 세속에도 도(道)가 있지만 그 가는 길은 역사적으로 늘 승가세계와 속인들이 분리되어 왔었다. 어언 2,500여 년이 흘렀으니 부처님의 밝은 혜명이 우리 속인들에게도 직접 비춰질 때가 된 것이다. 서천으로부터 중국으로 그리고 우리나라로 승가세계를 통해 이어온 불법이 언어문자와 더불어 이제 반야바라밀다의 신령세계를 직접 통하여 누구나 부처님의 마음과 신(神)과 법(法)을 어려움이 없이 체득할 수 있도록 바야흐로 세속으로 들어오고 있다. 불법은 본래 경계가 없으니 그 동안 인간이 만든 성(聖)과 속(俗)의 분별경계가 도(道)에 의해 현상계에서도 무너지고 있다. 앞으로는 고대 해탈조사들이 환생하여 속인(俗人)으로 지내면서 진정한 성속불이(聖俗不二)의 법을 펼치게 되니 성직자와 재가신자의 경계가 실질적으로 사라지며 세속이 마음으로 영성을 활짝 꽃피우게 되는 향후 오백년을 기대한다.

87. 法東流入此土　菩提達磨爲初祖
법동유입차토 보리달마위초조
법이 동쪽으로 흘러 이 땅에 들어와서는
보리달마가 첫 조사 되었도다

　부처님 법이 서쪽으로 남쪽으로 북쪽으로 얼마든지 흐를 수 있었을 터인데 왜 동쪽으로 흘렀을까? 그것은 바로 대도의 대용, 즉 천지자연의 기운과 관련되어 있다. 불법은 일체생명을 살리고 그 본래모습을 드러내주는 법이므로 천지자연의 기운이 이것과 일치하는 성격을 가진 곳으로 불법이 자연히 흐르게 되어 있다. 히말라야를 중심으로 그 지기(地氣)가 동쪽으로는 생기(生氣)가 흐르고 서쪽으로는 숙기(熟氣)와 살기(殺氣)가 흐르니 생명을 살리는 불법이 동쪽으로 흐르게 되어 있는 것은 당연한 사실이고 곧 자연이다. 동쪽은 생기의 힘으로 자연과 일체화되어 서로를 살리는 방향으로 삶도 문명도 전개되고 있고 서양인은 숙기와 살기의 힘에 의해 과학기술로 무자비하게 자연을 파괴하고 육식을 주로 하는 문화이므로 불법이 뿌리인 히말라야로부터 곧바로 흘러가지 않는다. 그래서 동쪽으로 와서 종착역인 우리나라에서 꽃을 피운 후 서쪽으로 흐르게 되어 있다. 지금이 그런 시대다. 신라 때 이 땅이 이대로 불국토란 사상이 생길 수밖에 없다. 그래서 불법을 체화한 보리달마가 드디어 중국으로 건너왔던 것이다. 도인의 법은 자연의 흐름과 일치하니까 그렇다. 사실 해탈조사들에게 국가나 민족이나 혈통에 집착하는 것은 실제로 눈꼽만큼도 없다.

달마와 양무제는 뜻이 다르니 서로가 서로에게 실망한다. 달마가 양무제에게 '공덕이 없다(無功德)'라고 가르쳐주었지만 중도(中道)와 분별심이 대화가 될 리가 없다. 달마는 공덕에 머무름이 없는 무상(無相)의 공덕을 말했지만 양무제는 유(有)와 무(無)의 상대적 경계에 머무는 공덕만으로 들었을 뿐이다. 얻음이 없는 여래장의 무량공덕과 경계로 분별되어 얻게 되는 무상(無常)의 한정된 공덕이 같을 수 없다. 물론 달마는 양무제를 보자마자 근기(根機)를 다 알고 있었다. 그러나 해탈조사가 환심을 사기 위해 인정(人情)으로 법에 어긋난 말을 할 수는 없는 법이다. 동쪽으로 처음 건너와 아직 전혀 무지하고 생소한 선(禪)과 마음의 차원에서 불법의 진짜 면목을 가르쳐주는 것이 달마의 목적이니만큼 방편으로 현실과의 타협이란 조금도 생각할 수가 없다. 원래 진짜 선구자는 100% 근본과 올바름과 정확함과 순수함으로만 가득 차야 하는 법이다. 그래서 몸이 고달픈 것은 어쩔 수 없이 감수할 수밖에 없다.

88. 六代傳衣天下聞　後人得道何窮數

육대전의천하문 후인득도하궁수

6대로 옷 전한 일 천하에 소문났고

뒷사람이 도 얻음을 어찌 다 헤아리랴

달마가 인도에서 석가모니부처님의 가사를 갖고 와서 혜능에게까지 그것을 전한 일을 말한다. 혜능은 그 뒤로 가사를 전하지 않았다. 달마가 심법(心法)을 전한 뒤 육조 혜능에게까지 내려와 드디어 선(禪)에 대한 믿음이 널리 알려져 굳이 부처님 법의 징표로써 가사를 전할 필요성이 없어졌기 때문이다. 단지 선지식의 인가(認可)만으로도 대중이 믿음을 가지게 되었다. 예수님에 대한 믿음이 올바로 서면 성배(聖杯)나 성의(聖衣)도 그냥 보통 잔과 옷에 불과하게 된다. 그러지 못하니 성스러운 것을 찾아 헤매게 된다.

육조 혜능 휘하에 영가스님을 비롯하여 수많은 선지식들이 배출되었는데, 이들은 모두 동등하니 도대체 누구에게 의발을 전하겠는가? 만약 한 사람에게만 전하면 세상 사람들이 다른 선지식은 깨닫지 못한 것으로 또 오해를 하는 경향이 있다. 눈에 보이는 뭔가를 물려받는 사람에게 특별한 시선을 보내는 것이다. 그러면 불법이 널리 퍼져 전도(傳道)하는데 많은 걸림돌이 생기게 된다. 그러면 법의 혜택을 받는 대중이 많이 줄어든다. 이렇게 보면 혜능이 가사를 더 이상 전하지 않은 것은 진정으로 중생을 위한 것이다. 불법이 중생을 부처님 가사에 영원히 매어두고 떠받들게 하면 불법이 아니다. 방편으로 석가모니부처님이 전한 것이다. 만일 혜능에게서 단 한 명만 선지식이 나왔다면 그 한 명이 대중들에게 쉽게 받아들여질 수 있도록 이런 방편이 계속 필요하니 아마 부처님의 가사를 그대로 전했을 것이다. 가짜는 자기만 유일하게 깨달은 사람이고 자기를 가장 위대한 사람으로 내세우고 진짜는 스님처럼 자기와 스승인 혜능같은 이들이 한량없이 많다고 표현한다. 그리고 항상 자기를 맨 뒤에 놓는다. 또한 사람들에게 진정으로 항상 덕이 되는 쪽으로 말을 한다. 그것은 일부러 그런 것이 아니라 아상(我相)이 없어졌으니 저절로 그렇게 나온다.

89. 真不立妄本空 有無俱遣不空空

진불립망본공 유무구견불공공

참됨도 서지 못하고 망도 본래 공함이여

있음과 없음을 다 버리니 공하지 않고 공하도다

대광명 앞에 인간의 참됨과 망심이 흔적도 없이 사라진다. 어디서 감히 참되니 망령되니 하는 분별심이 서겠는가? 나는 것 없는 가운데서 망령되게 열반과 생사를 보는 것은 마치 허공에서 꽃이 나타났다 사라지는 듯 아른거리는 것을 보는 것과 같다고 했다. 참됨도 서지 못하고 망심도 본래 공하다는 것은 내 마음자리의 본래성품을 말하는 것이다. 모든 존재가 부처의 모습으로 대광명을 발하며 일체가 내 안에 있으며 일체의 이루어진 뜻을 이미 얻었거늘 참됨을 따로 찾으려고 하는 것도 멍청한 짓이요, 망심은 더더욱 그렇다. 보살이 중생을 멸도(滅度)해도 멸도한 중생이 없다고 했듯이 도무지 내 본래의 마음자리에는 사실 그 어떤 것도 들어설 수 없게 되어 있다. 왜냐하면 대우주가 빈틈없이 꽉 차 있기 때문이다.

있음과 없음을 다 버리니 공하지 않고 공하다는 것은 있음과 없음을 쫓아가는 내 마음이란 그 자체가 환상이요, 꿈이며, 망심인데, 용케 혜능을 만나 꿈을 깨어 보니 나 자신이 그냥 있음과 없음 한가운데 수미산같이 우뚝 서 있더라는 말이다. 그럼 있음과 없음을 쫓아가는 나는 무엇이냐? 실체가 없는 홀로그램이었다. 홀로그램이 사라지니 허공 속에 그로

214

인해 가려져 있던 모든 것이 다 있음이 보였다는 것이다. 그런데 있음이 버린다고 버려지는가? 자기에게 전생에 인연맺었던 귀신이 있는데 귀신을 쓰레기통에 버릴 수 있는가? 또 귀신이 없다고 한들 영원히 없는 채로 지낼 수 있는가? 여기서 있음과 없음을 버린다고 하니 인과법을 무시할 수 있는 오류를 범하게 됨을 조심해야 된다. 수행자의 가장 큰 문제는 운명 내지 업장과 가는 길이 겹쳐 있다는 사실에 있다. 운명과 업장 역시 자기존재에 체화(體化)되어 있으니 따로 분리해서 버릴 수도 없는 노릇이다. 그래서 육도만행은 참선에 있어서 필수양념이 된다.

90. 二十空門元不著 一性如來體自動
이십공문원불착 일성여래체자동

이십공문에 원래 집착하지 않으니

한 성품 여래의 본체와 저절로 같도다

이십공문이란 집 안으로 들어가는 20개의 대문을 말하는데, 문이란 참 묘한 것이다. 문 앞에만 오면 그냥 열고 들어갈 수 있으니 집과 문은 본래 하나이지만 또 그 작은 문으로 인해 안과 밖이 나뉘어져 서성거리며 멈추게 만든다. 문은 이렇게 양면성을 갖고 있다. 집 안으로 들어가야 하는데, 정작 집 앞까지 힘들게 돌고 돌며 와서 집의 대문을 붙들고 있으면 영원히 집 안으로 들어갈 수 없다. 힘들게 온 길이 그만 의미없게 된다. 전통적으로 내려오는 수행방편들과 새로 등장하는 다양한 방편들이 넘쳐나고 있지만 모두들 수행방편에만 집착하여 열심히 했지,

정작 그 방편들을 넘어서는 차원으로 들어가지는 못하고 있다. 왜냐하면 이렇게만 잘 수행하면 도를 깨치고 마음의 평화가 온다고 사기치는 말에 속아넘어가면서부터 수행하기 때문이다. 수행방편들에 매이고 또 자기의 수행방편이 제일 뛰어나다고 우기고 있다. 그러면서 아주~ 아주 ~ 오랜만에 돌아온 집의 문 앞에서 집안이 어떨까 상상하고 집안에 들어갔을 때의 자기모습에 대한 환상을 그린다. 문이 아무리 멋있어도 문을 붙들고 있는 한 자기가 영원히 집의 주인이 되지 못한다. 손님이나 객체가 될 뿐이다. 문을 열심히 연구해봐야 문 밖에 있을 뿐이다.

그런데 이십공문이 있음과 없음에 매이지 않기만 하면 간단하다. 자기가 이 집의 주인이라는 사실을 그 동안 잊어버리고 있다가 다시 일깨워지면 서슴지 않고 문을 열고 집안으로 들어가게 된다. 그러니 이십공문에 집착할 것이 아니라 본래부터 자기가 집의 주인이라는 사실을 뼛속깊이 처절하게 인식해가는 것이 요체다. 그러면 문에 다다랐을 때 저절로 문을 열게 된다. 조금의 망설임도 없다.

이십공문에 따라 집 안으로 들어갔을 때 어느 문으로 들어갔는가에 따라 여러 가지 이름이 붙기도 한다. 왜냐하면 각 문마다 이름을 붙여놓았기 때문이다. 공(空), 여래(如來), 불(佛), 도(道), 해탈(解脫), 열반(涅槃), 부동심(不動心), 청정심(淸淨心), 자성(自性), 중도(中道), 구경각(究竟覺), 대광명(大光明), 삼매(三昧), 선지식(善知識), 조사(祖師), 도인(道人), 신선(神仙), 신(神), 본체(本體), 진여법계(眞如法界) 등등이다. 이십공문은 실은 팔만공문(八萬空門)이다. 그러나 문이 아무리 많아도 하나의 집이듯이 한 성품은 모두 동일하다. 은인과 원수의 한 성품이 동일하고 천사와 악마의 한 성품도 동일하다. 나와 신(神)의 한 성품도 동일하다. 모두 '한 가지 성품' 외에는 본래 없다. 어떤 모습을 하고 있건간에 조금도 차이가 없다. 그런데 이 한 가지 성품을 잘 알아서 잘 활용하느냐 아니면 잘 몰라서 못 쓰느냐 하는 것에 따라 천차만별상이 전개된다. 우리가 신을 믿는다, 안 믿는다 함은 바로 차별상에 따라 가지게 되는 마음일 뿐이다. 그러니 믿음과 불신 모두 본체에서 보면 어긋난 것이 된다. 본래 어긋난 것을 가지고 서로 옳다고 또 싸우고 있으니 아수라다.

'저절로 같다' 는 의미는 자기존재가 무위(無爲) 차원이 되어야만 한 성품이 여래의 본체와 똑같음을 안다는 것이다. 인위를 쓰는 순간 차별상에 빠지게 된다. 이십공문에 집착하고 있는 것은 본래 없는 문을 열려고 아직 애를 쓰며 힘들고 있는 것이니 인위가 되는 것이다. 그래서 '원래' 집착하지 않는다고 했다. 문에 집착하지 않으면서 활용하는 것, 그것이 주체성을 세우는 것이고 자기 집의 주인임을 처음부터 알고 길을 찾아가는 것이 된다. 천상천하에 오로지 자기가 주인인 실상만 있다.

91. 心是根法是塵 兩種猶如鏡上痕
심시근법시진 양종유여경상흔

마음은 뿌리요 법은 티끌이니 둘은 거울 위의 흔적과 같음이라

마음과 법(현상, 환경)은 주관과 객관으로서 마음이 뿌리라는 것은 마음이 모든 현상을 일으키는 근원이라는 것이다. 이 때의 마음은 제8 아뢰야를 뜻한다. 제8아뢰야가 사랑과 미움을 품고 있으니 그것이 인 (因)이 되어 다시 연(緣)을 끌어들이게 된다. 제8아뢰야가 보시를 하니 그 과보로 복과 선인연을 끌어들이고 남의 것을 빼앗으니 화(禍)와 원 수를 끌어들인다. 일체의 인연과 인과는 제8아뢰야라고 불리는 영혼 내 다양한 성품의 상호의존관계에서 나온다. 몸이 있건 없건 영혼끼리 만 나고 헤어지고 하면서 얻고 잃고 한다. 여기에 따라 법이 움직이며 변화 를 일으키니 이렇게 마음이 법을 움직여 마음이 뿌리가 되고 법이 움직 임으로써 찌꺼기(업)를 만드니 법은 티끌이 되는 것이다. 마음이 고요 하면 법도 고요하고 마음이 움직이면 법도 움직인다. 법이 고요하면 마 음이 고요하고 법이 움직이면 마음이 움직이게 된다. 이렇게 마음과 법 은 주관과 객관으로써 한덩어리가 되어 작용하면서 우리를 중생이라는 이름이 붙은 존재로 살게 만든다.

운명(運命)이라는 것은 마음과 법의 상호작용에 의해서 남겨진 기억 덩어리의 힘을 의미한다. 즉, 찌꺼기요, 미련이요, 추억이요, 아득한 기 억인 그 힘이 어떤 성격을 갖고 있으며 어떤 용(用)을 하는가를 경험해 보는 것이다. 사실상 마음과 법은 동시지만 눈이 어두운 탓에 시차를 두 고 경험해보면서 조금 맛보며 알게 되는 것이다. 그러므로 일체가 자업 자득(自業自得)이요, 자승자박(自繩自縛)이요, 결자해지(結者解之)인 것이다. 그렇게 되기 싫어도 그렇게 되도록 되어 있으니 마음과 법이 구 속하면서 자유를 없애기 때문이다.

우리는 늘 좋은 운명과 나쁜 운명, 좋은 인연과 나쁜 인연을 따진다.

218

그런데 실은 그런 것이 없다. 오로지 분별심만 있는 나 자신과 좋고 나쁨을 일으키는 법은 둘 다 거울 위의 흔적과 같은 것이다. 좋은 것도 흔적이고 나쁜 것도 흔적이라서 좋은 것이 나쁜 것으로 변하고 나쁜 것이 좋은 것으로 변하고 좋은 것이 나를 나쁜 사람으로 변하게 만들고 나쁜 것이 나를 좋은 사람으로 변하게 만들기도 한다. 그러므로 좋고 나쁜 것에 마음이 더욱 집착할일수록 법의 구속을 더욱 심하게 받게 되므로 결국 존재가 망가지며 타락하게 된다. 거울 위의 흔적에 너무 집착하지 말자. 그냥 인연이고 그냥 운명이고 그냥 법일 뿐이다. 여기서의 거울은 곧 밝은 지혜를 상징한다. 숙명(宿命)은 마음과 법과 아무런 관계가 없다.

92. 痕垢盡除光始現　心法雙亡性卽真
흔구진제광시현 심법쌍망성즉진

흔적인 때 다하면 빛이 비로소 나타나고

마음과 법 둘 다 없어지면 성품이 바로 참되도다

　마음과 법의 상호작용에 의해 생겨난 흔적인 때, 즉 자유롭지 못한 굴레 속에서 전개되는 현실에 있어서 가장 비효율적인 것이 바로 아무 것도 하지 않고 한탄만 하고 있는 것이다. 그 한탄이 흔적인 때를 더욱 짙게 만든다. 그러다가 결국 그 때가 누룽지처럼 완전히 새카맣게 눌러붙어 굳게 되는데, 이것을 마(魔) 또는 지옥중생이라고 한다. 이렇게 되면 자기 성품을 다시 찾는 데 상당한 어려움이 있게 되며 엄청난 고통이 쉼없이 생사 속에서 이어진다. 그러니 흔적인 때를 없애는 쪽으로 방향을 틀지 않으면 결국 갈 곳은 어둠 그 자체로 이루어진 세계밖에 없게 된다.

흔적인 때가 다하는 것을 공(空)이라고 하며 이 속에서 빛이 비로소 나타나 일체를 비추는 것을 공공(空空)이라고 한다. 이 때 마음과 법이 둘 다 없어지고 성품이 참되게 된 것을 일컬어 진여자성(眞如自性)이라고 한다. 마음속에 광명이 있지만 도무지 그것을 실제로 보지 못하는 것은 때가 여전히 있기 때문이다. 또한 그 때는 마음을 점점 더 두텁게 하고 법을 더욱 움직이게 한다. 한마디로 '마음 → 법 → 때(업) → 마음 → 법 → 때(업) → …'의 악순환 굴레에 갇힌 것이다. 이 굴레를 영원히 뛰쳐나오는 길이 바로 중도(中道)다. 중도일 때 비로소 마음과 법이 모두 사라지며 그 때도 흔적없이 소멸되고 참된 성품을 드러내면서 대자유(大自由)를 갖게 되며 대지혜를 밝힌다.

93. 嗟末法惡時世 衆生薄福難調制
차말법오시세 중생박복난조제
말법을 슬퍼하고 시세를 미워하노니
중생의 복 엷어 조복받기 어렵도다

신과 부처님은 인간이란 존재가 이 지구상에 생겨나기 이전부터 우리와 하나되어 왔으니 말세와 구원을 한 손에 쥐고 있는 것이 바로 나 자신이다. 한 쪽은 말세 내지 말법이고 다른 한 쪽은 구원 내지 구제의 손길인데 이것 역시 양변에 머무르는 것이니 자기가 말법 내지 말세를 강하게 생각할수록 구원은 더욱 멀어진다. 그래서 세상을 너무 비난하는 사람은 구제되기 어렵다. 세상과 보이지 않게 늘 싸우고 있으므로 악심과 주관만 더 강해지기 때문이다. 또한 구원이 되지 않는 이유는 내 자신이 구제를 스스로 거부하기 때문이다. 신에게 구원되는 것보다 지금 당장 더 많이 누리며 사는 쪽을 택한 것은 자기 자신이다. 누가 강요한 것도 아니다. 그러다보니 억지로 신과 나를 매칭시키기 위해 현세에서 복을 많이 누리는 것을 가지고 신으로부터 구원받은 것이라는 물질종교가 유행하게 되었다. 손에 든 것을 놓기는 아깝고 구원은 받아야 되겠고 하니 신이 많이 주는 것을 구원 내지 구제라고 생각하는 것이 마음 편하다. 나아가 살아서는 부귀영화를 누리고 죽어서는 천국에 가는 것을 구원이라고 생각하는 몰염치한 사고방식이 한창 유행이다. 단지 인간들이 믿어주고 찬양받는 대가로 신(神)은 인간에게 엄청난 채무를 진 불쌍한 신이 되고 말았다. 나는 '만들어진 신'이라기보다 '불쌍해진 신'이라는 생각이 더 많이 든다. 누가 자기를 칭찬하고 믿어주는 대가로 이만한 것을 다 주려는 사람은 아무도 없을 것이다. 그만큼 우리가 이기적인 동물이 되고 말았다.

불법에서 말세라고 하는 것은 중생이 진리보다 욕심을 압도적으로 더 많이 강하게 쫓는 세태를 말한다. 말법에서 말(末)이라는 것은 처음이라는 초(初)와 대비하여 시간의 흐름에 따른 타락의 상태를 말하는 것이 아니라 오로지 지금 이 순간 이 자리에서 갖고 있는 크게 잘못된 자기 마음의 상태이다. 법은 예나 지금이나 그대로인데 인간의 마음이 법을 오히려 악용하고 법의 작용을 불행을 낳게 만드는 쪽으로 더 많이 움직이는 상태를 말법이라고 한다. 말법시대인 말세에는 그런 삶의 태도가 더 큰 불행을 초래하니 세상은 점차로 중생들의 울부짖음으로 가득 차게 된다. 마음이 법을 악(惡)이 생기게 움직이도록 만드는 것을 슬퍼하고 그 자업자득으로 고통을 초래하는 시세를 미워한다고 탄식한다. 물론 말법이라는 것도 없고 해탈조사에게 슬픔이나 미움은 전혀 없다. 그런데 이렇게 말하는 것은 중생들을 경책하기 위한 방편가설이다. 그리고 실은 말법을 만들고 말세를 이루는 데 있어서 자기 자신이 주체이자 가해자인 것을 정작 모르고 인정하려고 들지도 않는다. 스님은 이 사실을 슬퍼하고 미워하는 것이다. 불법을 믿지 않는다고 해서 우리들을 미워한다는 것이 아니다. 미워해도 그것은 사람의 업장이지, 사람 그 자체는 아니다.

망념이 항복하도록 되려면 복이 두터워야 된다. 그리고 선지식을 만나도 법을 받아들이는 데 복이 그 위력을 발휘한다. 진정으로 큰 복은 자기의 욕심과 조그만 욕망조차 일체 없애고 나아가 마음과 법을 몽땅 여의게 되도록 작용하는 힘을 말한다. 마음을 조복받으려면 일차적으로 자기 자신과의 싸움이 생기고 여기서 이기려면 아주 강한 힘이 가장 먼저 요구되며 그 힘을 올바로 활용하도록 하는 지혜가 반드시 뒷받침되어주어야 하는 법이다. 자기마음을 조복시키도록 힘과 지혜를 충분히 그리고 올바로 발휘하게 만드는 것이 바로 많은 공덕이 쌓이고 동시에 그 공덕이 순수하게 정화한 복이다. 6바라밀 가운데 보시바라밀과 인욕바라밀이 그 역할을 한다. 무주상보시라는 보시바라밀을 통해 선업을 지어 많은 공덕이 일차적으로 쌓이고 인욕바라밀을 통해 그 공덕이 제8아뢰야에게로 향하여 마음과 법을 없애는 쪽으로 작용하게 되는 것이다. 중생의 복이 엷다는 것은 보시만 했을 때를 말하고 여기에 인욕바라밀까지 이루면 비로소 복이 두텁다고 말한다. 그러니 착한 일만 많이 해서는 욕망을 근원적으로 없앨 수가 없으니 성불은 불가능하다. 여기에 반드시 인욕바라밀이 덧붙여져야 망심이 사라지도록 할 수 있는 정도의 두터운 복이 되는 것이다. 마음이 말법이니 항상 말세에 살게 되는 것이다. 불법을 잘 공부해가는 사람에게는 영원히 법의 중흥시대인 것이니 일체가 자기 자신에게 달림은 사실이다.

94. 去聖遠兮邪見心 魔强法弱多怨害
거성원혜사견심 마강법약다원해

성인 가신 지 오래고 삿된 견해가 깊어짐이여
마구니는 강하고 법은 약하여 원한과 해침이 많도다

성인(聖人)은 큰 덕으로 악심(惡心)을 순화시키고 억지와 다툼을 약화시켜 마구니를 약하게 만들고 세상에 자비와 사랑이 많아지도록 해준다. 또한 큰 지혜를 가지고 우리의 주관을 빼앗으며 바른 견해를 가르쳐주어 법을 바르게 세우며 누구나 법의 착한 혜택을 얻을 수 있도록 한다. 그러니 성인이 간 지 오래되어 우리의 기억에 희미해지면 삿된 견해가 깊어져 마구니가 날뛰고 법이 무시되면서 자기가 자기를 해치고 동시에 서로가 서로를 해치게 된다는 것이다. 여기서 우리가 모두 시간과 공간을 초월하여 성인을 마음속에 늘 품고 살아야 함을 알 수 있다. 성인은 불생불멸이고 마음이 두루하니 몸이 사라졌다고 이 세계에 없는 것이 아니기 때문이고 일체 생명과 변함없이 함께 하기 때문이다. 마음에서 성인을 내팽개치면 결국 자기 자신과 가족의 영혼과 마음과 인생이 손상되면서 고통 속에 빠지게 된다. 그러므로 성인은 우리에게 칠보(七寶)에 해당된다. 칠보 가운데 첫째가 자기의 불성(佛性)이요, 둘째가 성인(聖人)이다.

우리는 성인의 몸을 보면 더욱 의지처가 되고 생기가 돌지만 근본은 몸이 아니라 성령(聖靈)이다. 몸을 기준으로 하면 성인이 간 뒤는 더욱 허망해질 뿐이다. 성인이 가신 지 오래되었다는 말은 성인의 마음을 잊어버리고 성인을 내 마음에서 떠나보내며 성령을 잘 받아들이지 못함을 의미한다. 성인이 간 지 오래되었지만 그 성령이 세상에 여전히 두루하고 그 가르침이 밝게 전해오는지라 언제든지 마음만 먹으면 누구든지 다시 성인을 자기에게로 오게 할 수 있다. 성인은 오고 감이 없지만 우리 마음은 들락날락하기 때문이다.

삿된 견해가 깊어지는 것은 인간의 마음이 악해져서 그런 탓도 있지만 근본적으로 무엇이 바른 것인가를 몰라서 그렇게 되는 것이다. 삿된 견해를 가진 사람도 자기는 그것을 옳다고 믿고 있기 때문이다. 그러고 보면 우리는 누구나 바른 것을 추구하려는 신성한 마음이 있음을 알 수 있다. 그래서 성인이 인간세상에 요구되고 이 땅에 오는 것이다. 인간이 스스로 바른 견해를 세우지 못하는 것은 보이지 않는 세계와 이치를 실제로 보지 못하고 또한 보이는 것만으로 따져봐도 분별취사심으로 인해 자기생각의 폭이 좁고 얕아서 자기생각에 사로잡히는 경향이 있기 때문이다.

마구니는 여기서 악령과 악마를 통칭한 마령(魔靈)과 자기 자신의 영혼이 품고 있는 마(魔)의 성품을 뜻한다. 자기 자신의 마가 발동할 때 스스로 마구니가 되어 마구니 짓을 하는 것이다. 자신의 마성(魔性)이 발동할 때 외부의 마령이 함께 합해지기도 하는 일은 비일비재하다. 이것은 단순히 빙의(憑依)라는 것과는 차원이 다른 것이다. 자기 자신이 적극적으로 마령을 부르는 것이다. 일방적인 지배종속의 관계가 아니라 이 때는 대등한 관계가 되며 상호 협력체계를 구축하는 것이다. 마음 속에 성인을 품고 있거나 성인이 몸을 가지고 이 땅에 오면 이런 마구니를 약화시켜준다. 그래서 세상에 평화가 조금 찾아온다.

법이 약하다는 말은 법이 약해졌다 강해졌다 하는 것이 아니라 마음과 법이 하나이므로 우리가 법에 대한 믿음이 약하다는 의미다. 인과법에 대한 믿음이 약해지니 나쁜 짓이 어떤 과보를 초래하는지 무시해버리고 예사로 나쁜 짓을 저지르고 착한 행위가 복을 가져오는지를 무시해버리니 좋은 짓을 하는 것을 소홀히 한다는 것이다. 우리 조상들은 대대로 공덕을 쌓는 것을 그렇게 중시해왔는데, 이것은 법에 대한 믿음 때문이다. 성인들이 한결같이 공통적으로 인과에 대한 법을 가르친다. 하다못해 유교에서도 '적선지가는 필유여경'이라는 가르침이 있다. 당장은 큰 복덕이 오지 않지만 돌고 돌아 이자가 붙으면서 큰 복덕이 반드시 오게 된다는 사실이다. 지금은 법이 약해져 악행을 자제하지 못하고 공덕을 쌓는 것을 은행통장에 쌓이는 푼돈만큼도 취급하지 않으니 살아갈수록 불안해지고 불행이 생길 수밖에 없다. 법이 약해지는 것이 아니라 우리 영혼의 힘과 정신이 약해지면서 만년 불행과장이 되고 있다.

원해가 많다는 말은 이와 같은 이치로 인해 남는 것은 결국 원한이요 해침이니 이 세상이 곧 지옥이 되어가는 것이다. 원(怨)은 자기 자신의 선심(善心)을 해치고 악심(惡心)을 키우는 것을 말함이요, 해(害)는 그로 인해 자기와 타인이 모두 큰 피해를 입게 되는 것을 뜻한다. 원한을 가지거나 한(恨)이 깊으면 일차적으로 자기를 죽이게 되고 나아가 가족과 타인마저 죽이게 되는 것이다. 이 원해는 반드시 인간끼리의 관계만 말하는 것이 아니라 자연과 일체생명에 대한 관계도 마찬가지다. 반면 원한을 버리면 해가 사라지면서 덕(德)이 생기게 된다. 그래서 자기와 가족은 물론 우리 모두 그 덕을 보는 것이다. 성인은 이 덕을 쌓게 해 주기 위해 우리에게 온다. 덕이 무한히 쌓이면 결국 인간령(人間靈)의 굴레를 깨뜨리고 중생계의 차원을 벗어나 진여법계의 신령이 된다. "옴~ 삼다라 가닥 사바하"가 이 원해를 없애주는 진언이다. 원해는 곧 지옥을 부르니 내면의 지옥도 깨뜨려야 된다. "옴~ 가라지야 사바하"가 파(破)지옥진언이다. 이 두 가지를 자기영혼에 작용하도록 열심히 고성(高聲)으로 하면 점차 내면의 고통과 원수와 지옥과 맺힌 것들이 사라지며 얼굴에 생기가 돌고 형편이 점차 좋아진다.

우리는 언제 올지도 갈지도 모르는 성인을 기다릴 것이 아니라 자기 자신이 성인이 되어 자기를 구제하고 나아가 남을 구제하는 것이 정도(正道)다. 이것이 제일 빠른 지름길임을 아는 사람은 지혜로운 이다. 성

인이 오는 근본 목적은 우리 모두를 성인으로 다시 태어나게 하려는 것
이다. 그러므로 성인이 온다는 것은 자기가 성인이 되어감을 뜻하기도
한다. 성인이 간다는 것은 자기가 성인이 아니라 마구니가 되어간다는
것을 뜻한다. 그런데 자기 자신은 아직 중생이니 마음의 뿌리에서부터
성인을 품지 않고 어떻게 그렇게 될 수 있겠는가? 내가 마음만 바늘구
멍만큼이라도 열어놓는다면 그 속으로 쏙~ 들어온다. 그리고는 당분간
은 다시 나가지 못하도록 문을 콱 닫아버려야 된다. 그리고 성인과 일체
가 되면 그 때는 영원히 문을 활짝 열어두고 있어도 두려움이 없어진다.
그러면 구경열반(究竟涅槃)으로 향하게 된다. 그 때는 성인더러 가라고
해도 가지 않는다. 좋은 곳으로 향하니 당연히 같이 가는 것이고 또 그
향하는 자리가 성인이 본래 있던 자리니 굳이 애써 다시 갈 필요가 없
다. 유유상종(類類相從)의 법칙이다.

95. 聞說如來頓敎門 恨不滅除令瓦碎
문설여래돈교문 한불멸제령와쇄

여래의 돈교문 설함을 듣고서는

부숴 없애지 못함을 한탄하는도다

　'단도직입으로 한 찰나간에 확철대오하여 자성을 바로 깨친다'는 것
이 바로 돈교문이다. 자연스러운 수행이니 그 어떤 애씀도 없이 여래와
마주서서 한 말씀 듣는 순간 중도에 들어선다. 중도는 말이나 생각이 아
니다. 죽도록 공부해야만 깨달음을 얻을 수 있다는 것은 여래의 법문을

들고서도 그 법문이 자기영혼을 뚫고 들어오지 못하도록 스스로 장벽을 치고 있는 사람에 해당된다. 그 장벽들은 다양하고 두텁지만 선(禪)의 견지에서 보면 주된 것은 바로 삿된 견해고 부수적인 것은 두터운 업장인 것이다. 여래의 돈교문 설함을 듣고 그 삿된 견해—중도에 어긋난 견해, 돈교를 부정하는 견해—가 화를 내고 저주해도 돈교문을 부수지 못하여 한탄한다는 것이다. 그도 그럴 것이 돈교문은 삿된 견해를 가진 사람들 앞에서는 투명해져버려 전혀 보이지 않기 때문이다. 보지를 못하는데 어찌 부술 수가 있는가? 자신이 만든 환상을 부순다고 헛짓을 하는 것이다. 또한 돈오를 긍정하는 사람들 역시 자기 존재상태가 자신도 모르게 변견에 치우쳐 있으므로 찰나간에 여래지(如來地)에 들어가지 못하는 것이다. 열심히 하다보면 찰나간에 자기에게 깨달음이 일어날 것을 기대하고 열심히 용맹정진해도 자기 마음처럼 정작 그런 것이 쉽게 일어나지 않는다. 그 기대 자체가 한 변에 머무는 마음이 되어 벌써 가로막고 있기 때문이다. 그래서 열심히 해도 안되니 또 돈교문을 부정하기도 한다. 그러나 자기가 못한다고 해서 다른 사람들도 다 못한다고 돈교를 부정하는 것은 여전히 자기 생각에 매여 있는 속좁은 중생일 뿐이다. 그런 성품인지라 돈교문에 결코 들어설 수 없다는 것을 모른다.

초발심(初發心)이 변정각(便正覺)이란 말이 곧 돈교문을 의미한다. 초발심이란 첫 발심이 나온 그 뿌리가 되는 마음자리가 바로 중생의 마음자리, 즉 제6식, 제7말나식, 제8아뢰야가 아니라 대광명의 여래의 마음자리라는 의미다. 그러므로 시각(始覺)이 곧 본각(本覺)인지라 초발심이 곧 바른 깨달음이 되는 것이다. 초발심에서 초(初)라는 것은 실제로 알고 보면 처음밖에 없는 시간인 것이 된다. 그 전도 없고 중간도 없고 나중도 없는 것이다. 오로지 그 순간, 그 찰나만을 의미한다. 오로지 드넓은 초원에서 사자냐 아니냐 하는 사실만 있을 뿐이다.

96. 作在心殃在身 不須怨訴更尤人

작재심앙재신 불수원소갱우인

지음은 마음에 있으나 재앙은 몸으로 받나니

모름지기 사람을 원망하고 허물치 말지어다

마음에 짓는 바가 있으면 몸에 재앙이 오는 것은 곧 대도의 대용(大用)이고 법의 작용이니 사람을 원망하고 허물치 말아야 하는 것은 지극히 당연한 상식이다. 그런데 자기의 주관과 욕망이 이 상식을 늘 거스르면서 사니 문제다. 자기와 타인을 원망하는 것은 더욱 법을 거스르는 것이 되어 고통만 더 가중되니 어리석음이다. 그러나 이 구절을 두고 참회도 필요없다고 받아들이면 곧 지옥행이 되니 원망하고 허물을 잡는 대신에 철저하게 참회하라는 의미로 받아들여야 실상에 부합된다. 이 구절은 죄는 원망하되 사람은 미워하지 말라는 것과 유사한 의미다.

지음이 심/의/식 일체에 있다. 짓는 이유는 바로 마음이 중도에 어긋나 양변에 치우친 분별취사심이 되어 있는 것이 근본이다. 짓는다는 것은 곧 업이 생긴다는 것이다. 이는 머물고 기억하는 제8아뢰야의 특성 때문이다. 그 업은 생사를 반복하게 한다. 그래서 현실의 불행이 가중

되는 것은 물론이고 본래면목인 청정한 자성(自性)을 회복하기 어려운 상태가 되어가고 있다. 이 사실 자체가 재앙이고 더구나 이 굴레를 전혀 벗어나지 못하니 재앙이라는 것이다. 재앙을 몸으로 받는다고 했으니 이 속에는 태어나지 않아야 과보를 면할 수 있다는 의미도 들어 있다. 태어나지 않는다는 것은 곧 죽지 않는다는 의미도 포함하므로 불생불멸의 존재가 최종적인 정답이 된다. 그래서 무위(無爲)를 강조하며 참선하고 해탈해야만 되는 당위성이 성립된다. 참선은 바로 제8아뢰야를 대상으로 하니 머물고 기억된 것을 없애주기 때문에 업장소멸의 첩경이다. 해탈은 과보를 받는 나 자신으로부터 영원히 벗어난다는 의미다.

죄(罪)는 미워해도 사람을 미워하지 말라는 말은 주관과 객관에 끄달려 내가 죄를 생겨나게 하지 말라는 의미다. 근본적으로 나와 상대를 나누는 것 자체가 죄기 때문이다. 죄인으로서 객관적으로 벌은 받아야 하지만 내가 주관을 가지고 그 사람을 오로지 죄인으로만 보는 것은 곧 내가 착한 사람이라는 주관을 갖는 것이고 상대가 절대선(絶對善)을 품은 나와 동일한 본래성품의 존재라는 사실을 무시하는 것이 된다. 이는 도(道)에서 보면 내가 곧 죄인이 되므로 이는 나 자신에게 또 다른 죄가 잉태되는 것이다. 죄인을 처벌하면서 동시에 우리 모두 죄인이 되는 셈이다. 죄인과 나를 주객으로 나누어보니 그렇게 된다. 그래서 죄가 죄를 낳으니 허물이 생겨나는지라 법(法)도 마땅히 그에 맞게 움직이므로 고통이 끊임없이 연쇄적으로 생겨나게 되니 곧 무간지옥이다. 이 연쇄 사슬을 끊으려면 오로지 모두가 모두를 있는 그대로 봐야 될 수밖에 없다. 그렇지 않고 분별심과 차별심을 갖고 나름대로 각자 천국을 찾게 되면 그 천국마저도 주관인 나의 객관이 되니 진정한 본래의 천국은 더욱

230

멀어진다. 더욱 멀어지니 당연히 더욱 애타게 찾게 되므로 분별과 차별심이 더욱 강해지고 점점 더 어둠으로 향하게 된다. '죄없는 자는 돌을 던져라'는 말에서 '죄없다'는 말은 착하다는 의미가 아니라 양변의 경계에서 벗어나 중도에 든 사실을 의미한다. 성인이 착한 사람이라고 말하는 것은 이런 사람을 두고 하는 말이다. 그렇다고 너와 내가 똑같다는 것은 중도가 아니다. 근원적으로 우리 모두 죄와 죄짓는 마음을 없애야지, 죄인을 아무리 처벌하고 사형시켜봐야 한계가 있는 법이다.

귀신을 천도시킬 때 산 사람의 전생죄업과 원한맺힌 귀신이 복수하면서 생겨나는 과보 양쪽 모두를 무화(無化)시키면서 중도를 들어가도록 하는데, 양쪽 다 자기와 밖을 분별하여 자기 자신을 향하거나 상대를 향하는 마음이 꽉 차 있으므로 중도에 어긋나 삿된 마음에 빠져 있으니 결코 쉬운 일은 아니다. 귀신 역시 행위와 마음 하나하나가 모두 업이 된다. 그래서 다시 태어날 때 전생의 삶 뿐만 아니라 귀신으로 살 때 지은 업도 추가하여 운명을 받게 되는 것이다. 살아서 올바르게 알고 죽는 것이 얼마나 중요한지 모른다. 그러면 최소한 귀신으로 살면서 추가로 업은 짓지 않게 될테니 전생에 크게 나쁜 짓만 안했다면 다시 태어날 때 그나마 괜찮은 복을 타고 나기 때문이다.

97. 欲得不招無間業 莫謗如來正法輪
욕득불초무간업 막방여래정법륜

무간지옥의 업보를 부르지 않으려거든

여래의 바른 법륜을 비방치 말거라

지옥이 실제 있지만 지옥을 무시하거나 겁먹는 것 또한 양변에 치우친 마음이다. 이 말은 겁을 주려고 고의로 하는 말이 아니다. 사실 그대로니까. 많은 이들이 지옥을 두려워하고 천국을 희망하지만 자기내면에 모두 들어가 있으니 잘 선택하기만 하면 된다. 참회를 잘하여 중도를 향하면 천국이 가까워지며 자기 것이 되고 그렇지 못하고 욕망대로 하면 지옥이 가까워져 자기 것이 된다. 천국에 가기 위해 신에게 아부할 것도 없고 뭔가 큰 일을 할 필요도 없다. 자기 마음을 밝히면 저절로 천국으로 가게 되어 있는 것은 법이다. 그런데 마음을 밝히려면 신의 도움을 필수적으로 받아야만 되니 신을 도외시하고는 천국에 갈 수가 또 없게 되어 있다.

무간지옥이란 고통이 잠깐도 쉬지 않고 끝없이 이어지니 그에 상응할만한 악행은 우리가 중도에 벗어나서 하는 모든 행위가 된다. 중생은 태어나서 죽을 때까지, 또 몸을 계속 바꾸어 살더라도 항상 중도에 벗어나 있으니 이런 차원이라야 무간지옥에 상응하게 된다. 끊임없는 악행에 끊임없는 벌이라야 정의롭게 된다. 중도에 벗어나 산다는 것은 여래의 정법(正法)을 믿어 받아들이지 않고 자기 욕망대로 사는 것이다. 그리고 자성을 깨치지 못한 데서 무간업(無間業)이 생기고 무간고(無間苦)가 생기는 것이다. 단순히 여래의 바른 법륜을 비방한다고 해서 반드시 무간지옥에 떨어지는 것은 아니다. 비방하지 않더라도 마찬가지다. 다만 비방하면 무간지옥에서 벗어날 가능성이 점점 줄어드는 문제가 있다. 스스로 벌을 받는 것이고 부처님이나 신이 벌주는 것은 없다.

그렇다고 못된 짓을 부담없이 저지르면 안된다. 인간의 선과 악의 관념
도 아주 중요하다. 악한 짓을 하는 인간은 자기 스스로 자기부처를 비방
하는 것이 되니 더욱 빨리 지옥으로 떨어지고 무간지옥보다 더 큰 고통
을 받게 된다.

알든 모르든 중도에 어긋나 지은 행위에 대한 과보는 조금도 어김없
다. 중도를 모르니 그대로 살다가 그만 무간지옥에 떨어진다. 모르는
것은 인간세상에서는 죄가 없다고 생각해도 그에 따른 업은 너무나 분
명하게 달라붙는다. 업을 짓는 것 자체가 곧 죄를 만드는 것이니 모르는
것은 사(邪)로서 가장 큰 죄가 된다. 여래의 바른 법륜을 비방하는 것은
스스로를 어둠에 빠뜨리니 저절로 무간지옥을 얻는다.

98. 栴檀林無雜樹 鬱密深沈獅子住

전단림무잡수 울밀심침사자주

전단향 나무숲에는 잡나무가 없으니

울창하고 깊숙하여 사자가 머무는도다

풍수를 봐도 단일수종이 있는 땅이 잡목이 우거져 있는 땅보다 풍수
지기가 더 좋고 양기가 강하다. 풍수지기가 좋으니 그만큼 나무가 튼튼
하게 뿌리내려져 잘 자라고 있으므로 다른 식물이 침투하기 어려운 법
이다. 풍수지기가 좋은 땅에 살고 산책하거나 등산할 때 지기를 더욱 많
이 받게 되어 건강에도 좋다. 그러나 밝고 건강한 마음을 갖고 등산하지

않으면 지저분한 마음이 산과 지기를 오염시키니 좋은 터도 스스로 망치는 것이 인간의 욕망이다.

전단나무는 향나무 가운데 제일 좋다는 향나무다. 이 전단나무 숲속에는 잡나무들이 살 수 없다는 것이다. 기운이 강하고 남다르다는 것이다. 그래서 전단나무는 중도(中道)이자 자성(自性)을 비유한 것이 된다. 전단나무숲은 당연히 잡된 것이 모두 떨어져나간 자리가 된다. 잡된 것이란 악심을 비롯하여 망심과 삿된 견해, 분별심 등등 일체의 중생심을 의미한다. 이른 바 진여자성을 바로 깨친 곳이다. 그러므로 전단나무 숲속으로 들어가려면 진(眞)과 망(妄)이 모두 떨어져야만 가능하다. 양변에 조금이라도 머무르고 있으면 들어가지 못하는 것은 물론이고 그 시원한 향기를 맡지도 못한다.

울창하다는 것은 전단나무가 듬성듬성 있는 것이 아니라 빽빽하게 모여 있다는 것이다. 이것은 일체 만법이 남김없이 원만구족하다는 것이다. 부족함이 없는 것이다. 그러니 전단나무를 활용하여 원하는 것은 무엇이든 만들고 지을 수 있다. 숲의 주인이 되었으니 일체가 자기 것이고 자유다. 물론 소유 개념이 아니라 자기가 마음대로 쓰도 되는 것이란 관점에서 자기 것이다. 쓰지도 않으면서 단순히 가지고 있는 것은 법적인 면만 떠나버리면 진짜 소유하고 있는 것은 아니다. 그 때는 자기 자신이 단순한 보관창고가 되고 마니 결국 존엄성이 전락하게 된다. 이것은 인간소외다. 도를 깨치고 난 후에 애써 중생을 위해 만법을 활용하니 대용(大用)이다. 대인(大人)이 하는 것은 뭐든 대용이다. 소인(小人)이

하는 것은 뭐든 소용(小用)이다.

깊숙하다는 것은 정말 깊고 깊다는 뜻이다. 구경각(究竟覺)이란 개념이 바로 깊이에서 나오는 깨달음의 관점이다. 그러므로 내면의 가장 깊은 제8아뢰야까지 뚫어야만 비로소 알 수 있는 것이다. 도가 낮은 사람보다 적당히 도가 높은 사람이 가장 큰 문제가 되고 그 때가 진정으로 위험한 시기다. 당연히 처음 땅을 팔 각오를 했다면 죽을 때까지 있는 힘을 다해 땅을 파다가 죽을 각오를 세워야 한다. 한평생 동안 그렇게 되면 최소한 금생에 위험하고 어중간한 도의 경지는 넘어설 수 있어 일단은 한숨돌릴 수 있다. 나머지는 내생에 마저 파면 되거나 아니면 귀신이 되어서도 계속하면 된다. 공부가 한 고비를 넘긴다면 비록 금생에 깨치지는 못하더라도 마지막 눈 감을 때에 악업에 끌리지는 않는다고 했다. 전생에 적당히 도를 닦은 사람들은 대체로 금생에 방황이 더욱 심한 편이다. 어중간한 것은 현상계에서나 신령세계에서도 좋지 않은 것이다.

이런 전단림 속에는 왜 사자가 머무르냐 하면 바로 두려움이 없어서 숲이 울창하고 깊숙해도 들어가기 때문이다. 사자가 아니면 온갖 두려움에서 오는 망상으로 가득 찬다. 그러므로 자기가 사자가 되면 아무 걱정할 것이 없다. 당연히 전단림 속에 들어가 머무르고 싶다면 먼저 사자와 같이 충분한 힘과 담력과 전단나무를 마음대로 활용할 수 있는 지혜를 길러야 한다는 사실이다. 머무는 것은 대적멸(大寂滅)을 말하는 것이다.

99. 境靜林閒獨自遊 走獸飛禽皆遠去

경정림한독자유 주수비금개원거

경계 고요하고 숲 한적하여 홀로 노니니

길짐승과 나는 새가 모두 멀리 달아나도다

고요하고 한적한 마음은 잊고 살았던 나 자신을 되찾은듯한 느낌이 들어 아무래도 자기의 본래성품에 더욱 가까이 다가가게 된 상태다. 그래서인지 한가로운 숲 속은 자기의 본래마음을 찾고자 절규하는 마음들이 모여든다. 아무리 번뇌망상에 찌들어 살아간다고 하더라도 그럴수록 더욱더 자기의 본래모습이 그리워지게 되어 있다.

사자가 머무는 전단나무 숲이 고요하고 한적하다는 것이다. 경계가 고요하다는 것은 자기 외부의 일체정보—색성향미촉법(色聲香味觸法)—에 대해 무심(無心)하다는 것이다. 바깥은 항상 시끄러울 수밖에 없는 것이 저마다 자기 소리를 내느라고 바빠서 그렇다. 산(山)은 온갖 짐승들의 소리와 바람과 물, 나뭇잎 소리 등등 모든 생명의 소리를 다 담고 있으면서도 산 스스로는 한없이 고요하다. 산은 자기 소리를 홀로 내지 않는다. 그러나 큰 소리가 분명히 있다. 우뚝 솟은 산 앞에서 산을 바라보면 산의 힘에 의해 나 자신의 소리마저 묻혀버린다. 시끌벅적한 도심에서 자기 자신이 산과 같이 되지 않는 한 고요한 경계를 맛볼 수 없다. 산은 부동(不動)이다. 모든 소리를 담고 있지만 침묵이다. 넉넉하게 마음속에서 수많은 생명들을 품어줄 때 정작 자기 자신은 스스로 고요해진다. 경계가 고요한 것이 아니라 실은 경계와 무관하게 고요하게 된 평상심(平常心)이다. 그러나 고요하지만 죽은 것이 아니라 생생하게 살아 있다. 일체가 부처고 부처는 곧 생명이니 죽은 부처란 있을 수 없다.

숲이 한적하다는 것은 숲 내의 각 경계간의 충돌이 없어 고요한 가운데 여유있게 생동감을 갖고 한가롭게 움직이는 것이다. 움직임이 없는 것은 한적한 것이 아니라 굳어 말라비틀어진 것이다. 나무들이 모두 죽은 숲은 한적하다고 표현하지 않는다. 기분나쁜 살기가 넘칠 뿐이다. 고요한 가운데 움직이니 마음이 바쁜 가운데 움직이는 것과는 전혀 차원이 달라진다. 마음이 바쁜 가운데 분주하게 움직이면 에너지가 일찍 고갈되고 과열이 되어 불붙어 스스로를 태우고 만다. 그러나 고요한 가운데 움직이면 충돌과 마찰이 적어 몸이 달리든 걷든 기어가든 똑같이 한적하게 된다. 마음이 고요해져버리면 움직임의 스트레스가 크게 줄어들고 고요한 가운데서 에너지가 끊임없이 솟아나오므로 항상 생기가 넘치고 건강하며 발랄하다. 홀로 노닌다고 하니 고독을 이기적으로 혼자 즐기는 것이 아니다. 일체생명들과 더불어 있되 홀로 있고 서로 어울리되 한적하다. 나와 상대의 경계가 떨어져나간 불이(不二)의 경지에서는 대자유다. 모든 것에 구속됨이 없고 걸림이 없다. 그래서 마음껏 어울리든 홀로 있든 똑같다.

길짐승과 나는 새는 사자와 달리 두려움을 가지고 있는 존재들을 뜻한다. 멀리 달아난다고 하니 두려움이 없다면 힘들게 달아날 일이 없다. 왜 두려움을 갖고 있을까? 그것은 바로 분별심으로 인한 욕망, 희망, 꿈, 분노 등등 때문이다. 일체의 망심(妄心)은 항상 객관인 대상을 스스로 만들기 때문에 공포를 가질 수밖에 없다. 길짐승은 땅 위에 대한 욕망, 나는 새는 하늘에 대한 욕망을 의미한다. 땅 위에 대한 욕망은 의식주를 최대한 풍족하게 많이 가지겠다는 것이다. 하늘에 대한 욕망은 하늘처럼 높은 지위와 명예, 영원불멸한 신과 같이 되고 싶은 마음 등등이다. 천지를 덮지 못하고 둘 다 한 자리에 치우쳐 머물러 있다. 그런데 사자를 만나면 자기가 죽을 줄 알고 도망치니 대해탈경계 앞에서는 그 어떤 망심도 남아 있을 수 없고 생길 수가 없다는 의미다. 이 구절은 이른바 자기 자신의 상(相)을 완전히 정복한 천상천하의 대장부 모습이다.

100. 獅子兒衆隨後　三歲卽能大哮吼
사자아중수후 삼세즉능대효후

사자 새끼를 사자 무리가 따름이여 세 살에 곧 크게 소리치는도다

사자가 이 지구에서 으뜸가는 인간인 해탈조사에게 인기 짱이다. 사자는 호랑이와 더불어 영물(靈物)로서 땅위의 짐승들 가운데서는 가장 영혼의 힘이 센 동물이다. 그래서 사자를 흔히 깨달음을 얻은 사람에 비유한다. 그런데 해탈조사는 진짜 사자보다 비교 자체가 안되게 훨씬 더 무섭다. 이 땅에서 일체 생명체들보다 더 위대한 영혼의 힘을 갖고 있어 사자와 같이 두려움이 없다. 사자도 달아난다. 예나 지금이나 수행이 영력과 지혜의 향상을 이루지 못하는 것은 지식 정도를 가지는 것에 머

238

무르고 또 양변에 사로잡혀 이미 갖고 있던 힘마저 소진해버리기 때문에 힘을 기를 수 있는 수행을 할 그 힘과 마음이 기본적으로 모자라기 때문이다. 그러니 수행이 현실에서 아무런 힘도 발휘하지 못하고 현실과 수행이 따로 노는 것이다.

사자 새끼란 금생에 태어나서 깨달은 사람을 의미한다. 사자무리는 불보살님과 신령들과 역대조사 등을 뜻한다. 이런 새끼사자를 사자 무리가 항상 뒤따르게 되는데, 배후로서 뒤에서 보는 것이다. 그리고 새끼사자는 원하는 곳으로 갈 수 있고 뭐든지 할 수 있는 대자유가 주어져 있다. 앞과 뒤의 선후를 얘기하지만 사자새끼나 사자 무리나 동일하니 사실 선후가 없다. 그러므로 새끼사자가 앞선다는 것은 세상에 드러나 있는 것을 의미하고, 사자 무리가 뒤따르는 것은 세상에 모습을 직접 드러나 보이지 않은 채로 항상 함께 움직이는 사실을 의미한다. 선지식은 신불(神佛)들과 하나가 되어 있고 그렇게 움직인다는 의미다. 그러면 새끼사자가 으스대며 호가호위하는 식으로 하느냐 하면 그것이 아니다. 가장 자연스럽게 걷고 자연스럽게 자고 자연스럽게 노닌다. 두려움이 완전히 사라지면 긴장이 없게 되고 작위적인 마음도 없게 되므로 마음과 행에서 일체가 자연스럽게 된다.

세 살에 크게 소리친다는 것은 인간세상의 기준으로 따지는 나이는 의미가 없다는 사실을 뜻하기도 한다. 10살에 깨쳐도 인간세상의 스승이 되는 것이고 큰소리칠 수 있다. 물론 어른들로부터 무시는 당한다. 그러나 무시당함이 자기내면에서는 없으니 큰소리칠 수 있다는 것이다. 진여본성을 바로 깨쳐서 성불해버리면 조그만 어린아이같지만 깨친 그대로 사자여서 사자 무리와 다를 바 없는 불령(佛靈)인지라, 크게 소리치면 일체가 도망가고 사라져버리는 것이다. 그리고 살리든 죽이든 마음대로 할 수 있는 것이다. 왜냐하면 사자기이기 때문이다.

사자와 같은 이런 선지식에게 다가가면 희망이 반 생기고 두려움이 반 생긴다. 희망이란 드디어 생사의 윤회 굴레를 벗어날 수 있겠다는 큰 희망이 샘솟는 것이다. 두려움이란 기존의 자기 아상(我相)을 소멸시키는 데 대한 강력한 저항을 말한다. 선지식은 스스로 자기 아상을 벗어던지려고 용기를 내어 몸부림치는 사람을 해탈경계로 인도해준다. 그러므로 아무리 위대한 선지식을 만나더라도 자기 자신이 소득심(所得心)에 머물러 있다면 길짐승과 나는 새가 달라지지 않는다. 얻고자 하는 마음은 새끼여우와 같으니 망심에게 있어 무엇이 두렵겠는가?

101. 若是野干逐法王 百年妖怪虛開口

약시야간축법왕 백년요괴허개구

여우가 법왕을 쫓으려 한다면

백년묵은 요괴가 헛되이 입만 여는 것이로다

여우는 법왕을 쫓으려 애쓰지만 법왕은 여우를 쫓지 않는다. 망심(妄心)이 진여자성(眞如自性)을 쫓거나 흐리는 것은 불가능하다. 그래서 진여자성을 찾으면 망심은 나 자신에게 아무런 영향이 없게 된다. 또한

240

해탈조사의 말을 부정하고 비난하면서 쫓으려 하지만 절대 불가능하며 그런 시도는 허망할 따름이다. 왜냐하면 이미 오고 감이 없이 그 마음이 영원히 두루하며 이어지는 존재가 되었기 때문이다.

　가짜같은 진짜를 만나면 순박하게 부처가 되어가지만 진짜같은 가짜를 만나면 똑똑하게 퇴보한다. 백년묵은 요괴란 말과 행동거지 등 겉모습이 완벽하여 일반인들이 구분할 수 없는 경지에 오른 진짜같은 가짜다. 즉, 자기 자신에게 속는 줄도 모르고 속고 있으며 동시에 타인을 신(神)과 진리의 관념에 빠뜨리며 교묘하게 이득을 취하는 성직자와 수행자 등이다. 진실로는 아무 것도 체득하지도 못하고 도(道)도 법(法)도 없는데도 불구하고 말은 그럴 듯하게 지어내 사람들을 가르치니 거짓이 없는 해탈조사들의 눈으로 보면 참으로 요상한 괴물일 수밖에 없다. 말이 교묘하고 능통하므로 백년묵은 요괴다. 요설로 사람들을 현혹시켜 잘못된 길로 인도하는 것이다. 그러니 아무리 지껄여봤자 실제로 대도와 중도의 길로 들어서지 못하고 헛된 말로 끝나는 것이다. 이 요괴는 바로 길을 가다가 멈추어버리고 삼천포로 빠져버린 수행자다. 수행자는 조금이라도 자기 자신을 드러내려고 하면 여우나 요괴가 되기 쉬우니 조심해야 된다. 사람들에게 가르치고 모든 사람을 인도하려고 하는 욕망은 가장 초보 수준의 마장(魔障)이다. 말을 알아듣기 쉽게 번지르르하게 잘해야 도를 인정해주는 세상인지라 요괴들이 인기를 얻고 더욱 잘 살고 있다. 이것도 요괴들의 재주라면 재주이기도 하다. 세상에 굶어죽으란 법이 없다는 것은 이들을 두고 하는 말이기도 하다. 성직자가 도(道)가 없으면서도 배부르고 때깔 좋게 폼을 근사하게 잡을 수 있는 것은 다 부처님과 예수님 덕이다. 그래서 요괴일수록 더욱 부처님과 예수님께 감사해야 한다.

102. 圓頓敎勿人情　有疑不決直須爭

원돈교물인정 유의불결직수쟁

원돈교는 인정이 없나니

의심있어 결정치 못하거든 바로 다툴지어다

원(圓)은 두루하니 일체가 조금의 빈 공간이나 틈이 없이 꽉 차 있는 내 불성(佛性)의 모습이고 돈(頓)이란 눈 깜짝할 사이를 말하는 것으로써 시작이 곧 끝이 되는 찰나의 시간이다. 그러므로 원돈교는 바른 길을 가기만 하면 일체가 원만구족한 무상대법의 구경각을 눈 깜짝할 사이에 성취하게 되는 가르침이다. 한 번 뛰어넘어 여래지로 들어간다는 것인데, 무엇을 뛰어넘느냐고 하면 바로 자기영혼을 뛰어넘는다는 것이다. 즉, 망념과 인정(人情)의 뿌리인 제8아뢰야가 내 뒤로 영영 사라져 버리는 것이다. 이것은 오랜 노력 끝에 순간 일어나는 현상이다. 그러므로 선가에서는 마음을 닦는다는 것은 방편가설에 불과하고 실제로는 그런 것이 없다.

인정으로는 미치지 못함을 두고 인정이 없다고 말한다. 즉 '인간이 어떻게 그럴 수 있어?', '그런 사람은 본 적이 없어, 시간도 많이 걸리고 산에 들어가 수행도 해야 되는데…', '그건 있을 수 없는 일이야' 하는 등등의 인간적인 생각으로는 결코 원돈하지 못하게 되므로 원돈교에서

242

는 인간의 정리(情理)와 정서(情緒)를 받아주지 않는다. 그래도 인정을 조금 받아주는 것이 바로 여래와 선지식(善知識)의 방편가설이다. '열심히 수행하라', '참선하면 깨닫는다', '공부 잘 하고 있다', '빨리 깨달아라'는 등의 말이다. 현상계에서는 사람들의 눈에 많이 드러나게 움직이며 인정(人情)에 상응해주는 선지식이 아무래도 사람들의 인정에 가깝게 와 닿고 환영받으며 생불(生佛)로 존경받을 수밖에 없는 면은 물론 있다. 그러나 진짜선지식이라면 인정에 의거하는 것이 진실로 티끌만큼도 없으니 자기들의 인정에 의해 진짜선지식에게 스스로 속는 것이고 가짜선지식은 인정을 신나게 따르니 사람들이 인정에 의해 법(法)에 스스로 속는다. 그래서 사람들은 자기들의 인정을 따르면 이래저래 법과 진짜와 가짜선지식 모두에게 스스로 속을 수밖에 없으니 실로 기대하는 아무 것도 얻지 못한다. 인정으로는 도(道)와 진짜선지식에게 절대로 닿지 못하며 한발자국도 다가가지 못하는 법이니 생평기광남녀군(生平欺狂男女群)이 된다.

원돈은 천지(天地)의 실상이자 무위자연의 도(道)로서 불성(佛性)의 모습이기도 하다. '천지(天地)는 불인(不仁)'이라고 했듯이 천지자연이 인간의 정서에 맞춰 움직여주지는 않는다. 오히려 천지자연은 인간의 희망이나 욕망을 인정사정없이 무화(無化)시켜버린다. 처음부터 그런 것을 가지지 않은 것만도 못하게 결론을 내도록 만드니 허망하다. 나아가 천지자연과 어긋난 인간의 정서로 인해 업과 고통이라는 것이 생겨난다. 불가(佛家)에서는 여기서 바로 무심(無心)이나 무념(無念)으로 천지자연과 인간 사이의 어긋난 질서를 바로 잡아준다. 시간에 대해서도 무심이요, 공간에 대해서도 무심이요, 자기의 욕망에 대해서도 무심이요, 일체상대와 경계에 대해서도 무심인 것이다. 그런데 굳어서 고정된 무심이 아니라 생생하게 활동하는 무심이다. 마음이 없는데 무엇이 움직인다는 것은 바로 대광명의 발현이다. 전등이 있으면 그 불빛이 사방에 퍼져나가는 것이다. 그러니 원돈교에서의 무심이란 곧 무위자연(無爲自然)이요, 일시무시일(一始無始一)인 것이다. 이 경계에서 인정(人情)이란 것을 보면 그 본질이 성불(成佛)을 불가능하게 만드는 자기마장(魔障)인 것일 뿐이다. 해탈조사에게는 인정이 없다. 오로지 자비와 지혜만 있을 뿐이다. 그렇다고 인간성을 내팽개치고 양심을 짓밟아 버려라는 것은 아니다. 이것은 지옥행 급행열차를 타는 것이다. 인간성과 양심은 자비심을 키우는 토양이기 때문이다. 자비심은 그 꽃이다. 인정에만 머무르지 말고 더 크게 발전시켜 법(法)을 알아가며 선(禪)을 해서 대자대비를 향해 나아가면 된다.

원돈교가 그러하건만 인정에 매여 그것을 의심하고 인간으로서 불가능하다는 생각에 사로잡혀 원돈교로 들어오는 문턱에서 주저하며 어디로 갈까 헤매고 있거든 그냥 바라보거나 머뭇거리지 말고 곧바로 믿게 하라는 것이다. 그런데 그러기 위해 옳고 그름을 다투라고 했다. 이 말이 상대방과 멱살을 붙잡고 믿지 않으면 지옥가고 믿으면 성불한다고 겁을 주며 협박하라는 의미가 물론 아니다. 그것은 바로 상대방의 업장(業障)과 다투라는 말이다. 바로 다툰다는 말은 업장이 힘이 워낙 막강하므로 모든 힘을 집중해서 원돈교로 들어오게 하라는 말이다. 이 때 인정(人情)에 휩쓸리지 말아야 한다. 업장은 인정이 없는데, 업장을 상대하는 자기가 인정을 가지면 이것이 가장 큰 패착이 된다. 가장 큰 약점이 되는 인정은 불쌍하게 보는 것이다. 중생은 업이 두터워서 그 업이

눈가리개가 되어 밝은 안목을 가리므로 광명을 튕겨내기 때문에 그 업
장을 다소라도 좀 소멸시켜야만 자연스럽게 믿고 알게 된다.

103. 不是山僧逞人我 修行恐落斷常坑
불시산승정인아 수행공락단상갱

산승이 인아상을 드러냄이 아니요

수행 중에 단·상의 구덩이에 떨어질까 염려함이로다

'바로 다투라' 고 말한 이유는 수행자는 물론 의심있어 결정치 못하
는 사람도 단/상의 구덩이에 떨어질까 염려함 때문이라는 사실이다. 단
(斷)은 마음을 단순히 죽이고 끝내는 것이요, 상(常)은 마음을 단단하게
굳혀서 끝내는 것이다. 둘 다 큰마음으로 다시 부활하지 못하니 결국 허
망하게 되고 만다.

수행자든 속인이든 단(斷)의 구덩이에 빠지면 두 가지 큰 문제가 발
생하는데, 하나는 자기의 업장(業障)이 적체된다. 업장이 해소되는 것
이 아니라 더 단단하게 뭉쳐서 나중에는 그것을 없애기가 더 힘들어진
다. 다른 하나는 귀신의 빙의(憑依)다. 단견에 빠져 있으면 귀신이 빙의
하기 쉽고 벗어나기 어렵게 된다.

상(常)의 구덩이에 빠지면 기분과 망상이 주(主)가 되어 질서있는 일
상생활이 점차 흐트러지고 만다. 삶의 질서와 리듬이 망가지고 정신이

흐려지면서 결국은 눈을 멀쩡하게 뜨고 있는 폐인이 되고 만다.

　'바로 다투라'고 한 것은 나와 남을 나누어 인상과 아상을 드러내서 그런 것이 아니라 수행자들의 오류를 경계하기 위해 한 말이라는 것이다. 일단은 단견과 상견 가운데 어느 한 쪽에 치우치거나 빠지지 않도록 균형을 잘 잡아야 한다. 진정으로 마음을 비우면 엄청난 힘이 샘솟게 되고, 열심히 하되 집착이나 고정관념이 없이 하면 스트레스가 크게 없게 되어 건강을 유지하고 일도 잘된다. 열심히 하는 것과 마음을 비우는 것이 반대되거나 상대적인 것이 아니라 본래 뿌리가 같은 하나인데, 아직 그것을 터득하려면 많은 시간과 경험이 필요하다. 수행자들이 늘 단견 아니면 상견에 빠져 지내니 수행을 안하니만 못한 결과를 보고 있으면 안타깝다. 단견과 상견의 같은 뿌리를 알고 양변을 자유자재하게 활용하며 공부를 해야 생기가 돌고 밝으며 마음이 활달해진다.

104. 非不非是不是　差之毫釐失千里
비불비시불시 차지호리실천리
그름과 그르지 않음과 옳음과 옳지 않음이여
털끝만큼 어긋나도 천리길로 잃으리로다

　해탈조사는 옳고 그름에 마음이 걸리지 않고 상대방의 부분적 이득이나 머리가 아니라 존재 그 자체를 위하는 차원에서 항상 자비심으로

246

이끌어나간다. 존재가 양변에 치우친 데서 벗어나 우뚝 올바로 서면 그 다음부터는 모든 일을 스스로 정확하게 바르게 해 나가게 된다. 그 때 비로소 자기 앞가림을 할 수 있게 되는 것이다.

털끝만큼 어긋나도 천리길로 잃는다는 말은 크게 해오(解悟)와 증오 (證悟)의 차이를 일컫는다. 한 생각의 차이는 털끝에 불과하지만 그것 이 신(神)을 만나지 못하게 하므로 만 가지 번뇌망상과 같다. 실제로 털 끝만큼만 어긋나봐야 이 구절을 알 수 있다. 이 구절은 깨닫기 직전의 수준까지 온 사람에게 해당되는 구절이고 깨닫고 나서 돌아보며 아는 구절이다. 한 마디만 하면 원(圓)을 그릴 때 마지막으로 끝을 원만하게 잇기가 가장 어렵다. 시작과 끝이 완전히 하나라야 되는데 생각이 미세 하게 하나라도 어긋나면 완전한 원이 되지 않는다. 그것은 원과 비슷해 도 완전히 다른 모양일 뿐이다. 그 동안 걸어온 천리길에 들인 공덕이 순식간에 사라져버린다. 최후의 그 찰나가 가장 위험하고 힘든 것은 도 (道)의 세계에서도 마찬가지다.

105. 是卽龍女頓成佛　非卽善星生陷墜
시즉용녀돈성불 비즉선성생함추

옳은즉 용녀가 단박에 성불함이요

그른즉 선성이 산 채로 지옥에 떨어짐이로다

옳다는 것은 부처님의 바른 법을 그대로 받아들였다는 것이고 그르다는 것은 바른 법에다가 자기의 잘못된 견해가 섞였다는 것을 의미한다. 부처님의 바른 법을 텅 빈 마음자리에 그대로 받아들인 용녀는 8년 된 암뱀이지만 미천한 축생에서 부처로 성불하였고, 선성은 고귀한 비구이지만 자기의 잘못된 견해를 마음에 가득 채워서 그만 지옥중생으로 떨어졌다는 것이다. 산 채로 지옥에 떨어졌다는 것은 자기영혼의 타락과 그에 따른 인과로 받게 되는 극심한 고통을 의미한다. 여기서는 일체의 차별상(差別相)을 넘어서 근본적으로는 오로지 부처님의 바른 법을 받아들이느냐 아니냐 하는 단 한 가지에 따라 모든 것이 결정된다는 사실을 말해준다. 그러니 우리에게 무한한 희망을 주는 것이기도 하다. 아무리 못난 사람도 대우주의 주인이 될 수 있게 된다. 앞에서 털끝만큼의 차이가 천리를 잃는다고 엄중하게 경고하고 그만큼 엄중하니 그 결과 역시 천지차이가 된다.

용녀는 암뱀을 존칭하여 일컫는 것인데, 여자의 성품과 뱀의 성품을 가진 생명체를 통칭한다. 애착과 독기가 강한 여자라고나 할까. 자비심과는 완전히 정반대의 성품을 가지고 있다는 것이다. 그러니 용녀를 예로 든 것은 가장 성불하기 어려운 생명이라는 것을 강조하기 위한 것이다. 선성비구는 불법공부가 많이 되었지만 결국은 나쁜 친구를 만나 어울리며 부처님을 비방하고 해롭게 하며 큰 피해를 끼쳤다. 공부가 아직 무르익지 못한 상태에서 삿된 법을 만나면 이렇게 샛길로 빠져나가 스스로를 타락시키게 된다. 그래서 끝까지 한 눈 팔지 않는 것이 중요하다. 수행이 잘못되면 억압하고 있는 망념의 힘이 더욱 강해지다가 나쁜 인연을 만난 계기로 폭발하는 것이다. 그래서 이전과 정반대로 사람이 바뀐다. 성문(聲聞)과 연각(緣覺)의 이승을 넘어 보살(菩薩)이라는 존재상태는 부처가 되기 전단계로서 중생구제행을 하면서도 그 속에 빠져들지는 않는 부동(不動)의 힘을 스스로 극대화시켜가는 과정이다. 그러므로 보살의 단계를 완전히 굳혀야 나쁜 친구를 만나더라도 같이 어울려 타락하지 않게 된다.

그런데 해탈조사가 단순히 부처님 바른 법을 믿으면 누구든 성불하고 그렇지 않으면 그 누구도 성불하기는커녕 지옥에 간다는 말을 할까? 설사 그것이 사실이라도 이렇게 말하지는 않는다. 이런 이원론, 상대성은 진여법계의 견해가 아니라 현상계의 범부 소견일 뿐이다. 여기서 옳고 그름, 용녀와 선성비구, 성불과 지옥행 등 상대적인 말은 방편으로 하는 것일 뿐이다. 해탈조사의 견해는 오로지 중도의 관점에서 바라봐야만 어긋나지 않게 파악된다. 이 글귀에서 차별상이 완전히 사라져 일체평등이지만 동시에 차별상이 극명하게 드러난다. 용녀가 자기 자신이 용녀임을 스스로 긍정하고 선성이 자기 자신이 선성임을 스스로 긍정하였다. 자기를 스스로 긍정하는 데서 모든 것이 새로 출발하게 된다.

106. 吾早年來積學問　亦曾討疏尋經論
오조년래적학문 역증토소심경론

나는 어려서부터 학문을 쌓아서

일찍 주소를 더듬고 경론을 살폈도다

스님은 어릴 때부터 총명하여 스승 없이도 온갖 학문에 통달했다고 하니 천재다. 그러나 아무리 천재라도 인간의 한계 내에 머무르고 만다. 이 공부는 자기 자신이 인간의 틀 자체를 깨부숴 완전 해방되는 것이다. 해탈조사들 가운데 어릴 때부터 천재에 해당되는 분이 많은데, 이는 전생에 수도(修道)한 영혼이라서 그렇다. 비교적 밝은 안목과 지혜를 갖추고 태어났으니 어려서부터 여러 학문에 통달하는 것은 그리 어려운 일도 아니다. 그리고 출세를 하려고 하면 최고 지위에도 오를 수 있지만 실체가 도를 닦는 영혼인지라 성불(成佛)의 강한 염(念)이 여래의 선호념(善護念)으로 다시 드러나 이어지니 금생에도 역시 다른 일보다는 아무래도 저절로 도에 관심을 두고 나아가게 된다. 그러나 선지식을 만나지 못하면 큰 복덕을 누리다가 그대로 끝나버리는 경우도 흔하다. 선지식은 바로 전생의 수도한 영혼을 다시 전면으로 끌어내준다. 그리고 전생의 수준에 이어 곧바로 다음 단계로 나아가게 하여 짧은 시간 내에 해탈에 이르게 한다.

자랑하는 것도 아니고 세속의 학문이나 불법(佛法)의 문자를 공부할 필요가 없다는 것을 말하는 것도 아니다. 다만 그것의 한계를 잘 알고 거기에만 머무르지 말라는 것이다. 학문을 쌓고 경론을 살피는 것은 인간의 길이고 부처의 길은 아니며 인간법일 뿐 불법이 아니므로 여래장에 들어가지 못하여 신(神)과 부처를 실제로 만나지 못하고 공덕을 완성시키지도 못하기 때문에 수도(修道)의 근본이익은 없다. 그렇지만 도(道)를 깨달은 후에는 세간의 모든 학문이나 지식을 대도(大道)의 차원에서 반조(返照)하여 올바로 정립시켜주는 것은 바람직한 일이다. 현상계의 삶에 실제로 큰 도움도 된다. 그렇게 하면 세간의 지식들이 지혜로 나아갈 수가 있게 된다. 물론 아무리 불법을 공부한다고 해도 언어문자에 머무르고 마는 사람은 세간의 학문에만 탐닉해 있는 사람과 똑같을 뿐이다.

107. 分別名相不知休 入海算沙徒自困

분별명상부지휴 입해산사도자곤

이름과 모양 분별하여 쉴 줄 모르고

바다 속 모래를 헤아리듯 헛되이 스스로 피곤하였도다

　세간의 학문을 공부하고 학문승이 되어 경전을 연구한 것에 대해 자성(自性)을 확철히 깨닫고 나서 되돌아볼 때의 최종평가다. 도를 깨닫지 못한 채 언어문자의 분별과 탐닉은 세속에서는 학자로서 훌륭한 일이지만 도를 닦는 데 있어서만큼은 치명적인 오류가 된다. 주관과 객관을 나누어놓고 하는 일이니만큼 공부할수록 분별경계만 계속 늘어나기만 하므로 있는 그대로를 알게 되는 것도 아니고 자성(自性)인 본각(本覺)을 가리므로 알면 알수록 오류(邪)만 커지게 되어 있다. 그리고 그것만으로 일체지(一切智)가 완성되지 않기 때문이다. 부처님을 만난다고 애쓰는 것이 그만 망념 속의 부처님일 뿐이고 부처님에 대해 이리저리 따지고 있을 뿐이었으며 실제의 부처님과는 더욱 멀어지고 있었던 것이다. 그러므로 헛되고 피곤한 일이 된다. 당연히 생기(生氣)가 솟을 리 없고 머리는 무거워만 지고 머릿속은 알수록 뒤죽박죽이 되는 것이며 최종적으로는 주관덩어리가 금강처럼 굳어져 자기생각이 옳다고 무조건 우기는 완피달이 되고 만다. 비록 많이 알지만 정작 존재 자체는 기대만큼 큰 발전이 없는 법이다.

단 한 구절의 사자후를 붙들고 도(道)에 들어가지 못하면 억지로 알고자 하는 욕심 때문에 만(萬) 구절을 어지러이 끌어들여 그만 푹 빠지고 헤매는 오류를 흔히 보게 된다. 그러지 말고 한 구절을 붙들고 도에 들어갈 수 있는 사람이 되도록 바르게 애쓰는 것이 바른 길이다. 그러면 도에 들어가 애씀이 없어도 만 구절은 스스로 알게 된다. 그 때 만 구절은 도를 풍성하게 장엄해주고 다양한 방편으로 활용된다. 나갈수록 멀어지고 알수록 적어진다고 했다. 본래 일체의 진리와 학문이 모두 자기 자신을 통해서 비춰지는 법이고 따로 공부라는 것이 없고 나아가 얻는 것이 본래 없는 것이다. 또한 반드시 오랜 세월을 공부해야만 깨달을 수 있는 것은 아니다.

이런 숙세의 오류를 당당하게 밝히는 것은 진정 참됨과 거짓됨의 분별과 세속의 영욕을 넘어선 공(空)의 차원에 이르러 거짓이 없는 존재가 되었기 때문이다. 그리고 깨닫기 전의 일체 삶은 그 내용이 어떻든간에 인간의 삶 자체가 근본적으로는 어리석음의 연속임을 알려준다. 그러므로 누구나 자기 인생을 평가하는 것 자체도 문제가 되는데, 인생의 무게는 삶 속에 나 자신을 얼마나 바르게 담았느냐 하는 것에 달려 있게 된다. 인연에 의지하여 생멸하는 마음과 생(生)을 이어가는 그 마음 등의 주된 망념이 커질수록 나 자신을 스스로 소외시켜 독존인 나 자신과 온전한 내 마음이 없게 되므로 인생은 추풍낙엽처럼 가벼워져 더욱 허망해질 따름이다.

108. 却被如來苦呵責 數他珍寶有何益
각피여래고가책 수타진보유하익

문득 여래의 호된 꾸지람을 들었으니

남의 보배 세어서 무슨 이익 있을손가

학문적으로 몰입해 있고 천태종의 가르침을 따르면서 세월을 허비하고 있다가 문득 여래의 호된 꾸지람을 들어 정신차렸다. 학문에 의해 쌓여진 아상(我相)은 먹고 살며 명성을 얻고 누리기에는 부족함이 없지만 총명한 중생은 더욱 부처되기 어려운 면이 분명히 있다. 그 총명함과 알음알이에 매이지 않아야 되는 과제가 추가되기 때문이다. 가지고 있으면서 마음을 내고 쓰지 않기는 더욱 어렵다.

여래가 꾸지람을 했다는 것은 자기가 그 사자후를 그만큼 구경(究竟)인 불성(佛性)의 자리에서 바르게 받아들였다는 것이다. 망념의 입장에서 보면 호된 꾸지람이다. 그냥 들었으면 여전히 멍청함에서 벗어나지 못한다. 조상님이 꿈에 나타나 엄하게 꾸짖는 것은 아주 좋은 큰 길몽이다. 꾸지람을 들었다는 것은 자기의 큰 잘못된 점을 영혼세계 차원에서 교정한다는 것을 의미하니 큰 복이 내려지게 되기 때문이다. 하늘은 이렇게 큰 복을 주기 전에 먼저 꾸지람을 해서 교정시켜주기도 한다. 꿈에서 이런 꾸지람을 들었을 때 철저하게 자기 자신을 이전과는 다른 안목에서 살펴보고 그 흠을 고치게 되면 대박난다. 그러니 꾸지람을 전혀 하지 않는 스승은 진정한 스승이 아니다.

　'본래 없는 것은 무엇인가?' 라는 여래의 즉설주(卽說呪)로 본래 없는 상(相)과 경계를 있는 것처럼 만들어 나를 갖고 놀던 망념을 엄하게 꾸짖으니 그 순간 일체망념이 흔적도 없이 순식간에 도망가버린다. 오랜 세월 있고 없음을 나누어 이리저리 따지고 헤아리며 스스로 자유를 구속당하게 만든 분별을 넘어섰다. 안팎의 밝음이 하나로 드러나 더 이상 몸에 걸리지 않으니 눈앞의 혜능과의 만남과 헤어짐, 가까움과 멀어짐의 분별경계도 벗어나게 되어 6조 혜능과 한마음으로 영원한 만남을 이루었다. 하룻밤이 영원(永遠)이고 영원이 하룻밤이니 진여(眞如)와 진심(眞心)에서는 하룻밤과 영원이 분별없어 늘 함께 있게 된다. 본래 안(內) 가운데 밖(外)이 있고 밖 가운데 안이 있어 안팎의 분별이 없으므로 경계를 없애는 수행과정에서 정작 중요한 것은 안으로 향하든 밖으로 향하든 얼마나 강하게 집중된 정신력으로 향하느냐 하는 것이다. 화살 끝에 모든 정신을 집중하여 쏘는 것처럼 밖으로 향하고 있던 사람은 방향만 바꾸면 금방 내면 깊이 들어가 버린다. 반대도 마찬가지다. 하지만 그렇지 못하고 허약한 정신으로 적당히 밖으로 향하고 있었던 사람은 자기 자신에게로 방향을 바꾸어도 자기의 껍데기조차도 제대로 뚫고 들어가지 못한다. 반대의 경우도 마찬가지다. 그러니 안과 밖의 분별 이전에 자기의 극대화되고 한 점(點)으로 모인 정신의 힘이 더욱 중요한 것이다. 자기 자신의 안으로만 향하면 성불할 수 있을 것 같은 착각에 젖어 있다. 그것은 성불을 위해 필요한 여러 가지 필수요인들 가운데 단지 '방향성' 하나일 뿐이고 가장 기본 가운데 한 가지일 뿐이다.

남의 보배를 굳이 열심히 셀 것은 없지만 밝게 보기는 해야 한다. 아울러 나의 보배도 밝게 보아야 한다. 그런데 내 보배를 볼 줄 알아야만 남의 보배도 제대로 볼 줄 알게 된다. 그래서 비교하는 것이 아니라 각자 빠짐없이 나름대로의 보배를 모두 가지고 있음을 깨달아야 한다. 그리고 그 가치는 항상 각자에게 최상이니 평등하다. 잘 살고 못 사는 것에만 매달리면 눈이 어두워지고 망념만 더욱 커질 뿐이다. 복 많은 자식을 가지고 즐거움을 누리는 것은 좋은 일이지만 복 없는 자식을 낳아 기도하며 그 업장을 해소시켜주는 것은 더욱 좋은 일이 된다. 내가 저절로 부처가 되어가기 때문이다.

109. 從來蹭蹬覺虛行　多年枉作風塵客

종래층등각허행 다년왕작풍진객

예전에는 비칠거리며 헛된 수행하였음을 깨달으니

여러 해를 잘못 풍진객 노릇하였도다

헛되고 헛되지 않음은 나 자신에게 달려 있다. 모른다는 사실과 잘못됨을 깨닫는 순간 그것이 곧 깨달음이 되니 비로소 헛된 것이 헛되지 않게 된다. 피나는 정진 끝에 수행의 한계와 잘못됨과 무지(無智)를 깨달으니 비로소 한 걸음 성큼 내딛는다. 구경처(究竟處)를 깨닫고 나면 일체수행이 헛되고 잘못된 것임을 저절로 알게 되니 어떻게 수행하느냐에 대해 말이 없게 된다. 단지 본체(本體)만 내보여줄 뿐이다.

남이 보면 최상의 도와 학문적 능력을 가지고 있는 총명한 사람인데 예전의 수행을 어린아이 걸음걸이나 술취한 사람 걸음걸이에 비유한다. 수행하는 것이 수행하는 것이 아니므로 수행한다는 착각부터 버려야 제대로 수행됨이 비로소 시작된다.

비칠거린다는 것은 몸의 중심을 가누지 못하는 상태다. 그것은 곧 중도를 벗어나 있다는 의미다. 그리고 제정신으로 공부한 것이 아니라는 사실이다. 헛된 수행이라는 것은 오랜 수행의 직접적인 성과가 없었다는 것이다. 경전마다 수행하면 부처되고 깨닫는다고 설해놓았지만 문제는 바르게 수행해야 된다는 사실이다. 바르게 공부한다는 것은 그 어떤 것에도 마음이 흔들리지 않는 고도의 정신력을 동원하여 제8아뢰야를 직접 대상으로 수행한다는 것을 의미한다. 물론 도로아미타불이란 말도 있지만 모든 것이 단순히 헛되기만 하겠는가? '내가 생각하는 일체'가 헛된 것임을 실제로 알게 된 그 자체가 깨달음이라는 관점에서 보면 헛됨과 실(實)함이 둘이 아닌 도리가 나오게 된다.

예전의 수행을 하는 나 자신의 모습은 바로 풍진객이었다는 사실이다. 풍진객이란 고단함이 끊이지 않는 상태를 말한다. 그런데 헛된 수행이고 풍진객 노릇을 한 것이라고 한탄하지만 실은 우리들이 참선(參禪)을 하지 않음을 한탄하는 것이다. 단지 6바라밀과 8정도 등 만행(萬行)에 취해 그것만 하면서 오랜 시간을 들여 돌고 돌아가는 수행자의 모습을 경계하는 것이다. 참선과 돈오는 해탈조사의 한결같은 종지(宗指)다. 아무리 자기가 생각하는 수행을 하여도 여전히 자신이 풍진객임을 알고 있어야 한다. 그리고 더 중요한 점은 깨닫고 난 뒤의 중생구제행이 헛되지 않도록 해야 된다는 것이다. 말만 하면 헛된 것이다. 산 사람과 귀신과의 악인연을 근본적으로 해소해주는 것은 선지식만이 가능하니 이 일을 해야 한다. 인연을 끊는 힘은 곧 법력인지라 수행자는 갖지 못한다.

110. 種性邪錯知解　不達如來圓頓制

종성사착지해 부달여래원돈제

성품에 삿됨을 심고 알음알이 그릇됨이여

여래의 원돈제를 통달치 못함이로다

모든 존재의 본래성품에는 정(正)과 사(邪), 선(善)과 악(惡), 밝음과 어둠, 지혜와 무지가 없다. 그러므로 마음을 따로 버릴 것 없이 이 성품을 덮거나 더럽히지 않아야 되는 법이다. 정법(正法)을 따로 찾는 것이 곧 바르지 못한 일이고 이는 그릇된 알음알이로서 오히려 자기 성품에 삿됨을 심는 일이 된다. 수행의 요체는 범부의 상념이 모두 멸하게 하는 것일 뿐 따로 성인의 알음알이가 있을 수 없다. 성인의 가르침은 그것을 거울로 삼아 자기존재와 법을 비춰보는 필요성에 의해 있는 것이지, 거기에 자기의 주관적인 생각을 덧붙이라고 있는 것이 아니다.

그릇된 사(邪)라는 것은 나의 대광명을 뒤덮고 있는 먹구름(제8아뢰야)을 더욱 두텁게 만드는 일체의 식(識)과 행(行)을 일컫는다. 여기서는 인간 기준으로 옳고 그른 것을 넘어서서 작용한다. 그 핵심이 바로 습(習), 즉 습성이라는 것과 주관적인 자기 나름의 생각인 것이다.

성품에 삿됨을 심는다는 것은 앞의 글에 비추어보면 언어문자에 집착하여 지식을 많이 쌓는 것을 의미한다. 그러면 세간에서는 총명하고 박학다식하며 바람직한 것으로 여기지만 대도(大道)의 차원에서 보면 자칫 제8아뢰야를 두텁게 만들어 자성(自性)을 찾기가 점점 어렵게 될 수 있다. 그래서 성인들이 언어문자와 아는 것에 집착하지 말라고 하고 아는 것을 오히려 비워가고 버려가는 것이 도(道)라고 말한다. 그래서 성인(聖人)은 지식이 아니라 지혜를 강조하는 것이다. 도의 세계를 공부하는 수행자가 가장 많은 알음알이를 가지고 있는 것이 바로 영혼세계에 대한 지식이다. 정확하게 있는 그대로를 알면 수행에서 엄청나게 큰 도움이 되고 위험들을 예방하는데, 저마다 알음알이를 가지고 있으니 수행이 그만 어긋나버린다. 나아가 자기 본래성품을 더욱 두텁게 가리게 되어 본인은 오히려 도로부터 멀어져버리게 된다. 그래서 자기생각에 집착하는 사람일수록 더욱 어리석어져간다. 제8아뢰야가 더욱더 두껍게 되어가니 자기 불성(佛性)이 그만큼 어둠 속에 더욱 뒤덮인다. 비단에 덮이거나 낡은 천에 덮이거나 내용물이 가려지는 것은 똑같은 사실이다. 자기 생각 하나가 많은 노력을 순식간에 허무로 돌려버리는 것을 원치 않는다면 성급한 알음알이는 버리는 것이 무한정 이롭다. 왜냐하면 도(道)는 항상 자기생각을 제외하고 일체에 두루하기 때문이다.

여래의 원돈제를 통달하지 못했기 때문에 사(邪)와 알음알이를 좋은 것으로 알고 열심히 추구한다는 것이다. 여래의 원돈제는 한마디로 제8아뢰야를 찰나에 없애버리는 것이다. 그런데 언어문자와 알음알이로

중무장해 있으면 그만큼 힘들게 된다. 안다는 것이 이렇게 크나큰 위험을 안고 있지만 또한 모르는 채로 막연히 공부하며 살아갈 수도 없는 노릇인지라 진실로 구경(究竟)까지 알도록 노력해야 되고 섣불리 자기가 아는 것이 진리라고 단정지어서는 안된다. 그리고 알아가는 과정에서 생긴 지식이나 지혜를 수시로 몽땅 비워가는 것이 필요하다. 그대로 쌓아두면 점차 고정관념이 되어 눈을 어둡게 만든다. 아는 것이 고정관념화되는 순간 생기넘치는 삶과 살아있는 수행은 끝난다. 지루하게 될 뿐더러 굳은 것이라 활달할 수가 없다. 당연히 진리 추구는 멈추어지고 만다.

111. 二乘精進勿道心 外道聰明無智慧
이승정진물도심 외도총명무지혜

이승은 정진하나 도의 마음이 없고

외도는 총명해도 지혜가 없다

이승은 자기 안의 경계에 머무르고 외도는 자기 밖의 경계에만 머무르니 양자 모두 안팎의 분별심이 사라진 도(道)와는 거리가 멀고 지혜가 없다는 말이다. 즉, 정(正)과 선(善), 정(正)과 사(邪), 선(善)과 사(邪)를 아직 정확하게 제대로 분별하지 못하고 주관적인 옳음(是)과 그름(非)에만 사로잡혀 있는 상태이다. 어둠을 밝음으로 보고 밝음을 어둠으로 보고 있는 것이다.

이승은 심히 정진하다가 멸진정(滅盡定)―두뇌의식이 잠잠해져 번뇌망상이 표면적으로 더 이상 드러나거나 느껴지지 않는 경계로 내가 있는 상태에서의 무기무심(無記無心)이다. 즉 자기영혼에게 막힌 경지다―을 얻으면 그것이 구경이고 열반일 줄 알아서 더 이상 나아가지 않는 경계의 사람이다. 성문(聲聞)과 연각(緣覺)이다. 일반인의 견지에서 보면 그래도 대단한 경지이지만 도의 관점에서 보면 이제 겨우 용맹정진을 위한 준비를 다 갖춘 수준이다. 아직 진정한 도를 맛보지 못하게 되니 도의 대용(大用)도 없어 도심(道心)이 없는 것이다. 도심은 그 어떤 위대한 능력이나 지혜에도 머무르지 않고 집착함이 없는 마음이다. 아무리 도에 대해서 진리에 대해서 많이 공부하고 들었다 하더라도 그것만으로는 모자란다. 또한 아무리 스스로 지혜를 키워 인연을 보고 연기를 관하더라도 그것만으로는 부족하다.

총명하면서 그 총명함만으로 진리를 추구하는 사람을 외도(外道)라고 한다. 외도란 도에서 벗어나 있다는 의미이니 불법을 믿지 않는 것은 물론이고 총명함으로 분별심에 푹 빠져 있는 것이 외도가 된다. 그러니 외도는 이승보다 낮은 차원에 머무르고 있다. 겉으로는 아주 지혜가 있는 사람으로 비쳐지지만 실제로는 눈이 어둡다. 생각 위주로 도를 공부하는 사람으로 자기의 본체는 소외시키고 언어문자를 통해 도를 학문적으로만 공부하는 사람도 외도에 해당된다. 유교는 총명을 위주로 하여 인격을 완성시키는 가르침이니 그것을 넘어서 신격(神格)을 갖추도록 해주는 불도(佛道)에는 근처에도 못 간다. 유교의 군자가 되면 거기에 머무르게 되어버리니 상대적인 오만과 자기만족에 그치는 유교의 한계이기도 하다. 그 결과로 많은 군자와 선비들이 소인배들과 싸우게 되어 목숨만 괜히 잃고 말았다. 공자는 사실 유교의 덕목들이 도를 향해 나아가는 데 자양분이 되도록 가르친 것이다. 학문도 궁극에 가면 머리는 한계에 부딪치므로 격물치지(格物致知)를 하려면 결국은 밖의 사물을 떠나 주관과 객관의 엄격한 분별을 완화해야 되므로 자기 자신을 직접 대상으로 하는 도를 지향할 수밖에 없는 법이다. 그래서 밖의 대상에 대한 격물치지의 끝이 도(道)와 수행의 시작이 된다. 학문과 추론에 머무르느냐 아니면 거기서 도를 실제로 나아가느냐는 역시 타고난 근기(根機)에 달려 있게 된다. 이승이 가진 침공체적(沈空滯寂)한 병은 선지식을 만나면 그나마 나을 가능성이 있지만 총명함은 선지식을 보고서도 코웃음친다. 선지식은 별로 말이 없고 근본에서 한 마디 던지는데 총명함으로는 절대 이해불가하기 때문이다. 그리고 총명함은 늘 특별하고 신기한 것을 찾으니 시시하게 들린다. 하물며 어찌 중도에 들겠는가? 총명함 그 자체가 문제가 아니라 그로 인해 알음알이를 많이 가지기 쉬워 문제가 되는 것이다. 지혜는 두뇌로 헤아리지 않고 자기의 불성에 있는 그대로 비쳐져 저절로 아는 것이니 총명해도 지혜가 없다. 이승과 외도는 스님 본인이 전생에 쭉 수행해왔던 모습이기도 하다.

총명함이나 고요함이나 영능력 등에 그만 머무르고 말아서 외도니 이승이니 하는 이름이 붙은 것이다. 좋아서 머무르지만 않으면 정진하는데 있어서 지나가는 단계에 불과하므로 좋고 나쁨, 옳고 그름 등을 따질 이유가 없는 법이다. 총명함과 고요함, 영능력 등이 궁극적인 것이 아님을 인식하여 계속 나아간다면 이런 것들은 도를 가는 데 실제로 크나큰 도움이 된다. 특히 이런 가치들을 가지고 중생구제를 하면서 자비심을 키워나가면 자연스럽게 부처가 되어간다.

112. 亦愚癡亦小駭 空拳指上生實解
역우치역소해 공권지상생실해

우치하고도 겁이 많으니

빈주먹 손가락 위에 실다운 견해를 내는도다

이승/외도가 우치하고 겁이 많다고 했고 노자(老子)도 자기를 어리석다(愚)고 말하고 도를 행하는 데 있어서 오로지 두려움(畏)을 베풀 뿐이라고 했다. 그러나 내용은 정반대이다.

이승/외도가 우치하다는 것은 더 높고 깊은 도를 모르고 현재의 자기경지가 궁극인 줄로 알아 스스로 만족함을 뜻한다. 또한 겁이 많다는 것은 마음을 활짝 열어 밖으로 뛰쳐나가 온몸으로 직접 보지는 못하고 자기존재를 컴컴한 동굴 속에 꽁꽁 감추고 생각으로만 밖을 추측하고 헤아려 다 안다고 생각하는 것이다. 죽은 듯이 고요히 있으면서 생명성을 오히려 잃어버린 이승이나 능력을 발휘하면서 자기도취에 빠져 있는 이승이나 분별심으로만 세상을 보는 총명한 외도나 언어문자로 도를 공부하는 문자승이나 모두 중도를 알지 못하고 목적지에 도착한 것으로 착각하여 그 자리를 펴고 놀고 있기 때문에 우치하다.

겁이 많다는 것은 분별심이 강해 역경을 마주치는 것을 두려워하는 것이다. 그리고 평안하고 안심이 되며 안전해진 상태만을 늘 선호하여 그 자리가 궁극적인 목적지로 안주하는 것을 뜻한다. 도를 간다는 것은 삼장법사가 불경을 구하러 서천에 가는 것과 똑같다. 오로지 온갖 고통을 사양하지 않는 대장부의 용기가 있는 자만이 천신만고를 겪으면서도 기상이 꺾이지 않고 서천까지 갈 수 있다.

빈주먹 손가락이라는 것은 본체(道) 자체가 없는 것으로서 뭔가 대단한 것이 있는 것 같지만 궁극의 지점에서 반조해보면 결국은 허망한 것으로 끝나고 마는 것들이다. 또한 본체를 찾은 진짜 도(道)인 것처럼 말하지만 견해 자체가 근본이 없으니 뜬구름처럼 흩어지는 망상인 것이다. 이것은 진공묘유(眞空妙有)와는 완전히 다르다. 진공묘유는 구경각까지 이르러 깨달은 본체이며 거기에서 저절로 나오게 되는 대용(大用)인데, 이것은 중간 지점이고 또 거기서 나오는 것이므로 항상 어긋나면서 오히려 업(業)만 가중된다. 자연(自然)이 아니므로 억지를 동원해야 되고 당연히 그것은 순리와 어긋나게 되므로 부작용을 파생시키게 되므로 그렇게 된다. 처음 지점으로 돌아갈 수도 없고 앞으로 나아갈 수도 없는 지경에서 여전히 개체화되어 있는 자기존재를 짓누르는 무게만 점점 가중되는 것이다. 하늘에 오르지 못하고 결국 땅 속에 묻히고 만다. 그럼 아무 것도 없는 빈주먹인데 왜 실다운(참된 것 같은) 견해가 나올까? 그것은 바로 자기존재를 스스로 왜곡시켜 알기 때문이다. 진품과 짝퉁은 외양은 비슷해도 그 속에 들어있는 여러 가지 유무형의 내용물은 천지차이다. 자기존재를 있는 그대로 끝까지 파고 들어가야 되는데 중간지점에서 그만 멈추면서 그 자리를 막아버리고 최종바닥이라고 생각하는 것이다. 즉, 있는 그대로가 아니라 자기가 주관적으로 만든 경계로부터 나오는 견해이니 무언가 있는 듯이 실답게 보이지만 주먹 속에 본체가 없이 비어 있다. 그러므로 사실은 경계에 따른 주관적이고 부분적인 견해인지라 보다 더 큰 것과는 무조건 어긋나게 되어 있다. 비슷함과 동일함은 전혀 다르다. 빈주먹 손가락을 비어있는 것으로 볼 줄 알고 그 자리를 그 무엇으로도 채우려고 하지 않는 사람이라면 이승/외도와 문자승을 벗어나 도를 향해 정진해나갈 수 있게 된다. 마음도 한 번 비운 것이 아니라 그 비운 자리를 다시 비워야 진정코 두려움이 없게 되어 끝까지 정진할 수 있게 되므로 결국 도를 성취할 수 있다.

이승/외도가 이기고 도인이 지는 것처럼 보이지만 실은 도인에게는 피아(彼我)가 없는지라 승부 자체가 없으니 늘 한가롭고 이들이 허공에 주먹을 휘두르는 꼴이 되어 결국은 지쳐서 허망하게 링 아래로 내려와 사라진다. 도인은 세월이 알려주는 법이라 자기가 하는 광고는 따로 없다. 그래서 도인은 세월이 광고주가 된다. 대개 죽고 나서 광고해주니 좀 안타까운 면이 있기는 하다. 물론 세월은 수명이 무한인지라 한없이 흐르고 도인도 생사를 넘어 그 혼(魂)이 한없이 이어지므로 세월의 입장에서 보면 그것도 아주 빨리 광고해주는 것이라고 우길 수도 있고 또 그리 틀린 변명이 아니다. 또한 세월이 어쩌다 짝퉁을 잠깐 광고를 해주는 경우도 있지만 그것은 짝퉁도 생명이니 먹고 살라는 큰 자비심에서 그런 것이고 짝퉁이 광고 덕을 봐서 배가 부르게 되면 곧 멈추고 더 이상은 절대 광고를 해주지 않는다. 그러므로 세월은 철저하게 도인 편이 된다. 그래서 도인은 자연(自然)이란 말을 입에 달고 사는 모양이다. 세월은 곧 자연이니까. 도인은 이렇게 세월과 하나가 되어 공생관계, 상부상조하는 관계가 되어 있다. 그래서 도인은 영원히 느긋하고 서두르는 법이 없다. 굳이 자기를 세상에 애써 내세울 필요가 없으니 피곤함이 없다. 이것이 부러운 이는 하루속히 선문(禪門)으로 들어오면 된다.

113. 執指爲月枉施功 根境塵中虛捏怪

집지위월왕시공 근경진중허날괴

손가락을 달로 집착하여 잘못 공부하니

육근·육경·육진 가운데서 헛되이 괴이한 짓 하는도다

이승/외도는 도심(道心)이 없고 지혜가 부족하여 자기 나름의 빈주먹 손가락으로 실다운 견해를 내게 되는데, 이는 손가락을 달로 집착하여 잘못 공부해서 그런 때문이다. 당연히 객관인 환경 속에서 주관인 자기는 실다운 견해를 내는 등 무슨 짓을 하든간에 온갖 괴이한 짓이 되고 또한 최종적으로는 그 짓들이 헛되다. 손가락은 언어문자고 달은 본체이며 육근과 육경, 육진은 주관과 객관으로 나뉘어져 있는 경계다. 괴이한 짓은 대도의 본체가 없어 자기가 허깨비가 되어 대도에 어긋나는 일체의 행위다. 헛되다는 것은 도를 깨닫지 못하게 되는 것과 좋은 결실—대자유—을 맺지 못하고 결국 소멸하며 다시 생멸(生滅)을 반복하게 되니 허망하다는 것이다. 달은 실제로 있는 본체이니만큼 관념이나 언어문자 해석으로만 달을 절대로 알 수도 볼 수도 없다.

마음을 내면 집착이 생기고 마음을 닫으면 아둔함이 생기니 현상계에 머물고 있는 존재의 성품이자 곧 진리를 표현하는 언어문자의 특성이다. 그 원인은 언어문자 자체의 한계 때문도 있지만 또한 자기존재의 주체성을 망각해버리기 때문이기도 하다. 그 언어문자를 살짝 손에 쥐고 지혜를 키우며 진리를 알아가는 열쇠이자 방편으로 활용해야 되는데, 그만 자기의 모든 의식이 그 언어문자에 푹 빠져 사로잡혀버리는 것이다. 이른 바 언어가 존재를 규정하는 것이다. 모든 것이 자기 나름대로의 추측임에도 불구하고 스스로 확신을 하니 참 이상한 일이다. 이런 사람에게는 신이나 부처님이 지혜를 주지 않는다. 아무 소용없기 때문이다. 그래서 자기가 아무리 노력해도 인간의 지혜 수준에만 머무를 수밖에 없다. 그 어떤 언어문자로도 그대로 모든 것을 표현할 수 없게 되어 있다. 그 가운데 그나마 본체와 법에 해당되는 근본적인 사항들 몇 가지를 성인들이 일깨워주는 것이고 그것을 붙잡고 눈을 스스로 밝혀 잘 보라고 말을 하는 것인데, 그 말에 세뇌되고 입만 열면 나온다. 정작 자기존재는 어디로 갔는지 없어진다. 나(주관)와 경전(객관)을 따로 나누어놓고 나 자신이나 경전과는 전혀 무관한 나의 별도의 욕망만 움직이니 경전이 여전히 죽어 있다. 그러니 경전 속에 내가 없고 내 속에 경전이 없으니 사경(寫經)이 괴이하고 당연히 그 공덕이 없으니 헛된 짓이 된다. 결과적으로 욕망이 허망하게 된다. 반면 사경을 하면서 경전에 비추어 자기 자신의 마음자리라도 한 번 돌이켜보면 나와 경전이 따로 있으면서도 하나로 이어지니 그나마 경전이 주는 공덕이라도 조금 생긴다. 그 공덕은 일차적으로는 힘을 주고 그 다음에는 복덕을 주는 것이니 일단 힘이 샘솟아 생기가 돌게 된다. 그 때는 경전이 다시 살아나게 된다. 내가 팔팔하게 살아 있으니까 그렇다. 공덕은 살아있는 존재 사이에서 생겨나지, 죽은 존재에게는 생겨나지 않는다. 그러면 사경이 그리 헛되지 않고 헛되지 않으니 괴이한 짓이 아닌 상식적인 짓이 된다. 그런데 사경을 하면 손을 움직이면서 두뇌활동이 많이 강화되니 치매에 걸리는 확률이 낮아지고 살기(殺氣)가 약해지며 정신집중의 효과는

266

있어 비록 괴이하게 하더라도 100% 헛짓은 아니다. 이왕 하는 짓이면 대도에 맞게 할수록 더 좋다는 것이다. 경전을 공부한다는 것은 경전을 살려내는 것을 뜻한다. 죽은 것을 살려내니 그 공덕이 생기는 것은 이치상 당연하다. 화두를 사구(死句)와 활구(活句)로 나누어 활구를 참구하라고 하지만 자기가 고정되어 있으면 아무 소용이 없다. 사구와 활구는 따로 있는 것이 아니라 자기에게 달려 있다. 화두가 활구가 되고 화두참구의 공덕이 생기려면 내가 항상 깨어 있어 살아 움직여야만 된다. 화두참구는 순간순간 움직이는 망심(妄心) 덩어리로 막다른 코너에 몰아놓고 단칼에 없애는 일이기 때문이다. 불법은 하는 일이 대도(大道)에 합치되도록 하는 것이므로 투자에 비해 인간의 힘으로는 더할 수 없는 최상의 이득을 얻도록 해준다.

진리를 말한 언어를 고정관념화시켜버리면 공부가 헛되게 되는 것은 물론이고 결과적으로 당연히 도의 대용(大用)이 없게 된다. 도를 현실에서 전개시키고 중생구제를 하며 자유자재하게 노니는 대용을 할 수 없게 되므로 한마디로 이승과 외도처럼 많이 아는 시체나 똑똑한 바보가 된다. 대용은 자기존재가 온몸으로 직접 하는 것이지, 머릿속의 언어문자가 하는 것이 아니다. 삼라만상이 찰나찰나에 변하는데, 삼라만상에 대해 고정된 견해를 갖고 있으면 변화의 실상을 그 순간에 아무 것도 알 수 없게 된다. 그러므로 진리가 고정관념화되면 세상에서 가장 어리석은 사람이 되고 만다. 그래서 불법은 체계적인 가르침이나 공부과정이 따로 없는 것이다. 체계화, 조직화시켜 공부하면 단순히 불교지식인으로, 도학자(道學者)로 끝난다. 학교에서 배우듯 체계적인 그런 공부를 원하는 것 자체가 벌써 불법에 어긋나고 만다. 그래서 해탈조사들치고 그 때 그 때 한 마디 내뱉고 말 뿐이다. 불법(도/진리)을 공부한다는 것은 늘 깨어 있어 자기가 안팎을 보는 안목이 항상 살아 움직인다는 것이다. 변화하고 부드럽고 강하며 살아 움직이는 것은 결국 깨어 있다는 것이다. 그러므로 깨어 있는 것이 곧 불법을 공부하고 수행하는 것이 된다. 반대로 불법에서 멀어지는 것은 잠들고 있어 자기가 자기 자신을 보지 못하는 것이고 이는 곧 굳어서 고정되어 있는 것이고 이는 곧 변화가 없는 것이고 이는 곧 죽어 있는 것이다. 죽어 있는 것은 잠들고 있는 것이다. 그래서 불법을 공부하면 재미있고 생기가 넘치게 되고 몸이 피곤해도 마음의 스트레스가 없다. 불법으로부터 멀어지면 지루해지고 시시해지며 몸이 편해도 축 처지게 된다. 공부가 오히려 마음에 큰 짐이 된다. 이것은 자기존재가 곧 지루하고 시시한 인간이 되어간다는 의미다. 주관(나)과 객관(불법)으로 나누어놓고 공부하면 필연적으로 불법으로부터 멀어지고 결국은 모든 행위처럼 시시해지게 된다. 그러므로 언어문자를 대함에 있어서 세뇌되거나 고정화되어 생생한 나 자신을 죽이지 않도록 극도로 조심해야 된다. 잠깐 잠든 사이에 내가 죽어버릴 수가 있다. 불교에서 경전을 달달 외우라고 얘기하는 것은 많은 이유와 크나큰 실익이 있지만 그만큼 조심해야 될 부분도 있는 법이다. 모든 인위(人爲)는 무조건 도(道)에 어긋나게 되므로 반드시 이익과 손실의 양변을 낳기 때문에 무턱대고 그대로 한다고 그 효과를 얻는 것이 아니다. 효과가 클수록 이면에 위험도 그만큼 커지고 있다는 사실을 잊어버리지 않는 것이 불법을 제대로 공부해나가는 것이 된다. 그러므로 진리를 잊어버리면서 동시에 진리를 온몸으로 공부해야만 주체성을 상실하지 않을 수 있고 깨어 있어서 불법을 공부하는 것이 된다. 불법(佛法)을 공부한다는 것은 오로지 자기존재의 근본체인 대광명으로부터 대용(大

268

用)이 나오도록 해서 대도에 합치되는 길로 가는 일이다.

언어문자를 일체 무시해버리고 참선수행하면 만사를 알게 되고 이룰 것으로 생각한다. 언어문자를 일체 무시하려면 자기가 이미 대도인(大道人)이 되어 있어야만 그럴 자격이 있는 법이다. 언어문자를 죽도록 공부해서 그 한계를 스스로 뼈저리게 느끼지도 못한 채로 단순히 타인에게 듣고 보아서 언어문자를 버리고 무시한다는 것은 양단에 치우치는 것으로서 중도를 벗어나니 이는 곧 또 다른 어리석음이 된다. 전생에 이미 학문을 크게 익히고 수도하다가 태어났으므로 금생에는 추가로 수행을 위한 언어문자로서의 학문을 별도로 익힐 필요가 없는 경우는 극소수에 지나지 않는다. 정작 길을 가지는 않으면서 지도만 들고 있어도 안되고 지도를 내팽개치고 무작정 길을 떠나서도 안된다. 아는 만큼 보이고 보이는 만큼 안다는 말이 있다. 언어문자는 자기가 현재 무엇이 잘못되어 참선이 되지 않는지를 잘 이해하게 해준다. 그래서 잘못을 고쳐서 바른 참선을 통해 스스로 달을 볼 수 있게 되는 것이다. 그 기준이 바로 참선수도한 해탈자가 남긴 언어문자 외에 무엇이 있는가? 여기에 손가락(언어문자)의 진정한 가치가 있다. 그런데 막다른 길로 내몰리지 않으려면 반드시 달을 본 사람의 손가락이라야 된다. 또한 달을 바르게 가리키는 그 손가락부터 우선 똑바로 제대로 잘 봐야 되지 않겠는가? 그러려면 그 손가락을 제대로 볼 정신과 눈을 갖추어야 되는 법이다. 마음이 콩밭에 가 있으면 눈앞에 손가락을 들이대도 보이지 않는다.

114. 不見一法卽如來 方得名爲觀自在

불견일법즉여래 방득명위관자재

한 법도 볼 수 없음이 곧 여래이니

바야흐로 이름하여 관자재라 하는도다

육근·육진·육경 가운데서 보고 헤아리며 안다고 생각하는 것은 주관적인 분별의 헤아림일 뿐이니 곧 망념이고 번뇌망상이므로 이런 짓은 괴이하며 헛된 짓이다. 이것들을 떠나서 자기의 본래성품을 보게 되면 거기에는 이런 일체의 것들을 볼 나(我)도 없고 따로 볼 것도 없는 상태가 된다. 나 자신이 영원히 깨끗한 거울—대광명인 불심(佛心)—이 되면 본다, 보지 않는다는 것이 끊어지고 실제로 일체가 그냥 있는 그대로 비춰진다. 지식이 아니라 지혜다. 그런데 거울은 본래 비어 있는 채로 있고 상대가 있을 때 비춰질 뿐이다. 상대가 없을 때는 거울 속이 텅 비어 거울 속에서 볼 것이 없다. 그리고 상대가 아무리 더럽거나 깨끗해도 거울 자체는 상대에 따라 그 어떤 흔적도 남기지 않는다. 그러니 하는 짓이 곧 업(業)이라는 것이 되지 않고 있던 업도 없게 되니 괴이하고 헛된 짓이 아니게 된다. 당연히 법이 나에게 의미가 없게 되니 한 법도 볼 수 없다. 나와 상대 가운데 법을 찾을 수 없으니 곧 불이(不二)로서 주체와 객체의 양변을 떠난 중도(中道)이다. 그래서 늘 실지실견(悉知悉見)이 된다.

여래(如來)는 곧 부처를 일컫는데 불이(不二)와 중도(中道)와 부동(不動)과 자유(自由)를 담고 있다. 여(如)는 현상계와 진여법계를 포괄

한 전체로서 일체와 하나가 되어 내가 따로 없이 같으니 불이(不二)요, 당연히 모순이라는 것이 사라져 현상계의 양변에 머무르지 않게 되니 중도(中道)요, 머무르지 않으니 의지할 상대가 없으므로 상대에 따른 나의 움직임이 없게 되니 부동(不動)이고 마음대로이니 자유(自由)가 된다. 그러므로 한 법도 볼 수 없게 되니 항상 홀로 있는 것이고 이는 곧 천상천하유아독존(天上天下唯我獨尊)이 된다. 그런데 볼 수 없고 따로 없으니 허깨비라는 것도 아니고 허무한 것도 아니다. 왜냐하면 온 것(來)이 있기 때문이다. 이 '래(來)'는 바로 대도(大道)의 대용(大用), 쌍조(雙照)를 의미한다. 석가모니부처님이 여(如)로서 온(來) 것이다.

관자재는 여래의 의미 가운데 보는 것이 걸림이 없이 자유자재(自由自在)하다는 측면에서 생긴 명칭이다. 자유자재하려면 구속됨이 없어야 되는 것이고 일체를 있는 그대로 보고 알아야 된다. 그러려면 나의 눈을 가리는 것이 없어야 되는 법이다. 그러려면 내가 상대에 의해 일체의 마음이 나지 않아야만 가능한 것이다. 상대에 의해 내가 마음이 난다고 한다면 그것은 상대에게 벌써 오염되고 마는 것이다. 청정심이 사라지는 것이다. 그러면 그것에 의해 나의 본래 청정하고 밝은 안목에 티끌이 끼어 그만 주관이 생겨나고 그 주관에 의해 내 존재가 마냥 하염없이 흘러가게 되니 자유자재는 남의 일이 된다. 내 마음에 대상이 남아있으면 그것이 곧 업(業)이다. 그 업의 상호관계가 바로 연기(緣起)를 이루고 개개인에게 인연의 굴레가 주어지는 것이다.

인연이 마주하면 현상계에서 나와 상대가 있게 되고 여러 측면에서 상대적인 차별상이 드러나 교류가 오고 간다. 그러나 주는 것보다 얻는 것을 더 많게 하려는 탐심으로 인해 평등한 교류가 아니니 반드시 갈등과 다툼이 있게 된다. 불법에서 자기를 이기는 것, 또는 상대를 이겨 승리한다는 것의 의미는 상대에 의해 자기마음이 나지 않고 움직이지 않으며 상대를 있는 그대로 비춰보는 것, 그리고 상대가 마음에 남아 있지 않게 되는 것을 뜻한다. 그래서 자기를 이기는 자야 말로 진정 강하다. 자기를 가장 크게 이기는 사람은 관자재한 사람이다. 상대와 싸워 이기려거나 지는 두려움이 나는 것은 벌써 상대에 의해 내 마음이 움직여버렸으니 이미 KO패를 당한 것이다. 그리고 나서 싸워 이겨봐야 상처뿐인 영광이요, 업장을 이루는 영광이요, 상대의 원한을 사는 영광이요, 인연을 만드는 영광이니 그로 인해 결국 나중에 나 자신이 KO패를 당하는 과보 내지 후유증을 겪게 된다. 지나고 보면 이긴 것이 없게 되니 그 당시에 이겼다는 기쁨은 환상이고 착각에 지나지 않는다. 어리석을수록 상대와 경쟁해서 이긴 것을 가지고 마냥 기뻐한다. 부득이해서 상대와 싸워도 그 결과에 대해서 마음이 담담하고 초연한 것이 상(上)이라고 하며 좋은 성과를 얻어도 강함을 나타내려하지 말라고 했다. 그렇다고 상대를 무시하고 내 마음대로 하는 것도 아니다. 이것은 더욱 최악이다. 자비무적(慈悲無敵)이라는 것은 상대와 싸우려는 마음이 없이 싸우는 것이며 상대를 이기려는 마음이 없이 이기는 것이다. 이른 바 한 명의 적(敵)도 볼 수 없는 경지에서 나오는 위대한 실상이니 곧 대도(大道)다. 제갈공명 선생도 적을 적으로 보지 않았기에 천하를 삼분하였다. 노자(老子)도 천도는 다투지 않으면서도 잘 이기는 것(天之道 不爭而善勝)이라고 했다.

115. 了卽業障本來空 未了還須償宿債

요즉업장본래공 미료환수상숙채

마치면 업장이 본래 공함이요

마치지 못하면 도리어 묵은 빚 갚는도다

참선 등의 수행과 업장과의 관계를 말하며 엄중하고 강하게 경고하고 있다. 수행자들이 업장을 무시하고 수행함으로써 모두 어긋나고 있다는 엄연한 사실을 너무나 소홀히 여기고 있기 때문이다. 그러다가 결국 세속적인 자기모습조차 잃어버리고 방황하다가 인생이 끝나고 만다. 참선을 마쳤다는 의미는 자성, 즉 태초 이전의 비롯함이 없는 자기의 본래면목을 찾았고 곧 관자재보살로서 부처가 되었다는 말이다. 이는 곧 업장의 주체인 자기영혼, 즉 제8아뢰야의 근본성품을 보고 업장이 본래 텅 빈 존재상태를 이룬 것이니 해탈자인 이 사람에게는 업을 찾아볼 수가 없어 업장이 본래 공한 것이 된다. 그렇지 못하여 개체(주관)로 계속 남아 있게 되면 아무리 참선수행을 하더라도 묵은 전생의 빚을 그대로 갚아내야 한다는 사실이다. 이것은 수행을 좀 한다고 자기 희망처럼 업장이 쉽게 소멸되지 않는다는 사실을 알려준다. 또한 중도에 멈추면 안되고 죽을 때까지 해야 한다는 경고도 담겨 있다. 나아가 참선 등의 수행을 하더라도 빠른 업장소멸을 위한 방편들을 병행하는 것이 필요하다는 사실도 암시하고 있다. 업장소멸은 필연적으로 부처님 등 신(神)의 가피를 받아야 되므로 목탁을 치면서 염불하거나 기도 등을 지속적으로 병행해야 되는 법이다. 자기의 안팎을 열어두고 하나로 통합해나가는 것이다. 여기서 '마쳤다'는 말은 시작이 있어 끝이 났다는 의미가 아니라 시작과 끝을 없애버렸다는 의미다. '마치지 못했다' 는 말은 아직 시작도 하지 않았다는 의미다.

　무속인 등을 비롯하여 성직자가 되는 것도 그렇고 인생의 탈출구를 찾거나 신(神)과 도(道)의 세계에 관심이 많아 신령세계에 입문하는 데 있어서 금생에 복은 가려지고 업장이 하필 크게 드러난 사람들이 압도적으로 많다. 이런 사람들은 신령세계를 세속의 고통으로부터 도피처로 삼는 것이므로 기대하는 수행의 성과가 나지 않는다. 더구나 업장을 그대로 두고 도를 닦으므로 업장이 발동하면 신을 모시거나 수행되기는 커녕 제대로 살 수도 없게 된다. 물론 마음의 병은 더욱 심해지는 것이 당연하다. 특히 무속인은 신령이 직접 와서 신내림이라는 특수한 신령세계로의 입문경로를 밟는데, 그러고 나면 모시는 신령의 도움을 받아 자기의 업장을 소멸시키는 데 우선 전념해야 된다. 신령은 깨끗한 자리에 깃들기 때문이다. 격(格)이 높은 신일수록 더욱 그렇다. 일은 그 다음의 문제이다. 그래서 높은 차원의 신일수록 왔더라도 일하는 것을 서두르지 않는다. 오히려 없는 듯이 가만히 내버려둔다. 업장을 좀 닦을 시간과 기회를 주는 것이다. 그런데 신령에 취해서 앞으로 모든 일이 잘 될 것이라거나 신병(神病) 등 병이 당장 씻은듯이 나을 것이라거나 자기가 갑자기 하늘인간이 된듯한 망념에 빠져 금생의 이 기회를 놓친다. 당연히 그 후의 일이 제대로 될 리가 없다. 신령이 와도 자기는 이전 그대로라는 것을 깜박 잊는 것이다. 신은 본래 만능이지만 나 개인에게 만능으로 작용하지 않는다. 내가 그 만능을 받아들일 수 없는 작은 개체이고 그릇이기 때문이다. 더구나 업장은 신과 나의 상호교류를 막는 장벽으로 작용한다. 혹 신이 내 업장을 해소해주지 않을까 하는 기대도 가지지만 자기가 자기를 위해 적극적으로 노력하지 않는데도 신이 먼저 나서는 일은 절대로 없다. 하늘, 곧 신은 스스로 돕는 자를 돕는다. 그래서 신령이 왔으면 최소한 참회기도라도 상당시간 제대로 하고 나서 일을 시작해야 되는 법이다. 그러면 신령이 일단은 업장이 큰 방해가 되지 않도록 애써준다. 그러므로 반드시 도(道)를 바르게 가면서 신을 모셔야만 신을 바르게 모시는 것이 되고 그 때 내가 비로소 도를 깨달아가고 이는 곧 부처가 되어가는 것이다. 도를 얻고자 수행을 하거나 신령이 온 사람은 누구나 그 전에 업장을 어느 정도 소멸시키고 큰 업장은 더더구나 해소한 다음에 수행을 해야만 한다. 나름대로 참선수행 좀 했다고 해서 업장에 대해 오만한 마음을 가지면 마장(魔障)이 덮치고 만다. 업장의 작용은 도(道)의 용(用)인지라 대우주의 법이 움직이는 것이기 때문에 한 개체가 아무리 힘이 뛰어나도 결코 이길 수가 없다. 기껏 참으면서 견뎌낼 수 있을 뿐이다. 그래서 부처님도 정해진 업은 면하기 어렵다고 말씀하신 것이다. 여기서 일차적으로 신불(神佛)의 도움이 필요로 하는 까닭이 생긴다. 수행에 들어가기도 전에 업장으로 인하여 신불에게 기도해야 되는 필요가 절대적으로 있는 것이다.

도를 닦으면 업장이 소멸될 것이라는 믿음을 가지지만 착각이고 실은 그와는 반대다. 업장이 어느 정도는 소멸되어야만 도를 닦을 수 있다. 그러다가 도를 계속 닦으면 마침내 업장의 근원이 완전 소멸되어 마침내 윤회로부터 벗어나게 되는 것이다. 도를 닦기 위해 준비과정으로서 미리 업장을 소멸하는 데 있어서 가장 큰 애로점은 귀신 문제다. 귀신으로 인해 일어나는 고통을 면하기 위한 참선은 부작용만 더욱 초래된다. 특히 전생인연으로 와 있는 영혼은 대개 평생 지속되므로 어떤 수행이든 무기력하게 된다. 특히 원한령은 더욱 그렇다. 이런 귀신이 있으면 신앙이나 성직자 생활에도 큰 지장을 초래한다. 왜냐하면 귀신의 욕망이 참선을 통해 더욱 강하게 되므로 업장소멸이나 깨달음은 불가능하다. 신을 믿으면 괜찮을 줄 알지만 전혀 사실이 아니다. 신은 인연령을 싹 치워주지 않는다. 그래서 사람이 나서서 신의 도움을 청하여 이 인연을 해소하니 곧 천도(遷度)다. 이렇게 해서 먼저 자기마음을 완전히 비우고 보이지 않는 지저분한 영적(靈的) 환경도 깨끗이 한 상태에서 비로소 수행해야 성과를 좀 기대할 수 있다. 참회와 고행인욕과 더불어 영혼천도는 반드시 기본으로 지켜야 한다. 그리고 이렇게 하기도 전에 도를 닦는다, 수행한다, 공부한다, 참선한다, 염불한다, 기도한다, 참회한다, 고행인욕한다, 정진한다, 마음을 닦는다, 신을 모신다는 등의 관념을 가지면 자기를 스스로 망치게 된다. 성직자는 여전히 인간일 뿐이다. 신령이 특별히 봐주지 않는다. 신은 일체평등으로 중생을 대하기 때문이다. 이렇게 기본적인 업장을 좀 닦고 자기 생각과 마음을 좀 바꾸면서 보이지 않는 영적 환경을 깨끗이 하고 난 후 도를 잘 닦아나가면 수행의 좋은 성과를 이루게 된다. 성불은 업장 하나하나를 소멸하는 것이 아니라 업장을 끊임없이 만들어내는 공장, 즉 자기실체를 완전히 파괴시켜 없애버리는 것이다. 그래서 공부를 마치면 업장을 만드는 실체가 소멸되었으니 본래 빈자리로 돌아온 것이라, 그 자리는 본래 업장이 공한 자리가 된다. 그리고 그 자리에는 아무 것도 없으니 업장이란 것이 다시는 만들어지지 않는다.

공부를 마치지 못하면, 즉 자기 본래마음 자리에까지 닿지 못하고 중도에 그만두게 되면 업장은 여전히 그 위력을 떨치게 되니 지었던 그대로 받게 된다. 도가 좀 높아진다고 업장이 줄어들거나 공(空)해지는 것이 아니다. 도를 닦는다고 해서 홀로 지내는 동안에 받지 않았던 업장—세속에 있으면 받았을 업장—마저 때가 되면 한꺼번에 드러난다. 이것을 두고 묵은 빚이라고 한 것이다. 파계(破戒)가 무서운 이유는 바로 이 때문이다. 원효대사는 파계해도 아무렇지도 않은 이유가 이미 성불하여 업장을 만드는 자기가 사라졌기 때문이다. 그러므로 오로지 공부를 마치느냐 그렇지 못하느냐 하는 양자택일만 있을 뿐이다. 당연히 한 번 도를 닦으려고 했다면 죽을 때까지 무조건 뒤를 돌아보지 않고 수행해야만 하는 것이다. 그런데 도를 닦으면서 고행인욕이 제대로 되거나 참회가 제대로 되면 업장은 도를 닦는 만큼 소멸되어나가는 것은 사실이다. 그런데 이것이 제대로 되는 것이 결코 쉽지 않다. 업장이 다소라도 소멸되어야 비로소 도를 닦을 수 있는 사람으로 자기가 재형성되기 때문이다. 걸림없이 산다는 것은 양변(兩邊)에 푹 빠져 생겨난 업장을 모두 소멸하여 성불한 상태에서 자유혼(自由魂)으로 살아가는 모습을 의미한다. 생사를 받지 않고 업이 생겨나지 않는 상태이다.

업장과 '공(空)함'은 둘이면서 둘이 아니다. 자기가 있으면 둘이요, 자기가 없으면 둘이 아닌 것이다. 공부를 마치지 못하면 자기가 여전히 있으니 둘이 되어 업장이 힘을 발휘하여 자기에게 과보를 가져오게 된다. 공부를 마치면 자기가 없으니 업장이 그 본래성품인 공함으로 돌아가게 되므로 사실상 묵은 업장이 있건 없건 관계없게 된다. 그러나 몸이 있을 때는 현상적으로 보면 좀 다르다. 공부를 마쳐 업장의 체(體)가 소멸되어버렸지만 아직 육신 자체의 공통된 고통이 있다. 선가에서는 '생사없음을 쓴다(用無生死)' 라고 표현한다. 받을 것도 없고 갚을 것도 없는 상태에서 생(生)과 사(死)조차도 자기가 대도(大道)를 맘껏 대용(大用)하는 것에 속해버린다.

116. 飢逢王膳不能湌 病遇醫王爭得差
기봉왕선불능손 병우의왕쟁득차

굶다가 임금 수라 만나도 먹을 수 없으니

병들어 의왕 만난들 어찌 나을 수 있으랴

앞 구절은 세간의 선인연(善因緣)을 말함이요, 뒷 구절은 출세간(出世間)의 선인연을 말하는 것이다. 밥을 굶는 사람과 병에 걸린 사람에게는 임금의 밥상과 의왕 이상이 없으니 최상의 선인연이요, 진리에 굶주린 사람과 마음의 병에 걸린 사람에게는 선지식(善知識) 이상이 없으니 최상의 선인연이다. 그런데 이런 최상의 선인연을 만나도 아무런 도움도 얻지 못하고 그냥 흘려보내고 만다는 한탄과 안타까움을 탄식하는 구절이다. 그런데 선지식이 임금과 의왕이라고 한다면 중생에게 한탄만 하지 말고 밥도 입안에 직접 떠넣어주고 가능하면 치료도 해주는 것이 더 낫지 않을까? 선인연은 그냥 오는 것이 아니다. 중(重)한 인연은 법에 의거하니 자기가 먼저 타인에게 귀인(貴人)이나 선인연이 되어야만 된다. 그런데 자기는 그렇게 하지 않으면서 귀인을 기다리는 것은 해가 서쪽에 뜨는 것을 기다리는 것과 같다. 그것은 탐욕에 지나지 않아 더 큰 문제를 일으킨다. 보시바라밀은 수많은 선인연이나 귀인을 형성하고 만나게 해주는 귀한 행(行)이다.

　해탈조사인 선지식을 만나는 것도 마찬가지다. 선지식을 기연(奇緣)으로 만나도 그 덕을 최고로 보려면 만만찮다. 먼저 그 선지식과 깊은 숙세의 인연이 있어야 하고 그 다음 자기가 불법과 인연이 또한 깊어야 한다. 부처님께 대한 선근(善根)을 깊이 간직하고 열심히 수행한 전생 경력도 있어야만 한다. 무거운 짐을 빼앗으려고 해도 집착해서 놓아주지 않고 불심(佛心)을 주려고 해도 받아들이지 못하기 때문이다. 또 그렇게 다 갖추어져 있으면서 선지식을 만나도 금생 역시 별개의 면이 있는지라 자기가 욕심을 부리면 선인연도 망가지고 만다. 고정불변의 것은 없다. 선지식에게 그 무엇도 얻으려고 해서는 근본적으로 어긋나버린다. 선지식으로부터 불법을 배우고 도를 얻고 깨달음을 얻는다는 망념조차도 버려야 한다. 선지식은 가르쳐주는 것이 없기 때문이다. 선지식은 자기를 그대로 두고서 무엇을 주고 받고 하는 그런 대인관계가 아닌 때문이다.

117.　在欲行禪知見力　火中生蓮終不壞
　　　　재욕행선지견력　화중생련종불괴
욕망 속에서 참선하는 지견의 힘이여

불 속에서 연꽃 피나 끝내 시들지 않는도다

　욕망이 있으니까 그 욕망을 달성하기 위해 참선하고 욕망이 그 욕망을 없애기 위해 참선한다. 그러므로 참선하는 동안은 욕망이 재가신자나 승려를 막론하고 공통이다. 이 구절에서의 욕망이란 성(聖)과 속(俗)의 고상함과 저급함을 분별하지 않고 일체 욕망을 통틀어 일컫는다. 그러므로 현상계의 생명체는 예외없이 욕망 속에서 참선하는 것이 된다. 참선의 목표는 욕망의 뿌리를 소멸함이고 욕망의 목표는 참선을 마치고자 함이니 서로가 서로를 살리면서 목적지까지 항상 나란히 이어지며 옥신각신하게 된다. 그래서 수행함이 없이 수행하고 무엇이 되려고 하거나 무엇을 위해서 참선하지 말아야 한다. 자기존재 자체가 이미 욕망덩어리가 되어 있기 때문이기도 하다. 최종목적지에서 참선이 승리하면 끝이요, 욕망이 승리하면 도로아미타불이 된다. 여기에서 욕망이 교활하게도 술수를 부리게 되는데, 욕망이 순식간에 몸을 싹 숨기고 없어졌다고 위장하여 참선이 드디어 욕망을 이겼다는 착각을 일으켜 방심하는 틈을 만들어놓고 때가 되면 일시에 공격하여 참선을 죽이고 욕망이 최종승자로 되는 경우가 대부분이다. 이 때 선지식은 그 숨은 욕망을 찾아내 드러나게 해줌으로써 참선이 마침내 최종승자가 되도록 해주니 인간세상에서 귀인(貴人) 중의 귀인이 된다.

　참선과 욕망의 충돌은 자기 힘과 지혜로는 완벽하게 해소하지 못한다. 참선하고자 하는 그 자체도 깨달음 등 다양한 욕망으로 일단 출발하기 때문에 벌써 욕망에 한 수 지고 들어가는 것이다. 이 충돌의 해소 여부는 참선의 목적을 이루느냐 이루지 못하느냐를 결정짓게 된다. 충돌은 고통스럽지만 근본적으로 성불해야만 해소되기 때문이다. 그러므로 참선에서는 반드시 신과 부처님의 도움이 필요하다. 그러므로 자기가 참선을 제대로 해나간다는 전제 하에 참선의 최종목적을 이루느냐 여부는 상당부분 신과 부처님의 도움 여부에 달려 있게 된다. 특히 제8아뢰야라는 마(魔)의 경계에서는 절대적으로 그렇다. 참선은 이와 같이 간절함과 큰 의심만으로 되지 않고 신과 부처님에 대한 불변의 큰 믿음이 반드시 동반되어야 한다.

참선(參禪)은 바르게 된 사람이라야 원만하게 되는 법이다. 그래서 자기의 안팎이 미세하게라도 잘못되어 있다면 아무리 참선해봐야 절대로 참선이 되지 않고 참선을 겉으로 흉내내는 것밖에 안된다. 반드시 자기존재의 잘못된 부분을 두루두루 깊이깊이 살펴서 먼저 깨닫고 바르게 교정하고 나서 해야 된다. 또한 참선은 정해진 자세나 방법이 없으므로 여기에만 몰입하면 안된다. 특히 업장이 두터워도 참선이 제대로 되지 않는 법이니 이 때는 참회기도를 진심으로 좀 하고 마음이 비워졌을 때 참선이 시작될 수 있다. 참선을 해야 된다는 강박관념이 있으면 또한 제대로 되지 않으니 이 때는 압박감이 사라질 때까지 쉬어야 된다. 또한 참선의 효과를 나름대로 은근히 기대하고 참선해도 진짜 효과는 생기지 않는다. 참선은 10년 이내의 단기간에는 기대하는 큰 효과가 나타나지도 않을뿐더러 24시간 끊임없이 평생동안 해야 참선하는 것이기 때문이다. 그러므로 조급할수록 역효과가 나게 된다. 참선은 시공간을 초월하는 것인데 자기가 정해놓은 시간의식에 매이게 되면 참선이 되지 않을뿐더러 도(道)와는 더욱 멀어지게 된다. 반대로 아무 생각 없이 참선해도 참선이 아니다. 그리고 생각이 근본적으로 바뀌었다고 하더라도 그것은 참선의 본래목적이 아닌만큼 그 바뀐 생각에 머무르면 그걸로 참선이 끝나고 만다. 참선은 머무름이 없어야 계속 이어지게 된다. 물론 참선으로 생각이 없어지면 그 자리에 머물러서도 안된다. 그것은 죽음이다. 참선은 중간에 달라지거나 그 어떤 좋다고 여겨지는 변화가 왔을 때 그 자리에 머무르면 처음부터 안한 것보다 훨씬 악화된 무서운 결과가 초래되기도 하므로 가장 조심하고 항상 깨어 있어야 한다. 참선은 이 지구상에서 도가 가장 높아졌다 하더라도 무조건 평생 하는 것이라고 생각하면 일단 안전하고 이런 중대한 오류에서 벗어날 수 있다. 이 사실은 참선 뿐 아니라 그 어떤 수행방편으로 수행도를 가더라도 예외 없이 반드시 지켜야만 하는 기본 중의 기본이고 대원칙이 된다. 기본과 큰 원칙을 어기면 그 대가는 모든 것을 잃게 되는 것이다. 이승/외도는 괜히 그렇게 되고 싶어서 그런 것이 아니라 이 사실을 깜빡 잊고 어기는 탓에 그만 이승/외도가 되고 말았던 것이다. 그런데 분명히 잘못된 변화가 생겼는데도 계속 하면 달라지겠지 하는 마음을 가지고 계속하다가는 불치병에 걸리게 되니 그 즉시 멈추어야 한다. 그리고 잘못된 원인을 찾아 반드시 고치고 잘못된 현상도 없앤 뒤에 다시 시작해야만 된다. 귀신이 방해해도 참선이 되지 않음은 물론이다. 가끔씩 있는 경우지만 자기가 귀신에게 빙의되어 있는지도 모르고 참선하면 이유없이 아프게 되거나 팔자에도 없는 이런저런 우환이 생기게 되니 혹 그렇다면 이 점을 반드시 점검해야 한다. 가끔 자기가 참선해서 귀신을 쫓아보낼 수 있다는 망상을 하는 사람이 있는데 그 잘못된 생각의 과보는 생각 이상으로 처절하다. 참선은 귀신을 쫓는 힘이 없다. 그리고 참선을 비롯한 수행의 목적과 수행구조 또한 귀신을 직접적으로 쫓아내는 쪽으로 되어 있지 않다. 특히 인연령은 절대 떠나가지 않을 뿐더러 더더욱 강하게 달라붙게 된다. 나아가 참선 등 수행으로 얻게 되는 힘을 귀신이 갖는 결과를 초래하여 참선을 하면 할수록 귀신으로부터의 압박이 더욱 강해지며 번뇌망상이 커지고 점점 더 갑갑해진다. 그리고 자기 내면을 깊이

282

들어갈수록 빙의되어 있는 귀신도 그 열리는 길을 따라 깊이 들어가게 되므로 시간이 지나면 자기와 귀신이 더욱 한덩어리가 되어 뭉쳐진다. 귀신에게 빙의되어 있어도 귀신이 크게 움직이지 않으면 특별하게 인식할만한 이상현상이 생기지 않으므로 모르게 된다. 그러므로 참선을 시작하려는 사람은 자기에게 혹시 귀신이 있지 않은지를 미리 반드시 점검받아야만 된다. 실상을 모르고 무시하거나 막연한 이론과 관념을 따르다가는 위험하다. 그리고 몸이 허약해도 참선이 안되니 참선하고 싶거든 몸을 건강하게 만들고 나서 해야 된다. 아무튼 참선을 방해하는 것은 본질적으로 자기에게 있는 것이니만큼 자기의 잘못된 점을 잘 살펴야 하고 또 그런 사람만이 참선할 수가 있게 되어 꽃을 피운다. 참선은 실제로 성문, 연각과 보살의 단계를 넘어서서 이런 단계의 차원에 대한 마음을 일체 버리고 철저히 어린아이가 되어 순수하게 놀이에 완전 몰입된 마음으로 하는 것이라야 제대로 되는 것이다. 즉, 세상을 모두 알고 가지고 난 후에 세상을 모두 완전히 버리고 텅 빈 자리에서 자기실체와 한판 시합을 겨루기 시작하는 것이 참선이다. 여기에는 눈꼽만큼의 반동심리 내지 보상심리가 없어야 된다. 이것이 있으면 양변에 치우치는 것이고 중도에서 벗어나기 때문이다. 참선은 자기 바램과 무관하게 어디든지 머무는 마음에 지배되지 않는 상태에서라야 비로소 시작되는 것이다. 그러니 이 세상의 고통을 벗어나려는 마음이 있으면 참선이 되지 않는다. 참선의 원동력은 양변을 벗어난 중도심이기 때문이다. 상대적인 유(有)와 무(無) 가운데 어느 한 변이라도 미세하게 마음속에 들어있으면 참선이 아니라 단순한 명상에 불과하게 된다. 중생과 부처, 어리석음과 깨달음이라는 양변에 치우치는 것을 경계해야 한다. 참선은 곧 성불로 직결되는 것이라, 중생이 하는 일이 아니다. 먼저 중생에서 벗어난 후에 정(正)을 알고 하는 것이 참선이다.

    욕망 속이라는 것은 현상계에서만 보면 승려가 되지 않고 재가신자로서 불도(佛道)를 가는 것을 일컫는 면도 있다. 이 공부는 꼭 출가(出家)를 해야만 할 수 있는 것이 아니다. 출가했다고 해서 인간으로서의 삶이 근본적으로 달라지는 것이 아니기 때문이다. 형식에 있어서 출가를 하는 것은 다만 좀 더 간편하게 빠른 시간 내에 공부를 집중하여 마치는데 도움이 되기를 바라는 것 때문일 뿐이다. 무상대법(無上大法)에서는 형식에 있어서 재가(在家)도 없고 출가도 없는 것이며 오로지 일관된 신심으로 도를 증득하는 것만이 있을 뿐이다. 그러나 실제로 도를 닦는 현실에 있어서 재가와 출가의 장단점이 다양하게 있는 것은 분명하다. 중생에게 있어서 항상 몸과 마음이 같이 움직이는지라 바쁜 일상사 속에서 참선은 그리 쉽게 되지는 않는다. 부처님이 출가제도를 만든 것은 어디까지나 출가의 장점을 살린 방편이지, 본질은 아니다.

    대도를 가는 데 있어서는 누구나 반드시 출가(出家)를 해야만 한다. 출가는 가출과 반대이니 집이 싫거나 어떤 목표를 위해서나 가족이 미워서 나온다면 출가가 아니라 단순가출이다. 이 출가는 말과 생각이 끊어진 마음자리를 갖는 것이다. 그리고 그 자리에서 일체 경계를 대하며 힘과 지혜를 키워가는 것이다. 그리고 그것으로 마침내 불 속에서 연꽃을 피우는 것이다. 물속에서 아무리 아름답게 핀 연꽃이라도 물 밖으로 나오면 말라죽어버리고 불 속에 들어가면 그만 홀라당 타버리고 재만 시커멓게 남는다. 그런 연꽃은 아직 인연과 인과에 의지하여 존재하고 있을 뿐이다. 불 속에서 피는 연꽃은 일체의 인연과 인과를 벗어나 천상천하유아독존을 이룬 연꽃이다. 물과 불에 의지함이 없이 스스로 피어나는 연꽃이니 영원하게 됨은 물론이다. 이 세간과 양변(兩邊)은 물과 불의 조합이다. 어느 쪽에든 자기존재가 매달리면 지금과 같은 세간에서의 존재상태를 크게 벗어날 수 없게 된다. 불 속에서 연꽃을 피우니 그 연꽃은 그 어떤 것에 대해서도 손상되거나 물들지 않는 면역력과 저항력을 갖게 되는 법이다. 그래서 이런 사람은 속세에 살아도 물들지 않고 속세를 인도하고 구제할 수 있다. 이른바 보살마하살이다. 이와 같이 불 속에서 연꽃이 핀다고 하는 것은 보살마하살이 되어 현상계와 진여법계의 분별이 없이 하나가 되는 것을 의미하니 그 때 실제로 영원불변하게 된다. 불 속에서 연꽃을 피우려면 재가자들이 성직자들보다 여러모로 더 나은 사람이 되어야만 하는 법이다. 재가의 장점을 극대화하고 단점을 최소화시키는 방향으로 나아가면 된다. 재가의 장점은 언제 어디서나 항상 공부를 할 수 있다는 사실이다. 매일매일 부딪치는 경계마다 단련이 되니 참선의 대상이 된다. 당연히 지견의 힘이 더 강하게 형성된다. 사찰에서의 수행은 빠르게 나아갈 수 있지만 경계에 대한 힘을 충분히 기를 수 없어 세속에 다시 물들기 쉬운 약점이 있다. 이른 바 산에서는 그 누구보다도 고상하지만 속세로 내려오면 그 어떤 속인보다도 더 품질이 낮아져버리는 위험이다. 재가신자는 자기의 업장을 현실에서 극복해나가는 데 더 큰 힘이 요구되므로 그만큼 더 큰 힘을 짜내고 얻게 된다. 이런 힘과 지혜를 키우는 데 있어서는 사찰보다 재가(在家)가 전체적으로 더 낫다. 사찰보다 훨씬 많은 번뇌망상을 안고 참선하니 이른 바 고행인욕을 통한 불지옥에서의 훈련이다. 단, 이 때 마음이 일어나지만 내 존재에 달라붙도록 하지는 않아야 되는 법이다.

도(道)와 법(法)에는 재가와 출가의 분별이 없다. 오로지 밝음을 속(俗)과 섞지 않고 밝힐 때까지 잘 지켜나가는 것만이 있을 뿐이다. 출가하여 스님이 되는 일이 작은 일이 아니라고 했지만 승려가 되어 절에 들어간다고 업장이 단박에 없어지는 것도 아니고 세속인연이 근본적으로 소멸되는 것도 아니다. 업장이나 모든 것은 항상 자기의 마음을 따라가니 장소와 외모와 삶의 형식의 차별과는 별 무관하다. 그러니 개개인마다 전부 다른 자기 선택이다. 다만 어느 장소가 업장소멸에 있어서 업장을 잘 다룰 수 있고 내가 힘을 더 발휘하고 인(忍)을 얻을 수가 있느냐 하는 점은 있다. 선지식이 불가(佛家)에 많거나 청정하다면 출가하는 것도 좋지만 지금 시대가 썩 그렇지 못한 것 같아서 대체로 출가보다도 재가를 권하는 편이지만 장단점을 잘 살피고 자기 자신도 잘 살펴 신중하게 선택해야 한다. 왔다갔다하면 욕망에 졌다는 뜻이니 수행은 이미 그것으로 끝이므로 무턱대고 승려나 출가수행자가 될 것도 아니고 마냥 집에서만 뭘 할 것도 아니다. 그리고 반드시 형식적인 출가를 해야만 하는 사람이 있는 것도 사실이다. 대표적인 예가 업장이 아주 두텁거나 혹은 수명이 짧은 사람이다. 이런 사람이 출가하여 부처님을 잘 모시고 열심히 하면 불령(佛靈)의 보이지 않는 가피로 그나마 평균적으로는 살아갈 수 있게 되고 수명도 많이 늘어난다. 일단 밥은 먹고 건강하며 살아있어야 도를 닦든 인생을 즐기든 할 수 있지 않은가?

118. 勇施犯重悟無生 早是成佛于今在

용시범중오무생 조시성불우금재

용시비구는 중죄를 범하고도 남이 없는 법을 깨달았으니

벌써 성불하여 지금에 있음이로다

과거 먼 옛날 중향세계(衆香世界)에 무구정광여래(無垢淨光如來)라는 부처님이 계시던 때 용시라는 비구는 인물이 출중하여 그를 사모한 한 젊은 여인이 상사병에 걸려 있었다. 마침 그 때 용시비구가 탁발을 와서 설법도 하면서 그 여자의 병은 당연히 나았다. 그러다가 그 여자와 가깝게 되어 음행을 저지르고 나아가서 그 집 유모와 공모하여 여자의 남편을 죽여버렸다. 수행자가 음행과 살생의 중죄를 범했으니 얼마나 번민에 휩싸였겠는가? 그러다가 비국다라보살에게 가서 일심(一心)으로 참회하였는데, 그 보살은 두려움 없음을 베풀면서 법인삼매에 들어 한량없는 부처님을 나타내 보였다. 그리고 "모든 법은 거울에 비친 모양과 같고 물속에 비친 달과 같거늘 범부는 어리석게도 마음에 미혹되어 어리석음과 성냄과 사랑함을 분별한다"는 부처님 법문을 듣고서 비로소 무생법인(無生法印)을 깨쳤다고 한다. 그래서 과거 오래 전에 성불하였는데, 그 이름을 보월여래(寶月如來)라고 하였다. 이 이야기는 불설정업장경(佛說淨業障經)에 나와 있다. 불교에서는 중죄인과 부처가 둘이 아닌 차원까지 열어 보여주니 잠깐 사이에 돌이킬 수 없는 죄를 누구나 지을 수 있는 우리에게 무한한 희망을 안겨준다.

스님이 이런 사례를 들어 말한 것은 뜻이 있으니 여기에서 조금만 살펴보도록 하자.

첫째, 도가 아무리 높아도 죄를 지을 수 있다는 사실이다. 성불 전에는 아직 뿌리가 남아 있는 욕망으로 살아가니 늘 신독(愼獨)해야 한다.

둘째, 인기 좋고 잘난 사람은 순탄하게 도를 닦을 수 없다는 사실이다. 수많은 색(色)의 유혹이 있고 그것들을 물리치는 데 한계가 있으며 그렇다고 자기가 장벽을 두텁게 쌓으면 자칫 중도에서 벗어나기 쉽게 된다.

셋째, 부처(신)를 만나야만 된다는 사실이다. 부처든 보살이든 선지식이든 일체의 중생심과 죄업을 초월한 차원으로 인도해주는 스승이 있다면 거기서 벗어날 수 있는 법이다. 죄사함은 해탈해야 완전하게 이루어진다.

넷째, 진정한 참회의 힘이다. 일심으로 참회했다는 것은 자기의 미래와 일체욕망을 스스로 없애버리는 것이다. 참회는 자기가 더 이상 욕망에 끌려다니지 않게 되는 것이다. 욕망이 아니라 최소한의 필요를 따르면서 좋고 나쁜 분별심을 벗어나며 오로지 참회하면서 살다 죽겠다는 것이 일심(一心)으로 참회하는 것이다. 일심은 곧 무심(無心)이다. 참회는 행(行)으로 직접 나타내는 것만이 정(正)이다.

다섯째, 죄인에게 무엇을 가장 먼저 해주어야 하는가를 알려준다. 직접 벌을 주거나 또는 벌을 주면서 동시에 죄의식을 심어주는 것 뿐만이 아니라 그 이전에 두려움을 없애주어야 한다는 사실이다. 두려움은 자기존재를 위축시키고 왜소화시키기 때문에 참회할 힘과 용기조차 약화시키며 진정한 참회가 되지 않고 망념을 키우니 죄를 가중시키기 때문이다. 만일 중죄를 지어도 두려움이 없는 정도로 양심이 마비되었다면 반드시 먼저 두려움을 심어주어야 된다. 그리고 참회하는 정도에 따라 차츰 두려움을 벗겨주어야 한다. 병 주고 약 주는 것은 좋아서 그런 것이 아니라 어쩔 수 없이 그런 대용(大用)이다.

이와 같이 실상의 차원에서 생각해볼 점이 많이 있는데, 핵심은 역시 무상대도(無上大道)다. 만일 도(道)가 죄인을 거부한다면 우리 모두 성불할 수 있는 사람은 단 한 명도 없게 된다. 그러나 다행히도 대우주에 이런 차원을 열어두고 있으니 누구나 대도로 들어가기만 하면 되는 것이다. 그런데 죄를 짓는 것을 왜 계율로 엄격하게 금해놓았느냐 하면 죄업이 그 길을 막는 면이 많기 때문이다. 죄를 범한다는 것은 벌써 마음이 중도로부터 많이 어긋나 있다는 것을 알 수 있고 죄에 따른 과보가 닥쳐와 고통을 받게 되면 괴로운 나머지 더욱더 중도로부터 멀어지는 관성을 발휘하기 때문이다. 그러므로 중죄를 지었다면 일심으로 참회하여 하루속히 거기에서 벗어나야 하는 것이다. 근본에서는 중죄를 지어도 무상대도로 들어갈 수가 있지만 변화무쌍한 마음이라는 것이 있으므로 현상계 차원에서는 아무래도 그 길에서 후퇴하기 쉽게 된다. 중죄를 지은 사람이라도 앞에서 말한 다섯 가지 정도만 잘 이행하면 무상대도로 들어갈 수가 있게 된다.

참고로 중죄를 짓고 그 과보를 피하거나 벗어나기 위해 신앙을 믿거나 성직자가 되거나 수행한다면 과보는 더욱 크게 닥쳐온다. 신을 끌어들여 자기의 죄를 적당한 선에서 마무리 짓고 잘 살고자 하는 어리석음과 자기를 덮어버리는 뻔뻔함과 벌받을까 하는 두려움에 대해 가중처벌이 내려진다고나 할까. 용시비구가 성불한 것은 그 과보를 피하거나 벗어나려고 하는 마음이 없었기 때문이고 그렇다고 이것만 가지고 안되니 진(眞)참회까지 해야 되는 법이다. 부처님께 죄와 벌을 없애달라는 것이 아니라 그냥 그 행위에 대한 참회만 있었을 뿐이다. 부처님법이야 말로 알게 모르게 늘 죄를 짓고 사는 우리에게 진정한 복음(福音)이다. 용시비구가 남이 없는 법을 깨달았다는 것은 죄를 벗어나서가 아니라 죄를 짓게 되는 그 뿌리와 실체를 없애버렸기 때문이다. 그래서 죄와 죄를 짓게 되는 마음이 더 이상 나지 않으니 부처.

119. 獅子吼無畏說　深嗟懵懂頑皮靼

사자후무외설 심차몽동완피달

사자후의 두려움 없는 설법이여

어리석은 완피달을 몹시 슬퍼하는도다

중죄를 지어 그래도 죄책감을 가지고 두려움에 떠는 사람은 아직 양심이 살아있는 사람이다. 이 양심이 부처님을 만나면 앞글에서와 같은 이치로 구제받는 원동력이 되는 것이다. 어찌 보면 구제받는다고 하지만 실은 자기가 올바르게 알아서 자기 자신을 구원하는 측면도 있다. 그래서 아무리 가르쳐줘도 소가죽보다 두꺼워 송곳조차 들어갈 틈이 없이 딱딱한 생각을 가진 멍텅구리는 부처님도 구제해주지 못하고 자기도 자기 자신을 구제하지 못하는 것이다. 완피달이 어리석은 것은 자기만의 관념으로 똘똘 뭉쳐 죄충우돌하고 있기 때문이다. 불법은 진리인지라 공부하다보면 자칫 자기도 모르게 진리의 관념으로 뭉친 완피달이 되기 쉬우니 늘 깨어 있어야만 한다. 완피달은 용시비구에게 한 것과 같은 사자후를 하면 비웃으니 사자가 슬플 뿐이다.

사자후라는 것은 사자의 포효소리가 초원 전체를 울리는 것과 같이 막힘이 없이 아무리 중죄인이라도 갈 수 있는 넓고 큰 길을 열어주는 법문이다. 양심을 가지고 있지만 그만 일시적인 살기(殺氣)의 발동으로 인해 중죄를 지은 사람은 우선 죄책감과 두려움에서 벗어나는 것이 참으로 중요하다. 이것이 전부가 아니라 출발점이 되기 때문이다. 가장 먼저 회개나 참회를 떠올리겠지만 이것이 단순한 반성만으로 되는 것이 아닌만큼 진정한 참회를 할 수 있는 마음자세를 먼저 철저하게 갖추어야 하기 때문이다. 죄책감과 두려움을 잘못 벗어나면 뻔뻔해지면서 죄와 벌은 걷잡을 수 없이 커져버리고 잘 벗어나면 한 번의 실수가 죽은 자도 살리게 되는 영약(靈藥)이 되는 것이다. 잘 벗어난다는 것은 자기 멋대로의 희망이나 생각으로 벗어난다는 것이 아니라 오로지 도(道)인 대우주의 실상에 맞추어 그에 맞는 의식을 가지고 벗어나는 것을 의미한다. 아울러 부처님은 사자후로서 이것을 가르쳐주시고 영혼 속의 죄를 짓는 성품을 점점 소멸시켜주며 인도해주시는 분이니 참회하는 이는 반드시 부처님을 잘 모셔야 되는 법이다. 그래야 참회가 잘 되도록 인도해주신다. 참회는 그 개념을 보면 현상계의 의식과 혼자 힘으로만 절대 못하게 되어 있다. 혼자 참회한다고 골방이나 종교기관에 처박히면 온갖 번뇌망상만 더 키우고 더 악화되며 못된 귀신에게 더 가까이 가게 되는 결과를 초래할 가능성이 커진다.

120. 只知犯重障菩提 不見如來開秘訣
지지범중장보리 불견여래개비결

중죄 범하면 깨달음을 막는 줄만 알 뿐

여래께서 비결 열어두심은 보지 못하도다

중죄를 범하면 중도로부터 더욱 어긋나게 되고 그 살기(殺氣)로 인해 악행을 하게 되는 습성이 생기면서 마(魔)와 더욱 손을 잡게 되니 마음 자체가 악심(惡心)과 업이 두터워져 도(道)에 장애가 되어 불법을 성취하기 어렵게 되는 것은 당연하다. 그리고 참회가 겨우 다시 제자리로 돌아올 수 있게 하지만 참회도 결코 쉽지 않다. 그러나 여래께서 대자대비로 극악중죄를 범한 사람까지도 다 살릴 수 있는 비결을 열어두셨으니 참으로 다행이다. 비결이라고 하는 이유는 그 가르침이 직설로 드러나 있지 않고 은밀한 뜻으로 묻혀 있다는 의미다. 이 비결의 핵심은 단지 마음자리를 한 번 옮김으로써 죄를 근본적으로 벗어나게 되니 사자후는 신비한 요결이라는 것이다. 이른 바 일체중생 모두에게 활짝 열려 있는 신령우주(神靈宇宙)인 마하반야바라밀다를 가져다준다. 이 속에서는 죄를 짓고 있는 자기실체는 소멸되고 영원한 대광명(大光明)으로

292

만 존재하게 된다. 여래께서는 중죄인인 나를 반야바라밀로 인도하는 길을 열어주셨던 것이다.

올바른 실상을 가르쳐주어도 착한 사람이 받아들이지 못하는 것은 비결을 모르는 어리석음과 나락에 떨어진 자포자기의 마음 때문이다. 그러나 오히려 참회가 잘되면 이전의 자기보다 훨씬 나은 존재로 재탄생할 수 있는 계기가 되니 실망하여 자포자기하면 절대 안된다. 자기에게 묻은 때를 있는 그대로 직시할 수 있는 용기를 평소 가지고 허물이 있거든 곧 참회하고 잘못한 일이 있으면 곧 부끄러워할 줄 알면 대장부의 기상이 있어 도(道)를 갈 수 있으며 허물을 고쳐 스스로 새롭게 하면 죄업은 마음을 따라 없어진다고 했다. 이것은 자기를 극복하며 인도하는 가장 기본적인 덕목이다. 극악한 중죄인이라도 성불할 수 있는 길을 열어주셨으므로 누구나 정법을 잘 믿고 받아들이기만 하면 실제로 성불할 수 있다. 단순히 벌을 면하는 정도가 아니라 대우주의 주인인 부처까지 될 수 있는 길이니 부처님의 은혜는 크다는 말조차 할 수 없다. 부처님의 정법에서 보면 자기가 반드시 부처가 되어야만 하는 이유도 명확하게 나온다. 자기가 피해를 입혀 한이 맺히고 지옥같은 고통이 사후에도 이어지고 있는 피해자를 구원해주어야 하는 의무가 있는데, 그러려면 자기가 부처님의 법력과 지혜를 가져야만 하는 법이다. 그래서 자기의 모든 욕망을 벗어던지고 오로지 자기로 인한 피해자를 구원하기 위해서 고행인욕과 수행을 한다면 하늘도 가상하게 여길 것이다. 그러니 피해자를 생각해서라도 부처님의 사자후를 진심으로 받아들여야 되겠다.

종교를 가지고 신(神)을 믿는 것으로서 자기 마음자리가 바뀌었다고 생각하고 죄가 모두 소멸된다는 환상을 경계해야 한다. 그래서 여래께서는 신을 믿으라고 직접적으로 말하지는 않고 '자등명 법등명(自燈明 法燈明)'으로 유언을 남기신 것이다. 이 유언 속에는 사실 반드시 신을 기본적으로 믿고 모셔야 되는 이유가 다 포함되어 있어 따로 신을 믿으라는 말은 할 필요가 없는 것이다. 신은 오로지 스스로의 마음을 밝히고 법을 밝게 아는 차원에서 참회가 제대로 될 때 죄를 용서해주는 것이지, 단지 신을 믿는다고 죄를 사해주는 존재가 아니다. 사랑의 신도 죄를 짓는 성품을 없애주는 것이 가장 큰 사랑이므로 단지 표면적으로 회개한다고 용서하지 않는다. 진정으로 참회한다면 신을 앞세워 벌을 모면하려고 하지 않는다. 알고 보면 신을 믿는다고 떠벌리지 못하고 너무나 부끄러워 신을 믿는 것조차 송구하고 조심스러워질 것이다. 알고 보면 종교와 어리석은 성직자들이 죄를 짓는 인간을 더욱 더 중죄인으로 몰아가고 있는 셈이다. 그런데 신을 믿지 않고서는 또 참회가 바르게 되기 어려워 마음자리가 옮겨지지 않는다. 왜냐하면 자기존재가 이미 망념으로 찌들어 있기 때문이다. 죄를 짓는 마음과 신을 믿는 마음이 도에서 보면 동일한 뿌리를 갖고 있으면서 동전의 양면이라는 사실을 알아야 한다. 그런데 전혀 뿌리가 다른 정반대의 것으로 착각하니 문제다. 죄를 짓는 자기와 신을 믿는 자기를 스스로 정확하게 나누어 신을 믿는 것은 불가능하다. 그러므로 신을 믿는다고 단기간에는 죄가 완전히 없어지지 않는다. 그러므로 죄를 사하기 위해 신을 믿고 모신다면 단지 참회가 제대로 되지 못할까 하는 두려움 하나만을 가지고 제대로 참회와 회개가 되도록 힘과 지혜를 달라고 청하는 것이다. 그러면 신은 기꺼이 다

방면으로 도와준다. 기특한 아기니 엄마가 더 신경써주는 것이다. 나아가 참회가 완성되면 신의 용서는 저절로 따라온다. 따로 신을 청해 야단법석 떨 것이 없다. 신을 모시는 궁극적인 이유가 바로 참회의 완성이란 사실을 완피달은 알 턱이 없다.

여래께서 열어두신 비결은 바로 신을 믿는 것이나 믿지 않는 것이나 관계없이 자기의 근본 마음자리로 곧바로 향하여 죄를 짓는 뿌리를 싹둑 베어버리는 것이다. 그렇게 되면 신을 믿는다, 믿지 않는다는 말은 별다른 의미가 없게 된다. 저절로 신을 보고 아니 종교로부터도 비로소 해방된다. 그래서 해탈조사는 겉모습은 승려의 모습을 하고 있지만 내면에서는 종교가 없다. 여래의 비결은 돈오(頓悟)와 참회를 통한 죄의 근원적인 소멸이고 나아가 신(神)과 종교로부터의 완전한 해방이자 자유이고 이것은 중생을 위한 대자대비다. 그래서 불법(佛法)은 불법이 아닌 것이며 대도(大道)가 곧 불법이다.

121. 有二比丘犯淫殺 波離螢光增罪結
유이비구범음살 바리형광증죄결

어떤 두 비구 음행과 살생 저지르니
우바리의 반딧불은 죄의 매듭 더하였도다

이번에는 유마경(維摩經)에 나오는 이야기로써 불법에서 죄인의 구제가 이루어지는 경로를 밝힌다. 두 비구가 토굴을 짓고 공부를 하고 있는데, 한 비구는 외출하고 다른 비구는 수행하다가 잠이 들었다. 그 때 한 젊은 여자—수행자에게는 최종적으로 항상 색(色)이 지뢰다—가 지나가다가 잘생긴 스님이 자고 있는지라 그만 음심이 들어 스님을 덮쳤다. 여자의 대담함—옛날에도 스님이 우습게 보였나보다—과 스님의 억눌렸던 욕구와 왕성한 혈기가 만났으니 당연히 불꽃이 튀어 스님의 마음이 그만 움직여 받아들이고 말았다. 본의 아니게 한 짓이지만 걱정이 태산이었는데, 그 때 외출중인 비구가 돌아와 사연을 듣고 노발대발하여 여자를 혼내주려고 뒤쫓았는데 여자가 그만 도망치다가 벼랑에 떨어져 죽고 말았다. 이렇게 일진이 나쁜 날은 흔치 않다. 자업자득이라고 하지만 그냥 잠깐 재미 한 번 본 것 치고는 대가가 너무 컸다. 아마 업장이 두터운 여자였던 모양이다. 업장이 두터우면 별 것 아닌 일이 업장의 힘으로 인해 중대사로 이어지게 된다. 그래서 업장이 두터운 이는 작은 일도 조심해야 되니 이 때 계율이 큰 도움이 된다. 또 다른 비구는 본의 아니게 과실치사의 죄를 지었다. 제일 억울한 입장이다. 이 비구는 하늘에서 조금 선처가 따른다. 아무튼 두 비구가 졸지에 최악의 여난(女難)을 만났다. 둘은 걱정 끝에 부끄러워 부처님을 찾아뵙지 못하고 당시에 계율제일이던 우바리존자를 찾아가서 자기들의 죄업에 대한 의심과 회의를 풀어서 허물을 면하게 해달라고 부탁했다. 우바리존자는 "너희들은 음행하고 살생하여 바라이죄를 범했으니 참회할 길이 없다. 가사 벗고 의발을 올려놓고 세속으로 나가라. 너희들은 영원히 구할 수 없는 아비지옥에 떨어질 것이다"라고 호령했다. 실제 비구계율대로 말한 셈이다. 그런데 마침 유마거사가 옆에 있다가 기가 막혀 우바리에게 말하기를 "우바리여, 이 두 비구의 죄를 거듭 더하게 하지 마시오. 곧바로 죄를 없애주어 마음을 요란케 하지 마시오. 왜냐하면 그 죄의 성품은 안에도 있지 아니하고 밖에도 있지 아니하며 중간에도 있지 않습니다. 부처님께서 말씀하신 바와 같이 마음의 때가 있으므로 중생이 때가 있고 마음이 깨끗하므로 중생이 깨끗하며, 마음이 또한 안에도 있지 아니하고 밖에도 있지 아니하며 중간에도 있지 아니하니 마음이 그러한 것과 같이 죄의 때도 그러합니다. 모든 법도 또한 그러하며 여여함을 벗어나지 아니한 것입니다……. 우바리여, 일체의 법은 생멸하여 머물지 아니하니 환영(幻影)과 같고 번개와 같고, 일체의 법은 서로 기다리지 아니하며 내지 한 생각도 머물지 아니하며, 모든 법은 모두 망견이며 꿈과 같고 아지랑이와 같고 물속의 달과 같고 거울 속의 모양과 같아서 망상으로 나는 것입니다. 이것을 아는 사람을 계율을 받는다고 하고 이름하여 이것을 아는 사람을 잘 이해한다고 하는 것입니다" 라고 하니 두 비구가 의심을 풀고서 보리심을 발하였다고 한다. 그러나 두 비구는 여인을 위해 천도재를 정중하게 올려 극락으로 인도해주어야 한다. 내가 아무리 참회했다고 하더라도 피해자는 그대로 남아 있으니 다가오게 된다. 고의가 아니었으니 심하게 복수하지는 않더라도 순간 생사를 이룬 깊은 인연이 맺어졌으니 이 여인의 영혼이 다가와 비구에게 머물면 이런저런 문제가 생겨날 수밖에 없다. 참고로 벼랑에서 떨어져 죽도록 만드는 업장은 사주에서 단교관살(斷橋關煞)과 급각살(急脚煞)로 드러나 있고 그 벼랑 아래 강이 있을 때는 낙정관살(落井關煞)도 역할을 한다.

이런 유마거사의 말이 바로 여래의 비결(秘訣)이다. 우바리의 반딧불이란 죄를 태워 흔적도 없이 없애려 하였지만 열기가 없어 죄의 매듭만 더한 것이니 반딧불과 같다고 하였다. 반면 유마거사의 법문은 눈부신 태양과 같다. 우바리존자는 중도에 이르지 못하고 아직 분별심에 머물러 중생의 차원에서 얘기한 것이니 여래의 비결도 아니고 마냥 자기의 주관적인 의견—부처님(경전)의 말이라도 팔만대장경의 그 많은 말 가운데 나름대로 분별하여 지금의 말을 선택한 것 자체가 주관이다—이 되며 죄를 벗어나게 해 줄 수 없다.

우바리존자의 말은 그런 짓을 범하고도 양심이 없고 죄를 뉘우치지 못하는 사람에게 적당한 말이다. 실상은 아니지만 방편으로는 적당하다. 만일 두 비구가 이런 사람이었다면 유마거사도 끼어들지 않았을 것이다. 그런데 두 비구는 부처님을 뵙는 것조차 부끄러워하면서 이미 충분히 죄를 뉘우치며 죄책감이 아주 심한 상태에서 찾아왔으니 우바리존자의 말은 그 상황과 어긋나고 만다. 어긋나면 죄가 더 커지게 되므로 업장이 더 두터워지게 된다. 문제는 두 비구처럼 이미 잘못을 알고 스스로 심한 자책을 하며 죄에서 벗어나려고 발버둥치는 사람에게는 근원적으로 벗어나게 해 주는 것이 바로 여래의 비결이라는 점이다. 잘못한 것을 알아가지고 자책하는 양심만 가지고 되지 않는다. 그 다음 어떻게 해야 될지를 근본적으로 알아야 되는 법이다. 물론 양심이 없다면 여래의 비결도 아무 소용없는 것이 되고 참회도 없이 여래의 비결만 구하면 실제는 오히려 죄만 더 커질 뿐이다. 이 때는 우선 죄의식을 갖도록 해 주는 것이 선(善)이면서 동시에 정(正)이 된다. 단순한 죄의식은 선(善)이지만 여기에만 머물게 되면 어둠을 생겨나게 하므로 정(正)이 아니라 사(邪)가 된다. 바른 참회는 올바르게 밝아져 죄를 짓는 성품 자체가 영영 소멸되는 것이다. 또한 깨어 있지 못한 채 하는 습관적 참회도 선(善)도 아니고 사(邪)가 된다. 신이 있는 것을 진정 믿는다면 죽어도 나쁜 짓을 하지 않아야 되는 법이다. 신은 죄를 예방하는 든든한 보루이지, 죄를 덮어주고 덜어주는 존재가 아니다. 종교를 가진 사람의 가장 큰 망상 가운데 하나가 어떤 짓을 해도 빌기만 하면 신이 용서해주고 지켜주니 괜찮다는 생각이다. 이런 사람은 진짜 지옥으로 향하게 된다. 자기가 믿고 있는 신을 온 누리에 크게 욕보이는 것이니 가장 큰 거짓믿음이 되어 아비지옥에 떨어진다. 이것은 신(神)을 악용하는 악(惡)이기 때문이다.

　법을 단순하게 해서 엄격하고 상하 공평하게 집행해야 국민들 마음 또한 순박해지고 믿음이 서면서 죄를 덜 짓게 되고 사회의 권위가 생겨나 중심을 잡게 되므로 저절로 질서와 평화가 생겨난다. 법이 천차만별의 상(相)을 쫓아 복잡해지면 오히려 법을 잃고 만다. 법은 상(相)을 단순화시키고 상(相) 가운데 악심을 제어할 수 있어야만 본래의 목적을 이룬다. 국민들이 아는 것이 없게 하고 다스림을 적게 할수록 크게 다스려지는 것이 하늘법인지라, 도(道)의 덕(德)을 모두가 크게 입게 된다. 국가가 개입하더라도 크게 개입하느냐 아니면 민간의 자율에 더 많이 맡겨놓느냐의 양변(兩邊)에만 매여 도에 어긋나게 왔다갔다 하지 말아야 한다. 도에 어긋나면 어떻게 하든간에 말짱 꽝이거나 마이너스(—)이기 때문이다. 근본적으로 국가가 개입하는 부분과 방식이 도(道)에 합치되느냐 아니냐 하는 점을 더욱 중시하여 철저하게 따져보아야 한다. 그리고 통치자가 도(道)를 모르고 어리석을수록 민간에 되도록 개입하지 말아야 되는 법이다. 도(道)에 어긋날수록 정책의 표면적인 효과 이상으로 보이지 않는 엄청난 부작용이 생겨나 나중에 현실에 나타나게 되니 도(道)에 어긋난 국가의 개입은 길게 보면 어리석음이고 크게 보면 악(惡)으로만 남게 된다. 국가의 운명과 수명도 근본적으로는

도(道)에 의해 정해지니 국가와 인류의 흥망성쇠는 통치자와 백성의 마음이 얼마나 도(道)를 잘 따르는가에 달려 있게 된다. 성인(聖人)이 다스리면 도(道)에 들어맞는 지혜로 통치하므로 하늘법과 인간법의 도움으로 저절로 태평성대가 되고 오래간다.

　종교(宗敎)는 천지자연의 대도를 가르쳐 사람들의 마음이 지극히 순일(純一)해져서 인간세상의 법이 필요없게 되고 따라서 하늘법 역시 생겨나거나 움직임이 없게 되도록 하는 것이 근본적인 존재이유다. 그러므로 도(道)에 어긋나면 이 땅의 그 어떤 종교든 역시 사라지게 됨은 자연스럽다. 신(神)은 종교가 아니라 대도(大道)와 하나가 되어 있기 때문이고 천지자연과 나를 낳은 대도(大道)만 유일하게 영원불변의 그 무엇이기 때문이다. 그러므로 죄(罪)와 죄를 짓는 그 마음 역시 아무리 두텁더라도 결국은 대도(大道)의 껍데기에 지나지 않으니 천지대도인 여래의 비결만 바르게 접하면 껍데기를 깎아내게 되어 벗어나지 못할 죄와 마음이 없음은 천지인(天地人)의 법이니 너무나 당연하고 또 우리로서는 다행 중의 다행이다. 이 때 껍데기를 잘 깎아내면 곧 대도를 보고 알게 되니 죄업과 추한 마음이 오히려 도(道)를 이룬다. 당연히 도를 갖고 있지 않거나 길을 가지 않고 있는 존재는 사바세계에 단 한 존재도 없다.

122. 維摩大士頓除疑　還同赫日消霜雪

유마대사돈제의 환동혁일소상설

유마대사 단박에 의심을 없애줌이여

빛나는 해가 서리 눈 녹임과 같도다

앞서 얘기한 용시비구나 두 비구처럼 자기 신분이나 양심에 크게 어긋나 번민하다가 벗어나고 싶어 한 마디를 듣고자 하는 사람은 극단적인 위험과 기회가 동시에 있는 상황이다. 이 때는 그 어떤 말이라도 받아들일만큼 마음이 간절하게 열려 있는 상태인지라 그렇다. 이 때 여래의 비결을 들으면 다시 일어서 하늘로 향하는 여의주를 얻는 것이 되고 그렇지 못하면 엎어진 데 밟혀 땅 속에 묻히는 꼴이 된다. 이들은 다행히도 운 좋게 여래의 비결을 들었으니 망정이지 중생의 소리를 들었다면 이 땅에서 극도로 불행한 사람들이 생겨날 뻔 했다.

여래의 비결이 가진 특성은 바로 빛나는 해가 서리나 눈을 녹이는 것과 같은 것이다. 해가 뜨면 눈과 서리가 흔적도 없이 녹아버리고 만다. 그렇게 죄와 죄의 흔적인 업장과 죄를 짓는 마음조차도 영원히 일체 사라지는 것을 의미한다. 단순히 지은 죄만 사라지는 것이 아니라는 것이다. 그것도 세월을 두고 조금씩 조금씩 사라지는 것이 아니라 단박에 사라진다는 것이다. 참으로 믿기 어렵지만 그렇게 되는 것이 쉽고 어려운 것을 떠나 엄연한 사실이다. 그러나 자기가 또 욕망을 가지고 상(相)을 얻게 되면 계절이 있게 되고 겨울이 오면 눈과 서리가 다시 쌓이니 여래의 비결은 자기영혼을 향해 직격탄이 될 수 있도록 받아들여야 한다. 적당히 되새기는 정도로는 되지 않는다. 죄를 지어 여래의 비결을 얻지 못하면 죄가 죄를 부르듯 얼음땅 위에 계속 쌓이는 눈과 서리같이 너무나 두꺼워져 죄가 시베리아 동토처럼 영원토록 얼어붙어버릴 수도 있다. 그러니 나중에 참회한다는 것은 어리석은 생각이다. 참회를 미룰수록 더 많은 고통이 알게 모르게 점점 더 쌓이게 된다.

여기서 또 하나 중요한 점은 여래의 비결이 바로 의심을 없애주는 것이라는 사실이다. 중죄를 범하고 나면 대개 온갖 번뇌망상이 따라붙게 된다. 이런 일체의 의심들은 마음을 더욱 어둡게 몰아간다. 여래의 비결은 반드시 그렇게 되는 것만 있는 것이 아니라 이 상태에서 차원이 다른 길로 나아가는 길도 있음을 알려주어 의심을 없애준다. 그것도 단박에 말이다. 의심을 단박에 없애줄 수 있는 이유는 바로 당사자가 마음을 활짝 열었기 때문이다. 그리고 여래의 비결이 근본적인 진리이기 때문이다. 죄를 지으면 인과법에 의해 벌을 받는 쪽으로 인생의 길이 전개되게 되어 있다. 죄와 벌은 한 길이기 때문이다. 그러니 근본적으로는 궤도를 이탈하는 수밖에 없는 것이다. 그것은 마음자리를 청정한 자리에 두는 것이고 그렇게 하려면 벌에 대한 두려움과 자기가 바라는 욕망이 같이 동시에 버려져야만 된다. 이것이 진정한 참회다. 그러면 단박에 의심이 풀리게 된다. 중생은 벌에 대한 두려움은 벗어나고 싶어 하고 자기욕망은 그대로 이루어지기를 바라는 이중성으로 철저히 무장되어 있으니 참회도 제대로 안되고 신에 대한 믿음도 오염되니 꼼짝없이 인과법에 걸려들 수밖에 없다. 자기 마음이 진정 무소유(無所有)라면 죄에 대한 그 어떤 과보도 조금도 두려워할 것이 없게 됨은 당연하다. 설사 지옥이라도 마찬가지다. 그래서 참회가 곧 무소유요, 무소유가 곧 참회인 것이다.

123. 不思議解脫力 妙用恒沙也無極

부사의해탈력 묘용항사야무극

부사의한 해탈의 힘이여

묘한 작용 항하사 모래같아 다함이 없도다

극중죄를 지어 영원히 지옥으로 떨어지게 되는 사람도 참회를 법답게 하고 철저한 신심을 내어 무상대법을 믿고 실천하면 자성을 확철히 깨쳐서 영원토록 자유자재한 사람이 되어버리니 참으로 상상하고 믿기 어려운 해탈의 힘이다. 해탈의 힘이란 곧 해탈한 사람과 신불(神佛)이 가지는 법력(法力)이다. 여래의 비결이 그냥 단순한 말이 아니라 큰 법력을 갖고 있다는 사실이다. 해탈력(解脫力)이란 단박에 일체의 고통과 천만가지 번뇌망상을 없애버리고 시공을 초월하여 영원성을 갖게 해주는 힘이다. 그리고 대우주의 일체존재에 따라 그 묘한 작용이 다함이 없게 되니 해탈력이란 가히 만능의 힘으로서 도(道)의 힘이면서 곧 신의 힘이다.

부처님께서 우리들에게 영원한 생명과 무한한 능력이 있다고 가르쳐주신 것이 바로 해탈에서 나오는 생명의 본질적인 모습이다. 영원(永遠)과 무한(無限)이란 해탈력의 기본적인 성품이다. 영원한 행복과 영원한 사랑과 영원한 미모와 무한한 자유와 무한한 힘과 무한한 지혜와 무한한 소유와 무한한 재능과 등등이 그것이다. 해탈력의 작용은 참으로 묘하고 항하사의 모래알 같이 다함이 없다고 했는데, 묘한 이유는 그것이 겉으로 드러나지 않으며 중생의 감각에 포착되지 않아서 마치 없는 것 같으면서도 엄연히 작용하고 있기 때문이다. 묘용(妙用)은 일체 생명의 길을 각자에게 맞도록 무한하게 열어주고 개개 생명에 빠짐없이 공평하게 작용하고 있는 것이다. 생명을 존재하게 하고 그 마음에 일일이 잠시도 쉬지 않고 상응하니 고정됨이 없고 부당한 차별도 없다. 그리고 해탈력의 작용은 무극(無極)이라 역시 시공간의 한계가 없으니 일체처에 두루 영원히 작용하는 것이고 줄어들고 늘어남이 없다. 그래서 해탈력을 곧 도(道)라고 하는 것이다. 도를 닦는 근본 목적은 바로 이 해탈력을 얻은 존재가 되는 것이다. 이 힘을 실제로 얻지 못했다면 아직 깨달은 것이 아니고 당연히 참선을 마치지도 못한 것이다. 이전보다 조금 큰 힘이 생겼다고 그것이 곧 해탈력이 아니다. 우리가 집착하고 애착하는 모든 대상에 대한 궁극적인 욕망이 바로 이 해탈력인데, 바로 이것이 자기 밖에만 있는 것이 아니라 자기 안에도 이미 갖추고 있음을 부처님이 직접 열어 보여주셨으니 이것이야말로 인류의 혁명적인 전환이다. 이 해탈력은 부사의(不思議)한데, 실제 얻는 것일 뿐, 생각으로는 알 수 없다.

124. 四事供養敢辭勞　萬兩黃金亦銷得

사사공양감사로 만량황금역소득

네 가지 공양을 감히 수고롭다 사양하랴?

만량의 황금이라도 녹일 수 있도다

해탈력을 얻어 헤아릴수 없고 다함이 없는 항사묘용을 쓰는 사람은 어떠냐 하면 네 가지 공양을 받을 자격이 참으로 있다는 사실이다. 네 가지 공양물은 만량의 황금과 대비해보면 그보다는 금전적인 가치가 떨어지는 보편적이고 대표적인 것들이고 금전으로 환산될 수 있는 것들임을 알 수 있다. 옷, 음식, 약품, 방석 등이다. 해탈조사는 사실 이 세상에서 가장 호화롭게 살아도 조금의 과분함이 없다. 이것을 황금 만량을 소비해도 오히려 부족하다고 표현한 것이다. 도를 성취하면 대우주의 주인이 되는데 당연하다. 사이비교주나 욕심많은 성직자에게 시주하면 제일 잘 되어봐야 다행히도 부작용이 없이 시주만 허공에 날아가는 것이다. 시주로 인해 자칫 깊은 인연이 맺어지게 되므로 악영향이 오게 된다. 그래서 대개는 시주한 자기도 신세망치고 시주받은 상대방도 욕심이 더욱 커져 결국 지옥도로 향하고 만다. 해탈조사에 대한 시주는 그 공덕이 대우주에 저절로 회향되면서 큰 복덕이 그 집안에 오게 된다. 반면 사이비는 시주에 자기가 집착하므로 대우주에 회향이 되지 않는다. 자기가 모두 차지하고 마는 것이다.

125. 粉骨碎身未足酬 一句了然超百億

분골쇄신미족수 일구요연초백억

분골쇄신하더라도 다 갚을 수 없나니

한마디에 요연히 백억법문을 뛰어넘도다

우리가 아직 모를 때는 부처님의 가르침에 온갖 토를 달지만 무상대법을 성취하여 해탈력을 얻고 나서 보면 불조(佛祖)의 은혜가 뼈를 가

루로 내고 몸을 산산히 부수더라도 갚기 어렵다. 이것은 결코 과장된 표현이 아니다. 세간의 지식과 학문만으로는 이루어내는 것이 불가능한 한계를 훌쩍 뛰어넘어 생명이 가지는 일체의 의문을 해소시키고 대우주에서 더 이상 위가 없는 힘과 지혜를 갖추게 해주니 당연하다. 일체존재가 완벽하게 복종하고 이 세상을 정말 마음대로 할 수 있고 모든 것을 다 가지는 힘과 능력을 가져도 결코 걸림없이 되지 못하는 이유는 바로 자기 자신에게 유일하게 걸리기 때문이다. 이것은 곧 그 동안 걸림없이 얻고 누렸던 일체대상에 걸리는 것이고 그 동안의 모든 것이 곧 망념임을 확인해준다. 처음부터 걸려 있는 줄 모르고 살아왔던 무명(無明)의 대가를 허망함과 큰 업장으로 톡톡히 치른다. 최후에는 결국 스스로에게 걸려 스스로 넘어지니 곧 전체와 동떨어진 개체, 평등을 모르는 개체의 마음이 피할 수 없게 되어있는 숙명이다. 도(道)와 법(法)은 개체의 욕망으로 거역할 수 없고 거스르면 개체가 소멸한다. 불법은 최후에 자기 자신에게 걸리게 되어 있는 숙명을 없애주어 영원한 대자유를 준다. 진정 아는 이라면 까닭없이 부처님께 감사하는 마음이 하늘을 찌르게 되어 있다.

또한 첫 구절은 공부하는 사람의 마음자세를 일컫기도 한다. 법을 구하기 위해 뼈가 가루가 되고 몸이 산산이 부서질 정도로 명(命)을 버리고 철저한 신심으로 철벽을 뚫어내야 하는 것이다. 적당한 노력으로는 결코 성취되지 않고 때로는 하지 않은 것보다 더 못한 결과를 초래한다. 왜냐하면 적당히 하면 적당하게 알게 되는 것이고 그것은 알음알이로 끝나서 아상만 더 강해지기 때문이다. 부처님의 은혜를 조금이나마 갚는 길은 역시 자기가 금생에 해탈하고 내생에 다시 한 번 와서 직접 자리이타를 행(行)하는 것 밖에 없다. 두 번 와주면 더 좋을 뿐이다. 이 때 중생구제행은 자기가 진정한 부처임을 스스로 천지에 증명하는 것이기도 하며 부처님 은혜를 갚는 것이기도 하며 주로 말보다는 직접 현세이익에 필요한 지혜를 드러내 보여주며 함께 하여 부처님을 따르도록 하게 된다. 그래서 중생의 불심(佛心)을 잘 지켜 성불할 때까지 이어지도록 해주게 된다. 부처님 은혜를 말로만 갚으면 부처님과 중생에게 더욱 빚을 질 뿐이다. 도를 증득(證得)한다고 함은 반드시 이와 같은 중생구제행의 삶을 사는 생(生)을 스스로 가져야만 하는 것이 된다. 말 그대로 내생에도 보여주어야 비로소 삼생(三生)을 달관한 도인임이 증명이 될 것 아닌가? 과거세에 닦았고 금생에 깨달았고 내생에 증명하는 것이다. 석가모니부처님과 똑같은 부처가 되기는 그리 만만하지 않다. 석가모니부처님도 목숨까지 바쳐가면서 헤아릴 수 없는 중생구제행을 하셨다. 심지어는 대각(大覺)한 뒤에도 오셔서 고달픈 중생들에게 힘과 지혜를 주시면서 다친 몸과 마음과 영혼을 직접 치료해주셨다. 일체 종교인들은 이 사실을 본받아야 되는 법이다.

   스님은 자기의 한마디가 백억법문을 뛰어넘는다고 스스로 말한다. 하지만 받아들이는 사람이 없다면 공허한 메아리가 될 뿐이다. 그 때는 눈에 보이고 귀에 들리는 행(行)을 하는 것이 더 낫다. 해탈조사의 한마디를 붙잡고 들어가면 백억법문을 공부하는 기나긴 시간과 노력으로도 되기 어려운 것을 그 한 마디로 인해 해탈력을 얻게 되기 때문에 황금덩어리라는 것을 강조하는 것이다. 그 한마디는 자기 나름대로의 생각으로 말하는 것이 아니라 상대 존재의 핵심을 단박에 포착해서 나오는 생명줄이다. 해탈조사가 주는 한 마디의 법명(法名)은 그 사람의 궁극적인 차원까지 들어가서 부처가 될 수 있는 덩어리(取)의 특성에 대한 이름이다. 그러면 그 법명을 붙잡고 공부하면 결국 부처로 태어나게 되는 것이다. 그 덩어리는 바로 숙세의 선업인 동시에 자기가 예전 생(生)부터 쭉 해왔던 수행과 성불할 수 있는 자질의 고유한 성격인데, 부처가 되는 길로 나아가게 만드는 근본 원동력이다. 그래서 법명이 곧 화두가 되고 서원이 되며 부처님의 수기가 되고 성불 후에 중생구제행을 하는 특성이 된다. 그러니 해탈조사의 한마디는 환하게 드러나 똑똑하고 분명하게 백억법문을 뛰어넘는 것은 당연한 사실이다. 해탈조사 앞에 서면 팔만대장경이라도 따로 필요없게 된다. 사람 자체가 곧 경전이 되어 있는 법체(法體)이기 때문이다.

126. 法中王最高勝　河沙如來同共證

법중왕최고승 하사여래동공증

법 가운데 왕이니 가장 높고 수승함이여

강모래같이 많은 여래가 함께 증득하였도다

많은 성현들이 대도를 가르치기 위해 나름대로 법을 펼쳐 인간을 보다 높은 의식을 가진 존재로 일깨워주고 인도해주고 있지만 그 수준을 보면 대우주 차원에서까지 더 이상 위없이 으뜸가는 존재로 태어나게 해주는 것이 바로 불법(佛法)이므로 당연히 불법이 가장 높고 수승하게 된다. 그러나 이 지구에는 악마부터 부처까지 다양한 존재들이 모여 있는 공간이라서 각각의 의식수준에 맞는 법이 필요하므로 또한 법이 다양한 모습으로 펼쳐지는 것은 당연지사다. 그러나 이들도 수많은 강물이 결국 바다에 모여드는 것과 같아서 광대무변한 불법에 모두 포섭되어 있다. 그러므로 불법이 또한 불법이 아닌 것이다.

불법 가운데서도 역시 가장 빠른 시간 내에 가장 빠른 지름길로 인도해주는 것은 돈오법(頓悟法)이니 불법의 근본이고 으뜸인 것이 된다. 돈오가 있는지라 이치는 단박에 깨칠 수 있다. 다만 몸이 아직 있고 시공간의 법에 의해 현상계의 일(事)이나 버릇은 한꺼번에 가시지 않는다. 그러나 도(道)의 힘에 의해 법체(法體)를 따라 현상계의 일체가 서서히 엷어지다가 결국은 남김없이 가시게 된다. 그리고 이 법은 스님 혼자 알고 혼자만 쓰는 것이 아니라 이미 항하수의 모래알같은 미진수의 여래가 삼세에 걸쳐 모두 이 법에 의지하여 확철히 깨쳐 성불한다는 것이다. 그러므로 누구든지 이 무상대법을 성취하면 여래가 되는 것이다. 돈오는 자기 자신에 대한 믿음이 찰나에 완성된 것이다. 부처님을 믿는다는 것은 자기 자신이 이런 본래면목을 갖추고 있다는 것을 믿는 것과 일치한다. 그리고 일체 생명이 모두 그렇다는 것을 믿는 것이다. 그러니 여기에는 자기가 잘났다는 오만이 들어설 여지가 없다. 그렇지 않으면 곧 부처님을 믿지 못하고 이는 곧 도(道)를 거스르는 것이기 때문이다. 그것은 곧 자기 자신을 불신하는 것이고 중생으로 남게 된다. 부처님과 그 가르침과 나 자신과 일체생명이 일체평등의 차원에서 근본실상을 받아들이는 것, 이것을 출발점으로 삼아야 한다.

127. 我今解此如意珠 信受之者皆相應

아금해차여의주 신수지자개상응

내 이제 이 여의주를 해설하오니

믿고 받는 이 모두 상응하리로다

자기가 지금 무애자재한 이 법을 바로 깨쳐서 설명하고 있으니 믿고 받아들이는 이는 모두 상응하여 가지고 있는 그 능력을 무한대로 다 쓸 수 있다는 얘기다. 그런데 그 말의 내용 뿐만 아니라 그 말이 품고 있는 힘과 지혜까지 받아들여야 비로소 이렇게 될 수 있다. 그리고 자기는 여의주의 능력을 몸소 널리 보여주어야 할 것이다. 믿는 데는 이만한 것이 없기 때문이다. 이 세계를 극락으로 만들어서 저 세계 극락으로 가는 법이다.

부처님법이 우리가 가진 일체의 고(苦)를 모두 해소할 수 있다는 것이고 일체 원하는 바를 성취할 수 있다는 의미에서 여의주에 비유하는 것이다. 이 법은 진정으로 대자유를 주는 법이다. 자기 스스로 무한능력을 찾아서 스스로 일체의 간섭과 구속으로부터 벗어나는 것이다. 신으로부터 여의주를 얻는 것이 아니라 신의 도움을 잘 얻어 자기 여의주를 스스로 찾는 것이다. 여의주를 찾으면 근본 차원에서 신과 하나가 되어버리니 자유자재다.

여의주를 해설한다고 함은 이 법의 요체를 보여서 알려준다는 것이고 이는 스님 자신에 대해 말하는 것과 같은 의미다. 그것은 스님의 말을 듣고 보는 사람의 본래성품에 대해서 해설하는 것과 동일하다. 또한 존재와 말이 완벽하게 100% 일치하는 것이니 거짓이나 꾸밈이 없게 되어 있다. 그래서 이 해설을 바르게 받아들이려면 듣는 사람 역시 마음이 완전히 비어 있고 조금의 거짓이나 자기에 대한 꾸밈이 없어야만 상응할 수 있게 되는 것이다. 분별주관의 망심(妄心)으로는 불심(佛心)에 상응함이 불가능하다.

믿고 받는다는 것은 여의주에 대한 해설을 들었을 때 생각을 거치지 않고 자기영혼에 그대로 스며들게 되는 상태이다. 두뇌를 거치면 생각이 그 해설을 왜곡시켜버리게 된다. 그러면 여의주에 대한 해설이 아니라 듣는 이 자신이 만든 해설을 자기가 믿고 받아들이게 되는 것이다. 여의주 해설은 어디론가 사라져버리니 그 해설을 들은 공덕이 없게 될 뿐더러 자칫 더욱 왜곡되고 아상만 강해지게 된다. 그래서 해탈조사의 말은 되도록 그대로 받아들이는 것이 좋다. 이것이 세뇌와 다른 점은 그 후에 자기의 생각이 보다 차원높게 변해감을 스스로 알게 된다. 육성은 특히 엄청난 생명력을 갖고 있기 때문에 내면을 크게 움직여 그렇게 된다. 그런데 그 전에 여의주와 수정구를 제대로 구분할 수 있는 안목을 먼저 키워야 되겠다.

상응한다는 것은 해탈조사의 말을 그대로 믿고 받아들인다고 볼 때 그것은 자기 자신을 다시 돌이켜 자기 안의 여의주를 찾는 것을 의미하지, 해탈조사를 바라만 보고 있는 것이 아니다. 이심전심(以心傳心)이듯이 존재 대 존재의 만남에서 완벽하게 그 마음이 하나가 될 때 비로소 자연스럽게 상응되는 것이다. 그러므로 해탈조사의 여의주에 대한 해설을 듣고 이해한다고 해서 상응하는 것이 아니다. 오로지 자기존재가 해탈조사와 똑같이 여의주를 찾아내야 실제로 상응하게 되는 것이다. 예수님을 만나려면 성경을 달달 외고 읽고 찬송하는 것으로는 불가능하다. 오로지 자기가 예수님과 똑같은 차원의 사랑으로 가득 찰 때만이 예수님이 저절로 모습을 드러내고 만나게 된다. 성경 구절 하나 몰라도 되는 것이다. 성모마리아가 천진난만한 어린아이들에게 모습을 나타내 예언해주며 인류의 미래를 걱정하는 것만 봐도 알 수 있다. 이것이 바로 법이다. 부처님을 만나려면 자기마음이 완전히 소멸되어야만 가능하게 되는 것이다. 그 때 무한한 숫자의 부처님이 눈앞에 드러난다.

128. 了了見無一物 亦無人兮亦無佛
요요견무일물 역무인혜역무불

밝고 밝게 보면 한 물건도 없음이여 사람도 없고 부처도 없도다

밝고 밝게 보면 보고 보이던 것이 일체 사라지니 지금과 같은 망념과 상(相)의 사람도 부처도 한 물건도 찾아볼 수 없다. 그러므로 이 자리에서는 부처나 인간이나 무슨 이름을 붙여도 관계없게 된다.

한 물건이니 사람이니 부처니 하는 이름을 붙인 상(相)이 눈앞에서 사라지면서 오로지 대우주에 자기 홀로 더 이상의 밝음이 없이 존재하니 이름하여 '천상천하유아독존'이라고 한다. 상이 없으니 부처니 신(神)이니 하는 특정한 이름을 붙일 수도 없고 그냥 그 어떤 것도 아닌 존

312

재상태(nothing)가 된다. 그러므로 그 어떤 것도 될 수 있게 되니 그 모든 존재상태(everything)가 된다. 여기서 그 어떤 것도 아닌 것과 그 모든 것이 서로 원융무애하게 된다. 이것을 두고 고정됨이 없다고 한다. 그러므로 제행무상(諸行無常)이 곧 영원불변(永遠不變)이 되니 찰나와 영원, 변화와 불변이 곧 중도를 이룬다.

129. 大千世界海中漚 一切聖賢女電拂

대천세계해중구 일체성현여전불

대천세계는 바다 가운데 거품이여

모든 성현은 번갯불 가운데 스쳐감과 같도다

삼천대천세계가 넓고 광대무변하여 무한하지만 자기의 진여자성(眞如自性)에 비하면 바다 한가운데 떠 있는 물거품과 같다. 거품은 꺼지니 공간의 분별이 사라졌다. 내가 중생일 때는 성현이지만 내가 성현이 되고 보니 삼천대천세계의 일체존재가 똑같은 성현이므로 해탈한 나 이전의 일체성현은 찰나에 이름만 있던 것밖에 안되는 것이다. 해탈자에게 있어서는 더 이상 중생과 대비되는 성현이란 따로 없게 된다. 그러므로 일체 성현이 번갯불처럼 눈 깜짝할 사이의 존재에 불과하다. 이것은 시간의 흐름에 매인 마음이 떨어져나가고 시간을 초월한 것이다. 과거와 현재와 미래가 통째로 사라지고 마니 그 시간 속에 있는 일체 존재들마저 찰나에 존재한 것에 불과하게 되는 것이다.

삼천대천세계와 시간과 일체 위대한 존재들조차 나의 진여자성 앞에 서는 이렇게 무상(無常)하게 된다. 그런데 여기서 이것만 생각하면 길을 잃게 된다. 삼천대천세계가 무너지고 시간과 일체 성현이 사라지고 난 후에 나의 진여자성과 더불어 일체가 다시 나타난다는 사실이다. 여기서 없어짐과 생겨남, 차별과 평등이 둘이 아닌 중도(中道)를 이룬다. 이른 바 절대평등이다. 비로소 내가 영원하니 일체가 영원하고 일체가 영원하니 내가 영원하다. 나와 관계없이 일체가 영원하고 일체와 관계없이 내가 영원하다. 연기(緣起)와 독존(獨尊)이 어찌 둘이겠는가?

130. 假使鐵輪頂上旋 定慧圓明終不失

가사철륜정상선 정혜원명종불실

무쇠바퀴를 머리 위에서 돌릴지라도

선정과 지혜가 두렷이 밝아 끝내 잃지 않도다

공부를 완전히 성취한 사람은 죽음이 없으므로 죽음 앞에서도 두려움이 전혀 없고 얻는 소득이 없으므로 이로 인해 손실을 보는 것도 없다. 그 이유는 선정과 지혜가 두렷이 밝기 때문이다. 끝내 잃지 않는 이유는 자기의 몸이 번뇌망상이 아니라 선정과 지혜로서 이루어진 영원불변의 법체이기 때문이다.

선정이 두렷이 밝다는 것은 바로 죽음의 공포를 이겨내는 선정력(禪定力)을 의미한다. 선정력이 그 힘을 두루하고도 뚜렷이 드러내는 것을 선정이 밝다고 한다. 선정력은 불령(佛靈)이 된 영혼의 힘이다. 모든 수행의 일차 지향점은 바로 영혼의 힘을 키워 선정력을 얻는 것이다. 부처님의 수인(手印,mudra)은 바로 선정력의 성격과 작용의 내용을 드러내준다. 지혜가 두렷이 밝다는 것은 자기에게 죽음이란 없는 것과 자기를 죽이는 사람도 없음을 이미 증득한 것을 말한다. 해탈조사에게는 영혼이 이미 영원불변한 상태가 되었으므로 몸이 있건 없건 죽음으로 몸은 사라지지만 영혼이 변할 것이 조금도 남아 있지 않다. 그리고 사후 자기가 갈 세계를 이미 보고 안다. 그래서 해탈조사의 죽음은 선정력과 지혜 덕분에 열반(涅槃)이라고 한다.

보시와 지계, 인욕을 애씀은 불계(佛戒)를 완성시켜 스스로 정(定)을 이루기 위함이고 정(定)은 자연스럽게 혜(慧)를 낳으니 곧 계정혜(戒定慧)가 일체로 된다. 그래서 계(戒)는 정(定)과 혜(慧)를, 정(定)은 계(戒)와 혜(慧)를, 혜(慧)는 계(戒)와 정(定)을 각각 일체로 품고 있으니 하나(一)로 둘(二)과 셋(三)을 동시에 얻게 되어 바른 하나(一)가 된다. 삼학(三學)이 곧 일학(一學)이고 일학이 곧 무학(無學)이다. 무학은 곧 도(道)이니 삼학이 곧 도가 되고 도는 삼학을 낳는다. 이와 같이 해나간다면 계정혜(戒定慧)가 곧 정(正)이 되어 대원경지(大圓鏡智)를 이룬다. 계정혜(戒定慧)를 각각 별개로 보고 따로 또는 겸하여 닦는다면 곧 사(邪)가 되니 결과를 볼 수 없다. 보조국사 지눌의 정혜쌍수(定慧雙修)는 본래 둘이 아닌 것을 분리하였으니 돈오점수와 더불어 털끝만큼의 오류인 것이다.

해탈조사의 죽음은 이렇게 공포가 없으므로 아무런 손실을 초래하지 않는다. 반면 진여자성을 찾지 못한 생명은 죽음의 위기에서 마음이 변하므로 죽음과 더불어 큰 변화가 생겨나서 죽음으로 인해 그 혜택을 입기는커녕 소유하고 있던 모든 것을 잃어버리고 정체모를 마음에 지배되어 끌려다니며 내생(來生)도 미리 흠집을 내게 되니 유형무형의 크나큰 손실을 많이 입게 된다. 그래서 아미타경에서 죽음에 임해 일심불란(一心不亂)이라야 극락에 몸담게 된다고 했다. 이 때의 일심(一心)은 서방정토의 아미타불과 나와 지옥중생을 포함한 일체생명의 아미타불과 극락과 지옥의 불이(不二)를 일체로 염(念)하는 일심인 동시에 죽음에서 일체의 마음이 생겨남이 없게 됨이다. 마음이 봄(見)을 일으키면 곧 보지 않음(不見)의 상(相) 등이 있기 때문에 어지럽게 되고 참으로 극락을 알지 못한다. 보는 이익은 없고 오로지 손해만 있게 되니 불란(不亂)은 극락을 구하고 극락을 보려는 생각과 그 마음의 움직임에 따른 허물이 남김없이 소멸됨은 물론 극락을 스스로 비추어 사려(思慮)가 나지 않는 열반이다. 그러므로 중생과 아미타불, 나와 남, 극락과 타세계의 일체 분별경계가 사라져 생멸(生滅)이 없어 그 자리가 곧 극락이니 그 순간 저절로 일심불란이 되어 진정한 극락은 저절로 나의 것이 되므로 삼불(三佛)이 마중나올 것도 없다. 그러므로 극락가기가 숨쉬듯이 자연스럽고 어려움이 없다. 이런 선정과 지혜는 미래세에 수없이 태어나도 불변으로 계속 이어지게 되고 마음 역시 진심(眞心)인지라 뒤집힘이 없게 되므로 몸을 바꾸어도 여전히 위대한 영물(靈物)이다.

131. 日可冷月可熱 衆魔不能壞眞說

일가냉월가열 중마불능괴진설

해는 차게 하고 달은 뜨겁게 할지언정

뭇 마구니가 참된 말씀 무너뜨릴 수 없도다

불교에서 마구니(魔)라고 칭하는 것은 대략 다음과 같다.

(1) 악마(령) ― 불성을 갖고는 있지만 결코 부처가 될 수는 없는 존재

(2) 악심(惡心) ― 생명을 해(害)하는 마음

(3) 어리석음 ― 자기생각에 매이는 습성

(4) 번뇌망상 ― 잡다한 상념(想念)덩어리

(5) 열악한 환경 ― 업장을 발동시키는 환경의 자극

크게 이 다섯 가지가 불법에서의 마구니 개념에 해당된다. 악마(령)은 외부의 마구니이고 악심과 어리석음, 번뇌망상은 내부의 마구니이며, 열악한 환경은 자기존재와 삶을 왜곡시키는 환경마구니다. 이 환경마구니는 자기마음을 꼼짝없이 묶어두니 마구니가 되는 것인데, 만일 마음이 환경에 매이지 않는다고 하면 환경마구니로부터는 해방된다. 어리석음 가운데 탐욕은 한(恨)을 불러오고 집착은 자유를 상실하게 하며, 번뇌망상은 온갖 번민으로 힘과 주체성을 상실하게 만든다. 이런 것을 보면 누구나 자기가 어느 정도는 자기 자신이나 타인에게 본의 아니게 마구니가 되는 것을 알 수 있다. 사실 인간은 마구니 성품과 부처의

성품이 마구잡이로 뒤섞여 있는 생명체다. 불법 수행은 자기 안팎의 마구니를 소멸시켜가는 과정이다. 특히 열악한 환경은 마구니이기는 하지만 자기가 하기 나름에 따라 부처도 될 수 있는 중립적인 성격의 마구니다.

이렇게 많은 마구니들이 정법(正法)을 아무리 때려 부숴도 허망한 짓거리에 지나지 않는다는 사실이다. 왜냐하면 정법은 마구니를 낳은 대도(大道)이기 때문이다. 시간과 공간이 모두 사라지고 변해도 결코 변하지 않는 법이기 때문이니 영원한 의지처가 된다. 그러니 영원한 이 법을 우리가 안심하고 믿어서 공부하여 성불이 이루어져야 되는 법이다.

해를 차갑게 하고 달을 뜨겁게 한다는 것은 자연을 거스르기 위해 인간이 할 수 있는 인위적인 극단의 노력을 의미한다. 이 말은 천지자연의 대도(大道)이자 그 법인 불법을 훼손하려는 눈물겨운 노력을 의미한다. 그러나 자연을 거스른 그 결과가 인간의 멸종 밖에 없는 것과 마찬가지로 그 노력도 일체 무위로 돌아가고 만다. 또한 태양과 달은 음양(陰陽)의 대표이므로 물질계의 일체가 사라져도 진여법계는 티끌 하나의 손상도 입지 않으니 불법은 영원하다는 것이다. 왜냐하면 불법은 음양 이전의 차원에서 나온 것이므로 그렇다. 이 차원에서는 부처가 영원하고 따라서 중생도 영원하다. 따라서 부처님과 하나되어 있는 불법도 영원할 수밖에 없다.

132. 象駕崢嶸漫進途 誰見螳螂能拒轍

상가쟁영만진도 수견당랑능거철

코끼리 수레 끌고 위풍당당 길을 가거니

버마재비 수레 길을 막는 것을 누가 보겠는가

장자(莊子)에 나오는 당랑거철(螳螂拒轍)의 고사다. 아무 힘도 없는 존재가 무한한 힘을 가진 것을 막으려고 해도 소용없다는 의미로 계란으로 바위치기다. 코끼리는 부처를, 수레는 일체 중생을 반야바라밀로 향해 싣고 가는 방편으로서 전체적으로 보면 코끼리 끄는 수레는 무상대법(無上大法), 무위법(無爲法)을 의미한다. 물론 버마재비는 무상대법을 훼손하려는 일체의 시도, 즉 마구니를 의미한다. 이전 글의 마구니는 천마(天魔)를, 이 글에서의 버마재비는 외도(外道)를 강조한 것이다. 버마재비도 코끼리가 끄는 수레를 타면 반야바라밀로 갈 수 있지만 얄팍한 자기 생각을 믿고 오히려 맞상대하려고 드니 가루가 될 밖에 없다.

우리 중생이 한다는 일이 모두 버마재비의 짓과 다를 바가 없다는 사실이다. 우리가 이 법을 믿고 깨칠 것 같으면 찰나에 영원한 생명과 무한한 능력을 가진 불생불멸의 존재가 되면서 정녕 이 대우주가 자기 것이 된다고 입이 아프도록 말해주어도 도무지 받아들이지 아니하고 의심하며 비난하니 어쩌겠는가? 있는 것인지 없는 것인지조차 정확하게 모르고 믿지도 않고 있으니 유(有)와 무(無)의 양변을 없애기는커녕 수행 자체부터 불가능하다. 어찌 결과를 보겠는가? 같이 눈 감고 봉사인 척 할 수밖에 없다.

133. 大象不遊於兎徑 大悟不拘於小節

대상불유어토경 대오불구어소절

큰 코끼리는 토끼 길에 노닐지 않고

큰 깨달음은 작은 절개에 구애됨이 없나니

큰 코끼리도 신(神)이 있고 토끼도 신이 있다. 다만 각자의 성품에 따라 적합하도록 신의 묘용(妙用)이 차별될 뿐이다. 정법을 믿어 자기 자신을 철저히 뜯어고치며 중도로 나아가려는 사람은 언어문자에 매달리거나 마음의 평화를 얻으려거나 좋은 일이 생기고 나쁜 일이 일어나지 않기를 바라는 그런 분별심과 소득심과 얄팍한 욕망의 놀음에 머물러 있으면 안된다. 어디까지나 큰 코끼리의 길은 실상을 추구하는 길이요 무위로 가는 길이고, 토끼의 길은 현상에서 달콤함을 맛보려는 길이고 억지로 가는 길이기 때문이다. 큰 코끼리의 길은 자기존재를 직접 대상으로 굴리지만 토끼의 길은 심신을 평화롭게 하면서 머리와 생각으로 아는 것을 추구하는 길이다. 큰 코끼리는 자기욕망에 매이지 않는 큰 정신력을 갖고 있고 토끼는 자기욕망에 스스로 매여 여기저기 돌아다니니 작은 정신력조차 제대로 없다. 그러므로 토끼와 코끼리의 길이 다를 수밖에 없음은 자연스럽다. 큰 코끼리가 토끼의 길에 노닐지 않음은 길이 너무 좁아 덩치에 맞지 않아 들어갈 수 없기 때문이다. 성인(聖人)에겐 인간세상이 곧 토끼의 길이다. 인간세상이 수용하지 못한다. 토끼가 큰 코끼리로 화(化)하면 저절로 코끼리가 노니는 큰 길로 나아가 함께 어울리게 될 뿐이다.

　큰 코끼리를 예로 든 것은 코끼리를 타고 있는 보현보살님의 대행(大行)을 강조한 것이다. 대행이란 대도, 곧 진여(眞如)의 대용(大用)인데, 자기마음을 깡그리 잊고 온몸으로 부처님의 원(願)을 직접 실천에 옮기는 것이다. 수행 역시 자기 자신을 상대로 직접 하는 것이다. 대행을 하려면 가장 먼저 자기 자신과 자기인생이 사라져야만 되니까 너무나 편안하게 된다. 수행하거나 공부하거나 뭘 한다는 생각이 전혀 없다. 그러면서 공부가 되는 것이고 수행이 되는 것이고 중도를 가게 되는 것이다. 큰 코끼리는 큰 길의 의미를 잘 알고 있고 목적지가 어떠한 것인가를 이미 알고 있으니 미련없이 자기목숨과 인생 전체를 수행에 투자한다. 수행도 대행(大行)이 되어야지, 소행(小行)이 되면 안된다.

　큰 깨달음이 작은 절개에 구애됨이 없다는 것은 선악을 떠나 일체의 인간의식을 소멸시키는 것을 의미한다. 작은 절개란 인간적으로 좋고 올바르며 착하고 마땅히 지키고 해야 하는 것 등에 매달리는 것이다. 그러면 좋은 인간, 인품이 높은 인간, 박학다식한 인간, 칭송을 받는 인간, 덕이 높은 인간 등은 될 수 있지만 해탈은 요원하다. 중도(中道)란 인간의식을 벗어난 차원에서 이루어지는 길이다. 그렇다고 작은 절개를 무시하다가는 큰일난다. 작은 것도 올바로 갖추지 못한 인간이 어찌 큰 것을 얻겠는가? 작은 절개에 구애됨이 없다고 하였지, 그것을 함부로 버리라거나 무조건 지키라거나 말하지 않는다. 스스로 작은 절개를 갖추되 보다 큰 길로 나아가야 한다. 그래서 인간세상에서 마땅히 갖추어야 될 도리와 덕목을 강조하면서 또 거기에만 머무르지 않고 불법을 바르게 받아들여 더 크게 나아가도록 해야 되는 법이다. 이 둘은 모순관계가 아니다. 중도에 들면 일체 모순이 저절로 해소된다. 큰 깨달음은 작은 절개를 초월하면서도 통일성을 가지고 작은 절개도 품고 있다. 작은 옹달샘도 드넓은 바다의 한 부분이기 때문이다. 도(道)와 선(禪)과 법(法)에서는 취하거나 버릴 것이 단 하나도 없으니 부처님의 중생구제도 이와 같다.

134. 莫將管見謗蒼蒼　未了吾今爲君決
막장관견방창창 미료오금위군결
대통같은 소견으로 창창히 비방하지 말라
알지 못하기에 내 지금 그대 위해 결단해 주는도다

관견이란 가느다란 대통을 통해 하늘을 본다는 것으로 자기만의 좁은 소견머리와 그에 대한 강한 집착을 의미하니 이른 바 자기가 갖추고 있는 세상이다. 토끼는 코끼리가 다니는 큰 길로 다녀보지 못했으므로 그런 길이 어디 있느냐고 의심을 품고 믿지 않는다. 자기가 다니는 길만이 올바른 길이고 안전한 길이고 인간적인 길이라고 생각하고 만다. 그러나 토끼도 불성이 있는 법인지라 궁금하게 여겨 이런저런 생각을 하지만 큰 길을 보지 못하고 또한 정(情)에 매여 있으므로 결국은 자리를 박차고 코끼리의 길로 나오지 못하고 자기 길에 결론을 내고 만다. 그리고 이 배후에 있는 강한 자존심과 쓸데없는 고집과 불안감으로 인해 그냥 있지 못하고 군이 정법을 비방하게 된다. 그것은 결국 자위행위에 불

322

과하고 이 모두는 힘과 덩치가 작은 데서 비롯되니 딱할 뿐이다. 이 세상에서 어려운 것이 상대에 대한 집착보다 자기생각에 대한 집착을 버리는 일이다.

그런데 이런 행위가 알지 못하는 데서 나오고 스스로는 결단을 내리지 못하니 자비심으로 결단을 내려주는 것이라고 한다. 정법을 따로 가르쳐주는 것이 아니라 대통 자체를 빼앗아 없애버리는 것이다. 그것이 곧 가르쳐주는 것이 된다. 그래서 결단이라고 하는 것이다. 그러면 하늘 전체가 훤히 드러나니 저절로 알고 받아들이게 된다. 많은 이들이 이런 결단으로 깨달음을 성취하였다. 오로지 결단이 아닌 도(道)의 가르침은 서로에게 무명(無明)만 키우게 된다.

결단을 내려준다는 것은 그 누구도 받아들일 수 있는 성품을 근본적으로 갖고 있기 때문이다. 가난한 이, 중/하근기자, 비방하는 자, 향상, 나를 죽이는 자, 용과 범, 도적, 외도와 천마, 삼승과 오성, 마구니, 길짐승과 나는 새, 여우, 백년묵은 요괴, 용녀, 선성비구, 이승과 외도, 굶는 자와 병든 자, 용시비구, 완피달, 살생음행한 두 비구, 우바리, 미얀마재비, 토끼, 그리고 나 자신 등 일체생명이 예외없이 도(道)를 지니고 있고 또한 그 사실을 밝게 보고 알기 때문이다. 그러나 결단을 받아들이든지 거부하든지 그것은 자기 자신의 최종자유이므로 아무도 간섭할 수 없다. 그래서 거부해도 걱정할 필요는 없다. 다만 앞날의 온갖 걱정들이 내 앞에서부터 지구를 한 바퀴 돌아 내 등 뒤에까지 줄을 서 있으니 이 사실 하나만 걱정하면 된다. 신(神)은 이 모든 걱정을 직접 나서서 없애주지는 않으니 거부하는 사람은 지금부터 지구를 번쩍 들어올릴 정도의 큰 힘을 따로 갖기 바란다.

　정법(正法)과 부처님을 믿으라고 하는 것은 믿음과 불신의 양변을 모두 떨쳐내고 오로지 자기 자신이 부처님과 불법과 하나가 되어 있음을 스스로 보고 알아서 증득하라는 말이다. 신심(信心)도 궁극적으로는 이런 의미로서 깨달은 후의 완성된 믿음이다. 물론 과정으로서의 믿음까지 일관되게 포괄하고 있지만 그 믿음들도 결과로서의 증득된 믿음의 성품을 포함하고 있는 믿음이지, 별개의 믿음들이 아니다. 예를 들면 이해하는 것도 정확하게 이해하면 비록 증득하지 못했다 하더라도 증득의 결과를 낳게 되어 있으니 증득한 믿음과 별개가 아닌 것이 된다. 그래서 신심즉각(信心卽覺)이다. 이것이 바른 믿음이고 부동(不動)의 믿음이다. 일반적인 우리들의 믿음은 소득심을 갖고 있어 오락가락 믿음이고 세뇌된 믿음일 따름이다. 그래서 믿음이 곧 깨달음이 되지 못하는 것이다. 그렇게 되려면 자기 망념이 일체 떨어져나가버려야만 되기 때문이다. 그래서 믿음이 곧 텅 빈 마음이다. 신심즉공(信心卽空)이다. 이 때 대통을 빼앗아버리면 비로소 큰 길의 기나긴 여정이 영원히 끝이 난다. 비로소 숨 한 번 크게 쉬고 가슴을 활짝 열고 하늘을 보며 너른 들판에서 편안히 뒹굴며 마음껏 자유를 누리게 된다. 이제 나는 기분 좋게 다시 환생하여 이 자유를 만인이 갖도록 할 것이다.

내가 곧 법이고 내가 곧 신령인 자리에 이르니
마침내 나는 영원한 대(大)자유인이로다!

이상과 같이 중도가의 내용을 하릴없이 논하며 한가롭게 들여다보았다. 무아(無我)로부터 자연스럽게 흘러나오는 그 노래가 무념(無念)을 잘 드러내고 있으니 번뇌망상이 곧 깨달음이 되고 죽음이 곧 삶이 되어 더 이상 나고 변하는 것이 없어 일체로부터 영원한 자유를 얻었다. 큰 자유는 곧 대용(大用)을 이루니 우리가 이로부터 얻는 혜택은 각자의 그릇에 꼭 맞게 들어차게 된다. 이 모든 일은 오로지 부처의 마음을 향해 내 마음을 하나로 모으니 밖의 부처도 사라지고 동시에 안의 나 자신도 사라지니 가능하게 된다.

이제 많은 사실을 깨달았으니 나의 깨달음을 세상에 어떻게 증명할 것인가를 많이 참구해야 된다. 이는 자랑하려고 함이 아니라 도와 부처님을 내가 증명해주는 일이니만큼 참으로 중차대한 숙제를 짊어지게 되니 이는 곧 내가 자격이 있음이 된다. 다행히도 태생과 다른 나 자신을 만들었으니 다시 태어나면 너무나 잘생기고 좋을 것인 즉, 금생의 아쉬움을 내생의 뜻으로 원만하게 펼치기 바란다. 아니, 그렇게 해야만 부처님에게 진 신세를 조금이나마 갚는 것이 되고 그 동안 사람들에게 얻어먹었던 것에 대해 빚을 청산하는 것이 되어 진정한 해방이고 열반이다. 그리고 그것은 기본적인 양심이고 나아가 성(聖)과 속(俗)의 경계가 열린 진정한 도인이 된다.

보이지 않는 것을 보려고 하고 찾을 수 없는 것을 찾으려 하고 이룰 수 없는 것을 이루어보려는 노력은 결코 헛된 일이 아니다. 왜냐하면 그 과정에서 나의 모든 욕망과 번뇌망상들이 뿌리까지 드러나기 때문이다. 그 때 드러난 모든 것을 완전히 쉬고 떨쳐내버리면 텅 빈 순수한 마음이 되면서 보이지 않던 것이 보이고 찾을 수 없는 것을 찾게 되고 이룰 수 없는 것이 이루어지니 참으로 묘한 일이다. 그러므로 현상계의 관점만 가지고 나 자신이 놀아나면 그것이 진정 허망한 일이 되고 찾을 수 없고 볼 수 없고 이룰 수 없게 만드는 것이다.

내가 어떤 삶을 살건 어떤 일을 겪든간에 나 자신 안에 해탈열반한 신령의 모습과 큰 힘을 영원불멸하게 갖추고 면면이 이어가고 있으니 어찌 희망을 버리고 절망할 것인가? 오로지 나 자신의 공연한 의심과 아집을 버리고 성인(聖人)의 살아있는 정신을 겸허하게 진심으로 받아들이면 될 뿐이다. 그러면 불굴의 용기와 마음의 여유를 만들어내는 정신과 용맹한 기상이 절로 되살아나 큰 힘으로 나 자신을 뜻에 맞게 잘 이끌어나갈 수 있게 된다. 원만함 가운데 금강(金剛)을 갖춘 큰 힘은 작은 힘을 부르고 작은 힘은 큰 힘을 기꺼이 따르게 되는 법이다. 그래서 봄여름가을겨울 계절을 찾지 않고 날마다 어디에서건 즐겁기를 바란다.